高等院校通识课教育精品系列教材
“互联网+”新形态一体化精品教材

扫一扫
学习资源库

● 微课视频
● 教学课件
● 教学计划
● 电子教案

大学生安全教育

DAXUESHENG ANQUAN JIAOYU

主　编　唐娣芬　肖心明　李晓林
副主编　黄卓晔　姚文丹　郭敬超
　　　　杨卫东　乔艳永
编　委　陈海瑞　黄　超

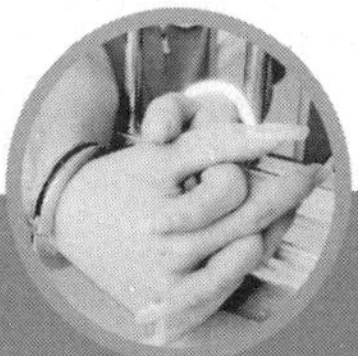

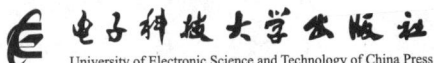

电子科技大学出版社
University of Electronic Science and Technology of China Press
·成都·

图书在版编目（CIP）数据

大学生安全教育 / 唐娣芬，肖心明，李晓林主编 .— 成都：电子科技大学出版社，2020.5

ISBN 978-7-5647-7894-1

Ⅰ . ①大… Ⅱ . ①唐… ②肖… ③李… Ⅲ . ①大学生－安全教育 Ⅳ . ① G645.5

中国版本图书馆 CIP 数据核字（2020）第 096575 号

大学生安全教育
DAXUESHENG ANQUAN JIAOYU
唐娣芬　肖心明　李晓林　主编

策划编辑　张　鹏
责任编辑　兰　凯

出版发行　电子科技大学出版社
　　　　　成都市一环路东一段 159 号电子信息产业大厦九楼　邮编 610051
主　　页　www.uestcp.com.cn
服务电话　028-83203399
邮购电话　028-83201495

印　　刷　北京荣玉印刷有限公司
成品尺寸　170mm×240mm
印　　张　18.5
字　　数　365 千字
版　　次　2020 年 5 月第 1 版
印　　次　2020 年 5 月第 1 次印刷
书　　号　ISBN 978-7-5647-7894-1
定　　价　42.00 元

前　　言

大学生的人身安全与健康成长,关系到我国人才发展战略的落实,事关我国高等教育事业的健康发展和人才培养。高等院校作为培养和造就适应我国社会经济发展所需的高素质人才的阵地,实施安全教育是其必须承担、不容懈怠的社会责任。近年来,大学生遭遇交通事故、火灾事故逐年增多,大学生被抢劫、被伤害、被骗、被盗、被滋扰案件时有发生,部分大学生酗酒滋事、打架斗殴现象屡禁不止。通过对一些案例进行分析,我们注意到,这些问题的发生固然与复杂的外部环境有关,但一些大学生的安全意识及自我保护能力较差,无疑也是不可忽视的重要因素。

本书编写的目的,在于努力提高安全教育的针对性、实效性和吸引力、感染力。本书具有以下三个方面的特色:

第一,从内容上来说,本书立足校园,针对学生个体,共分为十六个专题,从法制安全教育、学习安全、运动安全、饮食安全、人身安全、财产安全、网络安全、心理健康教育、求职就业安全、社交活动安全、消防安全、交通安全、安全救护常识、公共安全、国家安全、新冠肺炎防控等方面进行了全面系统的阐述和探讨。本书不仅包括了传统的公共安全教育,而且紧跟时代,增加了对校园贷、“裸贷”条的防范教育和关于国家安全方面的教育,使大学生不仅能够保证身体安全,还能够做到金融安全,更能够在国家安全领域做出贡献,为维护我们这个来之不易的和平环境做出示范带头作用。

第二,从形式上来说,本书在编写时注重理论与实践的紧密结合,图文并茂,既强调理论的阐释与说明,又注重实践的应用与操作,还有紧贴学生实际、鲜活生动的案例;既有力求做到系统、完整,又具有针对性和实用性,还具有时代性和新颖性,以期能使读者从中得到借鉴和参考、启发与收益。

第三,从课外资源上来说,本书紧跟时代特色,提供了与内容相符的教学视频,通过二维码即可观看,这不仅扩展了本书的内容,增加了其可读性和趣味性,也加深了读者对理论的更深入理解。

本书可作为各类院校老师和学生安全教育的教材及辅导教程,也可作为各类安全保卫工作机构及其工作人员的培训教材,还可作为社会家庭安全知识的参考书。

由于编者水平有限,加之编写时间仓促,不足之处在所难免,恳请各院校师生批评指正,以便今后修改完善。联系电话:13810412048,邮箱:2393867076@ qq. com。

编　者

目　　录

专题一 法制安全教育

随着公共生活领域的扩大,个人活动对他人和社会造成的影响也越来越大。如果人们在社会公共生活中随心所欲、各行其是,整个社会就会处于无序的混乱状态,人民群众就不可能安居乐业,社会和谐也就无从谈起。因此,我们应当树立法制观念,增强法制意识,做一个遵纪守法的好公民。

警示名言

由于有法律才能保障良好的举止,所以也要有良好的举止才能维护法律。

——[意]马基雅弗利

第一讲　遵纪守法,预防犯罪

一、学习法律法规

一个不懂法、不知法的大学生,掌握再多的科学知识,仍然是危险的,因为他可能因缺乏法律知识而不自觉地陷入违法犯罪当中。因此,大学生必须加强对法律知识的学习和了解,自觉学习法律法规,增强法律意识,做到知法、懂法、守法。同时,这也是大学生担负起自己的社会责任并实现自身价值的前提条件。

案例

某高校的6名学生将进入其住处行窃的小偷当场抓住后,没有扭送至公安机关,而是擅自将其关押一天一夜。法院以非法拘禁罪终审判处这6名学

笔记

生拘役5个月。一审宣判后,其中一名学生不服,上诉至北京市第一中级人民法院。法院经审理认为,王某等6人非法剥夺他人人身自由,其行为已构成非法拘禁罪,应依法惩处,维持原判。

点评

近年来,一些被人们视为“天之骄子”的大学生们违纪违规,触犯法律,甚至身陷囹圄,断送了自己美好的前程,这是令人十分痛心的。为什么会有这么多大学生违反法律法规?追根究底就是大学生的法律意识淡薄,缺少对法律知识的系统学习,对法律的认识不足。不知法、不懂法,也就无从守法。这也正是上述案例中,几位大学生走上违法犯罪道路的原因。

提示

作为高校,可以采取以下措施来增强大学生的法律意识。(图1-1)

1. 组织学生开展“模拟法庭”活动。学生通过自己模拟法官、律师、检察官、被告等角色,对参与表演和旁听的学生起到震慑作用,提高他们守法的自觉性。

2. 开展一些有关法学方面的知识竞赛。如通过开展以“某项法律”为主题的知识竞赛,调动学生学习法律知识的积极性,增长他们的法律知识。

3. 组织学生到法院旁听,开阔视野,深入社会。

4. 组织学生观看重大复杂案例的录像,或是请法学专家、有关办案人员来校演讲,针对社会上的一些著名案例进行分析。

图1-1　开展“安全和法制知识”讲座

笔记

链接

大学生虐猫事件

某高校一名男生在微信群里宣称,自己将所养宠物狗从7楼宿舍扔下摔死,原因是"狗往我床上拉屎"。该校官方微博发布通报称,同意涉事学生家长提出的退学申请,目前该学生已办理离校手续,由家长带其回家。

大学生在宿舍里饲养宠物狗,这本身就是违反校规。因为饲养的宠物狗在床上拉屎,不听从其他同学、校友的劝说,直接将宠物狗从七楼扔下摔死,完全无视狗的生命尊严,缺乏起码的公德心,这显然是错上加错。大学生因为虐狗杀猫而选择或被迫退学,应当说这是在为他们自己所犯的错误承担责任和后果。当然,这个代价对当事大学生来说显然有点重。所以,避免虐待动物的暴行以及事后学校给予处罚进一步扭曲虐狗杀猫学生的心理健康,对于虐狗杀猫的大中学生,除了按照校纪校规给予相应的处分处理外,学校还应对他们实施心理救济。

二、增强法制观念

随着我国高等教育的迅速发展,高校办学规模不断扩大,校园社会化现象日趋明显,一些治安案件、危及大学生人身财产安全的案件等在高校中时有发生。大学生虽然文化知识程度较高,但因他们踏入社会较晚,社会经验不足,缺乏安全防范意识,法律意识淡薄,从而导致一系列案件的发生。

警示名言

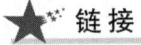

法律的基本原则是:为人诚实,不损害别人,给予每个人他应得的部分。

——[拜占庭]查士丁尼

案例

某高校一女生宿舍被盗,丢失的东西包括:张某的MP4及笔记本电脑各一部,价值4800元;李某的MP4一部,价值315元;王某的耳机一副,价值80元;同宿舍的赵某未丢任何东西。警方接案后,迅速展开调查。很快,赵某发现事态严重,主动投案认罪,并将所有物品归还了失主。事后,经调查得知,赵某家庭条件很优越,但因与室友相处不和,赵某便"想教训她们一下"。于是便趁室友上课之机,盗得以上物品。

笔记

点评

上述案例中，赵某因为没有处理好与室友的关系，没有采取积极的措施调整自己的心态，却想到用盗窃这种极端的方式去“教训”她们，结果真正得到教训的却是自己。

提示

大学生违法犯罪主要有以下几方面的原因。

1. 社会原因

(1)文化因素，价值观错位。社会上不良风气的影响，以及腐朽思想和不良网络文化是导致大学生犯罪的原因之一。

(2)就业因素。很多大学生毕业后，不能很好地安置自己的工作，只是临时性工作，收入不稳定，这是违法犯罪的主要原因之一。

2. 学校原因

(1)管理方面。一些高校的学校管理体系不够完善，单纯追求学生的专业知识水平，忽视学生的思想道德教育。存在重知识“输入”而轻思想品德“塑造”的现象，缺乏科学的管理机制，导致有的学生夜不归宿、逃课旷课、赌博醉酒等也无人过问。

(2)法制教育。高校对大学生的法制教育不重视，学生法制观念淡薄。(图 1-2)

图 1-2　开展法制教育

3. 家庭原因

家庭是孩子最初接受教育的环境。家庭教育方式的好与坏，也在一定程度上影响和决定着孩子的人生观、价值观和世界观。其中，处于溺爱型家庭、打骂型家庭、放任型家庭、失和型家庭等“问题家庭”的大学生较之正常家庭的

笔记

大学生更容易犯罪,原因就是缺乏适当的教育方法和健康的教育方式。

4. 自身原因

内因是决定事物发展变化的根本因素。

(1)大学生自我定位的错误。有些大学生由于受到社会中不良风气的影响,在人生的价值观、世界观方面产生了偏差。

(2)健康心理品质的缺失,造成心理的不成熟。大学生作为社会的一个典型群体,正处在学知识、长才干时期,心理与生理正趋向成熟型转变阶段。一些学生由于某些原因不能适应校园生活环境,在心理上产生了巨大的压力和挫折,心理承受能力大大受损。

链接

大学生违法犯罪预防

预防大学生违法犯罪是对人才的珍惜,是对社会的责任。大学应减少和遏止大学生违法犯罪,防患于未然,其关键在于健全社会的预防系统,使其养成正确的道德观和良好的行为习惯。

(1)加强对大学生政治素质的教育培养,增强其公德意识,引导大学生正确认识社会,树立正确的人生价值观,使他们真正成为心智与人格全面发展的有用之才。

(2)加强对大学生的心理引导,培养良好的心理素质。学校可开展心理健康知识讲座、开设心理咨询机构,帮助大学生形成健康向上的心理,正确处理各种矛盾。

(3)利用多种形式强化对大学生的法制教育,增强大学生法律意识。同时还要求大学生增强自我防范意识。

(4)加强校园的内部管理。预防违法犯罪必须保证良好的校园环境,学校应采取针对性措施健全管理约束机制,通过建立完善的安全防范管理体制,最终杜绝大学生违法犯罪现象。

(5)司法机关积极协助教育。司法机关对大学生违法犯罪应实行教育、感化、挽救的方针,坚持惩罚与教育相结合的原则,采取人性化的帮教手段,挽救这些失足青年,使他们能够重新成为社会的有用之才,同时加强校内的司法宣传教育。

(6)家长有针对性地引导教育。家庭是社会的细胞,提高家长的综合素质,加强和改善大学生的家庭教育是很重要的一项工作。家长要注重对自己孩子的了解,加强与孩子的沟通,摒弃娇惯溺爱,努力为孩子营造一个健康、温馨、和谐的成长环境。

笔记

第二讲　抵制校园暴力

一、文明礼让，净化校园道德风尚

近些年来，原本安静祥和的校园这块净土上也接二连三地发生校园暴力事件，因此校园安全已成为人们非常关注的焦点问题。导致校园暴力事件发生的很大一部分原因是一些学生思想道德素质不高，再加上看问题片面肤浅，自控能力较差，心理脆弱，无法应对挫折，容易偏激与冲动，从而引发学生伤害事故。（图 1-3）

警示名言

勿以恶小而为之，勿以善小而不为。惟贤惟德，能服于人。

——［蜀汉］刘备

案例

一天，在某高校大门口外 50 米的拐角处，一名大二学生詹某伙同本班 5 名同学对大一学生李某进行群殴，致使李某门牙脱落 2 颗，身体多处受伤住院。后经学校政教处调查，两位同学的矛盾源于当天中午在学校食堂打饭时李某插队，詹某上前制止，李某不听劝告，两人在食堂内发生了口角。詹某将事情告诉班上的其他几位男生，大家商议之后，决定在下午休息的时候在校门口堵住李某，好好教训他一顿。因此导致詹某等 5 位学生群殴李某这一暴力事件的发生。

点评

詹某、李某等学生自身道德修养不足，法制观念淡薄，加上年轻气盛，情感冲动，遇到问题很容易采取一些过激的行为，这是导致该暴力事件发生的主要原因。他们常常以自我为中心，从不考虑他人的感受。同时，每个成员个体的身份意识被团体成员的身份意识弱化，心理健康教育缺位，来自同伴或团体的压力往往也就成了某些学生陷入暴力等不良行为的重要因素。

图 1-3 “校园暴力”漫画

提示

校园暴力是由个体或群体实施的一种侵犯性行为,是一种基于恶意或是故意的行为,目的是让受害者产生心理上的恐惧、痛苦或身体受到伤害。所以在对学生进行安全教育的过程中,要教会学生正确应对校园暴力的挑衅行为。

当我们面对某些同学恶意挑衅性的行为时,比较有效的应对措施是告诉学校有关管理人员或教师、家长等,让他们来帮助处理和化解学生之间的矛盾;而起反作用的应对措施往往是以暴制暴或者消极承受伤害。

链接

面对具有暴力行为的学生,除了教育、批评、惩罚外,更应该仔细调查他们产生暴力行为的原因。识别暴力产生的因素,如是否有学习困难,是否有家庭暴力等,然后有针对性地处理和改善有暴力倾向的学生的外在不利环境及内在的“暴力能解决问题”的错误认知,从而彻底改变其不良的行为模式。同时,学校的法制教育、道德教育应与学科建设联系起来,定期安排学生参与法制和思想道德教育活动,聘请法制教师以具体的校园暴力案件说法,将其贯串到教学当中。

二、坚决抵制校园暴力

校园是学生获取知识、追求上进的学术殿堂,是国家培育人才的摇篮。而校园暴力的出现给原本美好洁净的校园染上了一丝灰暗,并且不断吞噬着一些大学生健康的心灵。对此,我们必须采取切实可行的措施,坚决抵制各种校园暴力行为。(图 1-4)

笔记

警示名言

愚蠢的人经常显示厚颜的暴力。

——[美]爱默生

案例

小雪是云南某高校大二学生。一天下午，小雪因说了几句无关紧要的闲话，先后与室友小丽、小月、小欣发生矛盾吵了起来。小丽、小月、小欣及小丽、小月的男友等人先后对小雪进行打骂及侮辱行为。

在事后这些施暴人员对警方的供述里，人们还可以看到其他恶劣的侮辱施暴行为。在这场以女生主导的暴力伤害中，打人女生的男友也成了帮凶。等这些人走后，认为小雪以前欺负过她朋友的小瑞，就对小雪开始了新的折磨，甚至打完后，还逼她写保证书，保证当晚所有的责任都与她们无关。就这样，小雪写了 14 份保证书。到次日凌晨 4 点多，那些人才陆陆续续地走完；之后 5 点钟，小雪打电话报了警。

校园暴力：青春不该如此残酷
来源：辽宁卫视

点评

小雪和小丽、小月等他们原本是生活在一起的室友，仅因为一两句简单的话，就有了不共戴天之仇，以至于让小丽联合了十多个人对小雪进行群殴、羞辱。

从小月他们对小雪的打骂和侮辱中，我们可以看出这种变态行为，既暴力又伤人自尊，大有让小雪无颜见人的势头。而更让人不可忍受的是，这些人做了坏事之后，还威胁小雪，逼着她写保证书，不让她对外泄露，更不能报警。

对于这起校园暴力事件，参办此案的检察院检察官，用得最多的词就是“极其恶劣”。他认为，小丽只因两句口角之争，就纠集大量同学对受害人进行伤害，而涉案的其他嫌疑人，更是是非不分，人云亦云，采用极其恶劣的手段对受害人进行伤害。由此可见这群犯罪嫌疑人不同于其他案件的初犯、偶犯，其主观恶性大，对受害人造成的身心伤害难以预料。

不过令人欣慰的是，小雪虽然在被殴打、侮辱的过程中没有进行激烈的反抗，但还是在事后，表现出了一定的自我保护意识——及时报警了。而对于这些施暴者，等待他们的将是法律的严惩！

笔记

图 1-4 “校园暴力”行为漫画

提示

校园暴力发生的原因有以下几点。

1. 不能正确预见后果

一些学生有暴力倾向，张嘴就骂人，扬手就打人，往往是因为不能正确预见暴力行为的不利后果。

2. 法制意识淡薄

有些学生动不动就采用暴力行为，是因为其法律意识淡薄，不知道暴力行为会触犯法律，可能带来牢狱之灾。

3. 纵容心态

一些学生面对暴力行为的纵容心态，也会使自己成为校园暴力的无辜受害者，甚至导致极端事件的发生。

4. 以暴制暴的心理

“他找人打我，我也可以找人打他，看谁能打得过谁，看谁能硬撑到底。”这种以暴制暴的心理，在很多受过暴力伤害的大学生中，都不同程度地存在着，尤其是那些长期忍气吞声的学生，这种心理更是明显。面对校园暴力，如果受害学生想靠以暴制暴解决问题，无疑是愚蠢的，因为这不但不能让暴力远离自己，反而会让自己滑进暴力的深渊爬不出来。

5. 自我防范意识较差

一些学生之所以遭遇暴力事件，如暴力抢劫，可能是因其自身的防范意识较差，如经常一个人在校外或校内行走，尤其是晚上；钱包内经常放大量财物，尤其是故意经常炫耀。

找到了可能引发暴力行为的原因后，我们就应该想办法将身上的暴力因子扼杀在萌芽状态。

链接

笔记

防范校园暴力

1. 学习法律知识

在日常生活中，除了学习专业知识外，我们还应该多学一些法律知识，用法律武器保护自己，并抑制自己的暴力行为。如《中华人民共和国刑法》《中华人民共和国民法通则》《中华人民共和国未成年人保护法》中与“暴力”有关的法律条文。

2. 培养非暴力情感

每个人都渴望被关注、被接纳、被肯定，一旦某些学生不被老师、同学关注，就容易产生自暴自弃的心理，甚至用暴力来报复老师和同学。所以，对于周围那些内向、抑郁、自卑的学生，我们应多关心和帮助他们，让他们体会到生活的温暖，看到生活的希望。这样，他们就会慢慢打消暴力的念头了。

3. 缓解压力

压力过大，也很容易产生暴力倾向。如今的大学生面临着诸多压力，如学习压力、家长压力、经济压力、心理压力、就业压力等。如果问题得不到及时解决，就有可能造成他们情绪消沉、抑郁、自卑，甚至发生一些极端行为。对此，我们大学生一定要注意随时舒缓心中的压力，同时还要帮助其他压力较大的学生进行心理减压。

4. 面对暴力不低头

暴力发生时，我们要告诉自己不要害怕，让施暴的人不敢贸然攻击，甚至自动退缩。同时，要迅速报警，或者大声呼喊求救。

5. 做好自我防范

(1) 在校园内行走时，不要走偏僻人少的小路，尤其是夜出时更要注意，最好与同学、朋友结伴出行。

(2) 不要带过多的现金、银行卡出去，在掏钱包取钱时，不要让外人看到里边的钱、卡。

(3) 平时注意不要与人结怨，说话做事要注意把握分寸。

(4) 与人争辩时，动作不要过大，否则极易引起对方的暴力倾向。

遏制校园暴力、构建和谐校园，不仅是学校的责任，更是大学生自己的事情，因为它关系到大学生的切身安全。

笔记

第三讲　增强防范意识,用法律保护自己

近年来,不少年轻学子,为了挣钱付学费,或为了体验现实生活,都自发利用寒暑假外出打工。一些骗子也趁机盯住这个“商机”,一双双“黑手”伸向外出打工的大学生们,使很多大学生都上当受骗。

因此,一方面,国家应该加强对大学生暑期打工市场的监督和管理,切实保障学生的合法权益和人身安全;另一方面,对于打工的大学生来说,打工时一定要增强法律意识,弄清有关各方面的情况,签订用工协议。一旦在打工过程中出现劳动纠纷,首先可以让校方出面与企业交涉,如果协调不成,再向法院起诉,通过法律途径解决问题,用法律武器来维护自己的合法权益。

打工被骗上百学生流落街头:河南上蔡学生称赴上海打工因相信班主任
来源:CCTV13

警示名言

法律的基本原则是:为人诚实,不损害他人,给予每个人他应得的部分。

——[拜占庭]查士丁尼

案例

暑假期间,某高校大二女生小燕为了体验生活,锻炼自己,为日后找工作积累“工作经验”,来到深圳打工。有一天,小燕在大街上无意间看到一则招聘广告,上面写着急招数名女业务员,月工资6000元。她欣喜若狂,立刻按照招工广告上的手机号码给负责人打了个电话。那名负责人说他们公司是一家大型企业,不过,新员工都要收500元押金,期满退回。一心想打工“锻炼”自己的小燕信以为真,就照那负责人说的交了500元押金。第二天,小燕再次同那名负责人联系,该负责人的手机一直处于关机状态。第三天、第四天,都是这种情况。小燕这才知道自己上当受骗了。

男子冒充双硕士骗钱骗色十多名女大学生上当
来源:安徽卫视

笔记

点评

案例中，小燕独自一人来到繁华的深圳找工作。深圳虽有很多就业机会，但竞争也很残酷。当看到月工资6000元的招聘广告时，可能是过于兴奋，再加上缺少经验，小燕失去了警惕心，对于对方提出的先交500元押金一事根本没有细想，就毫不犹豫地把钱交给了对方。本以为这回工作有希望了，谁知，再打电话，已找不到任何联系人。

小燕知道自己受骗后，并没有寻求法律保护。这表明，她不但缺乏法律意识，更不懂得利用法律武器进行自我保护，而这也是很多大学生求职时存在的问题。

传销的定义
来源：百度词条

提示

大学生要知法、懂法、守法，还要会用法。为了更好地保护自己与身边的亲人朋友不受侵害，为了更好地服务社会，大学生要注重对法律知识的学习，善用法律武器，维护合法权益。

如果在工作、生活中遇到了麻烦，需要通过法律手段来解决，请不要紧张，用一个大学生良好的法律意识来认识事件中的法律问题，或者通过查阅法律资料、请求法律专业人士的帮助来解决。而与此同时，我们也可以从中学习到更多的法律知识。

当代大学生的肩膀上承载着太多人的厚望。大学生是国家宝贵的人才资源，是民族的希望，是祖国的未来。在一个法治的国家里，大学生不仅要学好专业知识，更应增强法律意识。当自己的正当权益受到非法侵害的时候，请拿起你手中的法律武器吧！

大学生被骗传销四万元血本无归
来源：新闻综合

链接

某高校大四女生经同学介绍到一家广告公司工作。到公司后，老板王某以生意不好为由，不让女生去广告公司上班，而是让女生一直都待在他的一室一厅的房子里。王某让女生住在卧室里，自己住客厅。同时把一些广告资料给她看，让她在家初步了解一些广告常识。

有一天凌晨，王某以生意不好、找人聊天为由叫开了女生的门。起初，王某聊天的话题都集中在工作方面，但不久语言就变得淫秽不堪，且双手也变得不安分。女生一边恳求他放手，一边竭尽全力反抗，并趁王某到客厅拿电风扇的时机，立即拉开窗户跳上了窗台。王某见女生站在窗台上，上前进行劝阻。“别过来，否则我就跳下去。”女生警告道。但王某以为女生只是在吓唬他，因此根本没有理会她的警告。被逼无奈，女生“咚”的一声跳了下去。幸亏她只是掉在了一层平台上。巨大的声响惊醒了二楼的居民，居民立即拨打电话报了警。女生被诊断为右大腿骨粉碎性骨折。根据警方调查，王某根本不是什么广告公司的老板，只不过是一个普通员工，最后警方以涉嫌强制猥亵罪将王某刑事拘留。

大学生勤工俭学屡屡被骗律师支招如何维权
来源：新闻综合

笔记

在这个案件中，大学女生受到性骚扰后，没有想办法去报警，而是跳楼，选择以轻生为代价。女生的这种举动说明她缺乏自我保护意识。在此提醒大家：当自身遭受人身伤害时，一定要保持冷静，根据形势先进行自我保护，然后再伺机报警，学会用法律保护自己。

笔记

专题二 学习安全

在我们的求知成长过程中，学习安全不容忽视。虽然各个高校都制订了相应的学习管理制度和操作规程，但各种违规操作、疏忽大意等因素导致大学生人身和财产损害的事故仍屡见不鲜。本专题力图通过典型案例分析，提醒大学生在学习过程中注意安全，提高安全意识，时刻警惕和防范安全事故的发生。

警示名言

一事不谨，即贻四海之忧；一念不慎，即贻百年之患。

——[清]玄烨

第一讲 注意实验操作中的安全隐患

在化学实验室里，安全是非常重要的，它常常潜藏着诸如发生爆炸、着火、灼伤等事故的危险。如何防止这些事故的发生，以及万一发生又如何急救，都是每一个化学实验工作者必须具备的素质。因为实验室里很多实验器材和试剂都有危险性，如实验用的试管碎了，很容易扎到实验者的手；使用两个酒精灯互相点火，就可能会引发火灾。所以在实验室里做实验，来不得半点马虎。

一、安全操作化学试剂

任何化学试剂接触到皮肤、黏膜、眼、呼吸器官时都要及时清洗，特别是对皮肤、黏膜、眼、呼吸器官有极强腐蚀性的化学试剂（不论是液体还是固体），如各种酸和碱、三氯化磷、氯化氧磷、溴、苯酚、无水肼等。在使用前一定要了解接触到这些腐蚀性化学试剂的急救处理方法，如酸溅到皮肤上要用稀碱液清洗等。

笔记

案例

某高校化学系大一学生张某在上实验课时，因触到浓硫酸导致手部被严重烧伤。张某当时正在实验室做化学实验，从试管架上取试管时，原本应清理干净的试管居然装满了浓硫酸。在毫不知情的情形之下，试管中的硫酸无情地尽数泼在他的手上。事后，尽管校方立即采取了一些抢救措施，但张某的手被烧伤却已经是一个无法挽回的事实。后经调查得知，原来那段时间是期中考试阶段，做实验的学生很多，时间安排得也很紧凑，前面一个班做完实验后，相隔十几分钟时间，张某所在的班级就接着去做实验了。由于匆忙，前面一个班做实验的学生把硫酸装进去，用过后，忘记清洗了，而实验室的教师以为学生们都会按正确的方法操作、清洗，所以就没有一一检查，继续让后来的学生做实验。结果伤害事故就发生了。

点评

上述案例中原本应该已经清理干净的试管里，竟然装满了浓硫酸，这本身就是极大的安全隐患。对于这件事情，除了问责学校把实验课程安排得那么紧，教验教师也没有及时做好清理工作之外，同时也应该问问我们学生自己应该怎么做。因为不管多么好的制度都会有人不执行；不管多么严格的管理，都会有人钻空子。更何况百密一疏，隐患难除！所以，不管学校、教师做得怎样，学生自己都应该出于对自己、对他人负责的心态，多长一个心眼，多采取一些防护措施，以防意外的发生。

提示

大学生做实验要注意以下几点。

(1)做实验前要认真听教师讲解，并做好笔记；认真阅读有关要求、注意事项，熟悉工作环境，对可能遇到的危险有清醒的认识。

(2)做实验中严格遵守有关规章制度、安全技术操作规程，严格按步骤实施。

(3)发现问题及时向指导教师报告，避免安全责任事故的发生。

链接

笔记

易燃易爆化学试剂的安全使用

一般将闪点在25℃以下的化学试剂列入易燃化学试剂，它们多是极易挥发的液体，遇明火即可燃烧。闪点越低，越易燃烧。常见闪点在-4℃以下的有氯乙烷、凝乙烷、乙醚、汽油、二硫化碳、丙酮、苯、乙酸乙酯、乙酸甲酯等。

使用易燃化学试剂时绝对不能使用明火，也不能直接用加热器加热，这类化学试剂应存放在阴凉通风处。放在冰箱中时，一定要使用防爆冰箱，曾经发生过将乙醚存放在普通冰箱而引起火灾，烧毁整个实验室的事故。在大量使用这类化学试剂的地方，一定要保持良好通风，所用电器一定要采用防爆电器，现场绝对不能有明火。

易燃试剂在激烈燃烧时也可引发爆炸，一些固体化学试剂，例如，硝化纤维、苦味酸、三硝基甲苯、三硝基苯、叠氮或重叠化合物、霍酸盐等，本身就是易燃物，遇热或明火，它们极易燃烧或分解，发生爆炸，在使用这些化学试剂时绝不能直接加热，使用这些化学试剂时也要注意周围不要有明火。

一些固体化学试剂如金属钾、钠、锂、钙、氢化铝、电石等，遇水即可发生激烈反应，并放出大量热，也可产生爆炸。在使用这些化学试剂时一定要避免它们与水直接接触。

使用易燃化学试剂的实验人员，要穿戴好必要的防护用具，最好戴上防护眼镜。

二、避免发生爆炸事故

爆炸事故的发生原因有很多种，如人员违反操作规程引燃易燃物品，或仪器设备或各种管线年久老化损坏酿发的设备设施事故，易燃易爆物品泄漏，遇火花引发爆炸，等等。高校教学科研中的实验很多都需要在强腐蚀、高温、高压、强磁、强电流、微波、辐射，或者乙炔、氢气等易燃或高压气体的特殊环境下进行，这些物质多数具有危险性和危害性，使用稍有不慎就极有可能引发安全事故，如火灾、爆炸、触电、中毒，甚至直接导致人身伤害等。

警示名言

安而不忘危，存而不忘亡，治而不忘乱。

——《易经》

案例

案例1:某高校学生李某在进行实验时,往玻璃封管内加入氨水20mL,硫酸亚铁1g,原料4g,加热温度160℃。当事人李某在观察溶液温度时,封管突然发生爆炸,整个反应体系被完全炸碎。这起事故导致李某额头受伤,幸亏当时戴了防护眼镜,才使双眼没有受到伤害。

经调查,事故发生的原因是:玻璃封管不耐高压,且在反应过程中无法检测管内压力。氨水在高温下变为氨气和水蒸气,产生较大的压力,致使玻璃封管爆炸。

案例2:赵某在准备处理一瓶四氢呋喃时,没有仔细核对,误将一瓶硝基甲烷当作四氢呋喃加到氢氧化钠中。约过了一分钟,试剂瓶中冒出了白烟。赵某立即将通风橱玻璃门拉下,此时瓶口的烟变成黑色泡沫状液体。赵某叫来同事请教解决方法,爆炸就发生了,玻璃碎片将两人的手臂割伤。

事故发生的原因是赵某在加药品时粗心大意,没有仔细核对所用化学试剂而造成的。实验台药品杂乱无序、药品过多也是造成本次事故的主要原因。

点评

上述案例1中李某如果能严格按照实验操作要求在通风柜内进行,密闭系统,那么这场灾难就完全可以避免。而案例2则是一起典型的误操作事故。实验操作过程中的每一个步骤都必须仔细,不能有半点马虎,如实验台要保持整洁,不用的试剂瓶要摆放到试剂架上,避免试剂打翻或误用造成的事故。也许是因为这些实验人员每天都要接触这些东西,安全意识逐渐淡漠了,所以很多安全事故都是因人员操作不慎、使用不当和粗心大意酿发的人为责任事故。

提示

化学实验室的注意事项如下。

(1)进入实验室要穿戴整齐,禁止在实验室里吸烟、进食、喝饮料,禁止赤膊穿拖鞋,也不能穿钉了铁掌的皮鞋,以免摩擦起电。

(2)药品用量应遵守规定,不可擅自取用。取用药品或溶液之前,应先看清标示,避免发生不必要的化学反应;取用药品时瓶盖不可任意放置,而应养成随手盖上的习惯,一旦药品取用过量,千万不要再倒回瓶中。

(3)不要用手碰触药品或溶液;使用毒品时,除了要用药匙、量器外,还

笔记

必须佩戴橡皮手套。倾倒药品或溶液时，如果不慎泄漏，应立即用清水冲净容器外壁，再以抹布擦干。一旦实验完毕，应立即清洗仪器用具，并用肥皂水洗手。如果皮肤接触到化学药品，应立刻清洗。

(4)在化学实验室里，应该一直佩戴护目镜，以防眼睛受到刺激性气体的熏染，同时还要防止任何化学药品，尤其是强酸、强碱、玻璃屑等异物进入眼内。眼睛接触到任何化学药品，都应该视为突发事件，应立刻用清水冲洗并紧急就医。

(5)尽量避免吸入任何药品和溶剂蒸气。处理 H_2S、NO_2、Cl_2、CO、SO_2、SO_3、浓硝酸、发烟硫酸、浓盐酸等具有刺激性、恶臭和有毒的化学药品时，必须在通风橱中进行。通风橱开启后，一定不要把头伸入橱内，并保持实验室通风良好。

(6)禁止用口吸吸管移取浓酸、浓碱、有毒液体，而应用洗耳球吸取；禁止冒险品尝药品试剂，更不得用鼻子直接嗅气体，而应用手向鼻孔扇入少量气体。

(7)不要用乙醇等有机溶剂擦洗溅在皮肤上的药品；严禁在酸性介质中使用氰化物。

(8)使用酒精灯时，千万不要互点，只能用教师给定的火柴点燃；酒精灯必须由灯帽盖灭，而不能用嘴吹灭。未经教师同意，不要对酒精灯做任何操作，以防烧伤皮肤，甚至发生酒精灯起火或爆炸的事件。

(9)做热学实验时，要注意防止烫伤。加热后的器材未冷之前，千万不要用手触摸；对试管内物体加热时，不要将管口对着自己或他人，以免管内物质沸腾，溅出来伤到人。

(10)实验完毕，玻璃仪器的碎片应丢弃至指定位置，由专人回收处理；实验后剩余的溶液千万不可任意倾倒进水槽，而应倒入指定的废液回收桶，再由专人处理；用过的手套、塑胶滴管等抛弃式物品，应丢入垃圾桶，不能重复使用。

同时，还应将桌面擦拭清洁、整理干净，并检查瓦斯、电灯等开关是否关上。

链 接

化学实验伤害的急救

1. 眼睛受伤

(1)眼睛灼伤。一旦眼内溅入化学药品，应立即用大量清水缓缓彻底冲洗。洗眼时，眼皮要张开，也可由其他同学帮忙翻开眼睑，持续冲洗 15 分钟。但不要用稀酸去中和溅入眼内的碱性物质，反之亦然。因溅入碱金属、溴、浓酸、浓碱或其他刺激性物质而灼伤眼睛的，采取急救措施后，必须迅速送往医院。

(2)异物入眼。玻璃屑等异物进入眼睛时，一定不要手忙脚乱，不要让其他同学帮你取碎屑，不要总是转动眼球，更不要用手揉擦，但可以任眼睛流泪，有时碎屑可能就会随着泪水流出。如果是木屑、尘粒等异物进入眼睛，可以让其他同学帮忙翻开眼睑，用消毒棉签轻轻取出异物，或者任眼睛流泪，待异物排出后，再滴入几滴鱼肝油。用纱布轻轻把受伤的同学的眼睛包住后，尽快将其送往医院处理。

2. 皮肤灼伤

(1)酸灼伤。先用大量水冲洗，再用稀 $NaHCO_3$ 溶液或稀氨水浸洗，最后用水洗。氢氟酸能腐蚀指甲、骨头，滴在皮肤上，会形成难以治愈的烧伤。皮肤如果被其灼烧后，应先用大量水冲洗 20 分钟以上，再用冰冷的饱和硫酸镁溶液或 70%的酒精浸洗 30 分钟以上；大量水冲洗后，还可以用肥皂水冲洗，用 5%的 $NaHCO_3$ 溶液湿敷。

(2)溴灼伤。被溴灼伤的伤口很不容易愈合，因此做实验时一定要严加防范，做好自我保护措施。例如，可以预先配制好适量的 $Na_2S_2O_3$ 溶液备用。一旦有溴沾到皮肤上，立即用 $Na_2S_2O_3$ 溶液冲洗，之后再用大量水冲洗干净，包上消毒纱布后，紧急就医。被灼伤后，如果创面起了小水疱，千万不要挑破，以防感染。

(3)碱灼伤。先用大量水冲洗，再用 1%的硼酸浸洗，最后用水洗。

第二讲　增强自习中的安全防范意识

一、教室自习安全

教室自习的安全问题除了和图书馆看书被盗情况类似外，最大的安全隐患就是女生容易遭遇骚扰。

警示名言

最容易犯错误的，是那些仅仅根据自己的想法去行动的人。

——[法]沃维纳格

笔记

案例

某高校保卫处接到一名女生报案，称其一个人正在某教室学习，进来一名像学生的男子，她没在意，继续看书，可过一会她听到身后有窸窸窣窣声音，她回头一看，大吃一惊，只见那名男子站在她身后将裤子褪下。惊吓之余，该女生撒腿跑出教室。经了解，还有其他女生遇到这种"露阴"骚扰。接案后，保卫处经过努力终将该男子抓获。据查，该男子为该校某专业大二学生，其上中学时就有此恶习，虽经治疗，效果不大。后为维护校园安全，学校将其开除。

点评

教室是学生上课的地方，但上完课后教室往往就只是一间空房子了。很多学生为了找一个安静的地方学习，往往会选择一间空无一人的教室，殊不知，在享受安静的同时，也给某些不法分子留下了可乘之机。案例中的女生便正是因此而使自己遭遇了一场惊吓。

提示

女同学在遇到类似情况时应怎么办呢？

(1)不要害怕惊慌，应保持镇定。如果犯罪嫌疑人动手动脚，则除了大声严厉斥责外，还要极力反抗。同时，要伺机逃离现场，并立即向校保卫部门报案或大声呼喊附近的老师或同学，以便将犯罪嫌疑人抓获。

(2)避免一个人在偏僻的教室学习，不给犯罪分子可乘之机。如果教室里有三四人以上，犯罪分子就不敢轻举妄动。

(3)女生在教室上晚自习不可太晚，如果一定要学得很晚，就要和其他同学结伴而行，实在无伴且感到有危险时，可与校保卫部门联系，请求保卫人员护送，保卫人员有义务将晚归的女生安全地护送回宿舍。

链接

某高校大三男生章某在该校第13教学楼4楼自习，九点钟左右，忽然听到隔壁教室有女生喊了两声抓流氓，于是章某便和教室里另外两人一起冲了出去。那女生哭着指着走廊西头说，往那跑了！于是两人往那边追，章某直接下去通知楼管把大门关了。然后，由女生和校保卫部在门口一起认人，将留在这栋教学楼的人一个个放出去，最终在保卫处的搜寻和女生的指认下抓住了那个可耻的流氓！

笔记

在此提醒大家：在教室上自习时要提高安全防范意识，尤其是晚上，女生千万别一个人在教室。

二、图书馆学习安全

女大学生坠亡之谜
来源：河北卫视

图书馆是大学生活中不可或缺的学习场所，学生到图书馆看书要注意两个方面：一是了解图书馆的结构，特别要记清图书馆的安全通道，一旦在图书馆学习中发生了意外事故，便可以迅速找到安全通道，以最快的速度逃离险境；二是注意看管好自己的财物。不少学生到图书馆后，习惯用书包、随身听等先占座位，然后再去借书，有的借书后回到座位时，会发现自己的书包、随身听或者书包里的手机、钱夹等已不翼而飞了。

案例

李某，男，22岁，属于无业人员。在不到3个月的时间内，李某总共在某高校校园内实施盗窃5起，而他的作案对象全都是大学生。

据了解，李某的作案特点是时常到大学校园内转悠，图书馆、自习教室等是他常去的地方。一旦学生外出或上厕所时将书包遗留在座位上，李某便会悄悄靠上去，并直接将书包拿走。在5起盗窃中，李某偷走的除了现金外，全都是手机、数码相机、MP3等数码产品。

李某盗窃的财物总价近4000元。由于其行为已构成盗窃罪，最终，李某获刑1年零4个月，并处罚金4000元。

点评

学校图书馆是供学生自主学习的公共场所，出于安全考虑，学生应该随身携带或妥善保管好自己的物品。另外，用书包等物品占座，本身属于不道德的行为，是不值得提倡的。而案例中的小偷正是利用学生的安全意识不强，喜欢拿书包占座等特点，实施盗窃并轻易得手。

提示

学生在图书馆看书也决不能有麻痹思想，如要起身借书或临时离开，一定要将贵重物品带在身上或交熟人看管，切不可有“只离开一会儿问题不大”的想法，等到东西被盗时将悔之晚矣。

链接

某高校保卫处一周内连续接到几起学生报案，称放在图书馆阅览室桌

笔记

子上的东西被偷。保卫处派人到阅览室守候,很快将犯罪嫌疑人当场抓获。经审讯,该犯罪嫌疑人是某校毕业生,因其上学时就注意到学生在图书馆学习时喜欢用书包等占座位这一现象,故毕业后半年多时间里,他流窜于几所高校,作案三十多起。

第三讲　预防实习期间的安全事故

一、实习中的安全事故

对于高校来讲,实习既是整个教学过程中非常重要的一环,也是各项基本素质向核心能力全面提升的关键阶段;对于学生来讲,是训练和检验学生心理与专业技能能否适应社会的决定性阶段。由于实习环境、受教育的方式、学习的任务、教学的管理方式等发生了巨大变化,学生面临全面的挑战。当前,一些实习生思想麻痹、安全意识淡薄,加上实习的场所点多、面广,实习时间长,难免会产生一些安全隐患。因此,高度重视实习安全教育工作,是学生安全实习的重要保障。

警示名言

永远谨慎乃是至高无上的价值。

——[美]马克·吐温

案例

案例1:某高校学生张某进行金属焊接实习时,未戴防护眼镜,并在清除电焊渣壳时违反操作规程,使温度极高的焊渣崩入眼睛内,幸运的是未伤及眼球,仅仅造成眼角化脓,3个月后方痊愈。

案例2:某校实习生赵某,随指导师傅进行拌料操作,拌料过程结束后,指导师傅进入隔壁车间闲聊,赵某一人清洁该混合机中的剩余底料时,误启动了混合机,左手被卷入而导致残疾。

案例3:某职校学生吴某实习时,因操作一台旧车床,且车床皮带轮防护罩缺失,使学生在生产过程中不慎袖子被绞,经医院抢救后右手被截肢。

笔记

点评

当前，几乎所有高校都建有校外实习实训基地，以培养学生的专业技能与职业素质；学生则通过顶岗操作，在实际工作情境中锻炼自己，但往往又因为没有实践经验和缺乏安全防范意识而出现安全问题。可以说，校内外实习实训场所是安全隐患最为突出的。为了避免上述事故的发生，我们在实习时一定要提高安全意识，做好安全防范，消除安全隐患。

提示

(1)无论是校内实习还是企业实习，安全实习是第一要务，要培养学生牢固树立安全意识。学校、企业都要认真上好安全实习第一课，教育学生懂得安全是不容忽视的，一时的疏忽可能会影响一生。

(2)学校和企业要对学生进行实习前的安全指导、教育，提高学生保护自己的能力。在进行实习纪律、道德规范教育的同时，还应针对不同专业实习过程中容易发生的问题进行强调，以引起学生的注意，并根据各专业的重点操作项目进行强化训练。

(3)实习前对施工现场可能发生的安全事故和存在的安全隐患进行了解，做到有备无患。

二、实习安全注意事项

实习是高校学生必须经历的一项实践活动。然而在实习过程中，实习生的伤害事故频繁出现，不仅给实习生本人造成了很大的伤害，而且也影响到企业参与学校实习教学的积极性，对校企合作教学模式带来较大的负面影响。因此，如何加强安全管理，健全安全制度，为学生的安全实习提供保障显得尤为重要。

(一)校内实习注意事项

(1)每位学生自觉接受岗位安全教育和安全技术培训，遵守实习安全上岗制度。

(2)学生进行各工种实习时，指导教师要对学生进行本工种安全操作规程教育，讲解有关注意事项，按不同岗位的不同要求穿戴好防护用品。工作服必须紧袖；留长发的学生必须戴工作帽，不准穿高跟鞋、裙子上岗；男同学不准穿背心、短裤上岗;不准穿拖鞋。

(3)学生实习操作时,不得动用他人的设备、器具。在操作过程中如发现不正常现象,应及时向指导教师报告。

(4)在实习场地内严禁乱闯、打闹、喧哗。

(5)当日工作完毕,应认真清理作业场地,将用过的设备和工具按要求进行整理,并放回原处。关闭电源,经实习指导教师同意后方可离开场地。

(6)各类实习有其他特殊规定的,必须按其规定严格执行。

警示名言

一个不注意小事情的人,永远不会成功大事业。

——[美]卡耐基

(二)校外实习注意事项

校外实习安全教育应该定位于"认识社会,拒绝诱惑,防范侵害,远离危险"。通过有针对性的教育,让学生认识到自我保护的重要性,提高自我保护的自觉性和遵纪守法的自觉意识。校外实习除了遵守校内实习的注意事项外,还应遵守以下几个事项。

(1)学校应根据学生健康状况,提出不宜外出实习的学生名单;学生管理部门根据对实习单位综合情况的调查,提出各个实习点的重点管理目标对象、重点时段、重点场所及必要的措施。

(2)实习单位要加强学生生产实习期间的劳动保护,严格执行《中华人民共和国劳动法》《未成年工特殊保护规定》,防止生产实习过程中发生意外事故。如果实习单位不具备有关法规所规定的条件,学生可以依法拒绝参加实习训练。

(3)实习单位在实习学生上岗前,应对其进行有关的劳动纪律、职业道德、生产安全、劳动防护的教育、培训,落实学生实习的指导教师,确定生产实习内容。没有接受过安全培训或安全培训不合格者,不能上岗。

(4)按要求正确穿戴和使用劳动防护用品,不准穿钉有铁掌或铁钉的鞋,以防走路时与地摩擦产生火花,引起火灾或爆炸;女学生的长发必须盘在头顶,且必须佩戴工作帽,以防头发被转动设备卷入,造成伤亡;女学生不准穿裙子、高跟鞋,以防在攀梯或在箅子板上行走时造成扭伤或摔伤。

(5)每个实习组进行编组时，要注意男、女生混合编组，尽量避免女教师、女学生单独编组，禁止一人单独进行野外实习。

(6)准确了解厂矿、企业内特殊危险工区、地点及物品，避免发生意外事故。

(7)在实习现场，严禁同学间相互嬉戏，以防发生高空坠落、机械伤害等恶性事故，造成人员伤亡。

(8)在实习现场，严禁进入任何废弃的设备内，以防发生窒息死亡事故。在实习现场行走时，要随时注意头顶的管道和脚下的阴沟与地槽。

(9)在没有可靠的安全保障的条件下，不准随便登高。

(10)在实习现场时，不要随便触摸裸露的管道与设备，以防烫伤；更不要随便动现场的阀门与按钮，以防发生紧急停车、物料放空等生产事故，造成重大经济损失。

笔记

案例

案例1：某高校女生王某在校内金工实验室实习时，没按规定戴工作帽，实习过程中头发不慎被车床转轴卷入，王某慌忙自救，却将衬衫袖口也带入转轴中，情况十分危急。幸亏指导教师及时将电源切断，并且当时车床转速不快，才没有酿成悲剧。(图2-1)

案例2：某高校女学生刘某，在一家工厂做实习生。一次，在车间操作机床，因未戴安全帽，低头时长发被卷入高速旋转的车床中，造成头皮撕裂，落下终身残疾。

图2-1　车间操作注意事项

笔记

点评

实验实习，对着装都有严格要求。案例1中，造成事故的直接原因就是王某没有按照金工实验的实习规定佩戴工作帽，也没将头发盘起，衣袖上的纽扣也没扣上。王某或者因缺乏实验安全常识，或者没将指导教师的要求和叮嘱放在心上，没有意识到事情的严重性，导致险情发生，所幸得到了指导教师及时、正确的救助，才使王某免去一场横祸。而案例2中的刘某却没王某那样幸运，最终导致了悲剧的发生。需要强调的是，针对刚刚接触新岗位进行实践操作的实习生，现场指导教师和身边的同学都有义务提醒和督促其遵守有关规定。

提示

(1)学生应加强自我防范意识，车工、金工等实习操作前必须穿好工作服，扎好袖口，戴好防护帽、防护眼镜方可上岗，女生不得以长辫或披发上岗。

(2)学生实习期间应尊师敬长，服从实习指导教师、实习管理人员的管理和教育，未经教师同意，不得擅自启动实习设备。

(3)学生实习时应严格按操作规程使用实习工具，不准擅自触摸带电的危险设备、设施和电路板。

(4)学生实习必须在指定工位上进行，未经允许不得动用他人设备和工具；实习结束离开时要认真检查门窗、水、电等有关设施的关闭情况，确认安全无误后，方可离开。

链接

实习事故发生的原因有以下几点。

(1)对实习设备不熟悉而造成操作失误，从而引发伤亡事故。如北京某大学学生在一家工厂实习时，由于对冲床的误操作，其右手中指被切断。

(2)安全意识淡薄，违反安全操作规程，违规操作机械设备，引发伤亡事故。如某高校学生金工实习进行金属成型加工，随意脚踩开关，造成左手小指被剪板机剪断。

(3)安全知识匮乏导致伤亡事故。如机械零件加工过程中对工件尺寸的测量，要求必须在机床完全停止转动后方可进行；加工的铁屑只能用铁钩清理,不允许用手直接清除。但这些基本知识,却往往被学生忽略。

(4)没有严格按要求穿戴工作服。工作服是实习学生进入实习场地所必须穿戴的服装,不同实习场合着装要求和着装的衣料区别也很大。但是有的学生没有按要求去做,而是随意着装,以致发生事故。

笔记

笔记

专题三

运动安全

学生参加运动的主要任务是增强自身体质和提高运动技术水平，然而近几年来，由于种种原因，学生参加各种形式的体育活动而发生意外伤害事故的现象越来越多，给学生与家长造成很大的生理和心理伤害。因此，在各种体育运动中要十分重视伤害事故的预防，坚决杜绝伤害事故的发生。

警示名言

世间的活动，缺点虽多，但仍是美好的。

——[法]罗丹

第一讲　重视军训过程中的安全问题

一、训练场上的安全事故

学生军训是学校教育教学改革的一项新内容，是学校国防教育的主要形式，是为国防和军队建设培养造就大批高素质后备兵源的重要措施。大学生军训一般都放在新生入学后的第一个月，新入校学生由中学压抑的学习生活来到高校相对宽松的环境中，多数人有冲动感和新鲜感，特别是部分精力旺盛的学生在军训休息期间，攀爬打闹，玩摔跤等危险游戏，极易发生意外伤害事故。(图 3-1)

图 3-1　军训一览

笔记

案例

安全第一 警惕军训中出现意外
来源：湖南卫视

案例1：某高校大一新生刘某入学后参加军训，训练间歇中双手攀着足球门上框做杠上运动，结果滑落摔下，造成严重脑震荡，治疗后因无法正常学习而退学。

案例2：安徽某高校大一女生罗某在参加军训时，在炎炎烈日下站了20分钟的军姿，后因体力不支，眼冒金花，当场晕倒。

案例3：某高校学生军训的最后一天，有几个学生私自到操场区玩耍，其中赵某在追逐中不小心跌倒，造成股骨骨折。事后赵某的父母向学校提出了高额赔偿，最终以学校赔偿4万元，部队赔偿12万元了却此事。

点评

大学生军训期间很容易发生各种安全事故，预防此类事故的发生，一是学生要服从命令，听从指挥，在休息期间安心休息，恢复体力，不脱离集体，不玩危险游戏和到危险的地方玩耍；二是组织者应明确“休息不是放羊”，适当组织学生开展唱军歌、讲革命故事或组织集体小游戏等有益活动，既活跃训练场气氛又达到充分休息的目的。

提示

军训期间，学校、教师、教官及学生本人都应该做好安全防范工作。学校应该加强安全管理工作。教师或教官应该对参加军训的学生进行安全知识教育，培养学生的安全意识。而学生更应该遵守纪律，时刻提高警惕，避免安全事故的发生。

链接

新生军训时间一般都选在八九月份，气温较高，加上很多学生缺乏体育锻炼，因此训练过程中学生中暑和晕倒现象很普遍。预防此类事故发生，一是组织人员要充分考虑热环境中训练的特点，制订合理、适度、科学的训练计划，让军事训练有张有弛，让军训学生劳逸结合，并根据受训学生适应程度逐步增加或减少训练量。同时，训练场地要保证有充足的水源供应和急救医生。二是受训学生本人一定要根据自己的身体状况参加训练，生病或身体有特殊情况不宜训练的，应请假休息或参加小运动量的训练。学生在训练过程中，感觉身体不舒服或头晕眼花时，应立刻向带训官兵报告停止训练，到阴凉处适当休息或进行必要的治疗，绝不能强撑而导致严重中暑或晕

笔记

倒摔伤事故的发生。

二、野外训练安全

野外训练包含内容很多,如拉练、游泳、爬山、野外生存能力训练等。野外训练的特点是:活动场所距学校相对较远,需要使用一定的交通工具;师生活动范围较大,场所有移动性;活动时间跨度较长;训练地点多选择在林地、山地、海边和湖边等地,周边地形、植物分布及其他情况比较复杂。因此,野外训练很容易发生安全事故。

案例

某高校军训期间,组织野外拉练,三名学生觉得与队伍一起前进太枯燥,合计后向带队官兵请假上厕所。等队伍走后三人自行玩耍,结果迷路。拉练队伍返校后发现走失三名学生,于是马上安排师生原路返回寻找未果。直至晚上十点多钟三名学生才在师生们的大力寻找下返回学校。这三名学生均被学校给予警告处分。(图 3-2)

图 3-2 野外拉练

点评

野外训练存在的安全隐患:一是走失学生;二是学生运动损伤;三是途中交通事故。针对以上隐患,组织者在开展这项活动时一定要周密安排,确保万无一失。第一,活动前要勘察行进的路线,熟悉环境,避开有危险的地带或不去情况不明的场所。第二,学生要按排、按班清点人数,严格统一行动,任何队员离开队伍都要报带队教师或教官批准,同时派人同往监督并准时返回，必要时由教师陪同监督。负责管理的教师或教官要严防学生以购物或小便等理由脱离队伍。行进过程中或休息结束后应及时清点人数，严防学生走失。第三，要配备车辆和医护人员收容掉队学生，救治受伤和生病的学生。学生要坚决服从命令听从指挥，紧紧地跟着队伍活动，决不能脱离队伍单独行动。第四，要带足必需的饮用水和安全卫生的食品，不喝野外的生水和随意采摘野果、野菜吃。

笔记

提示

掌握户外知识 安全野外生活
来源：CCTV13

学生在野外训练中一定要注意以下几个方面：

(1) 每名学生都要牢牢记住路线图和行动时间表。

(2) 要选平坦处落脚，避免踏在松土上，避免接近洞穴、积土和裂隙等处。

(3) 不准脱离大队单独行动。经过障碍或分岔路口时，要全队集中在一起，避免分散迷路。

(4) 经过山崖险段时，要靠山崖里边走，不要靠外沿走或站在外沿向下张望，以免踩落崖石伤人或踩空坠崖。

(5) 迷路或遇到危险时，要保持镇静。要立即向学校领导或公安机关报告所在位置或所遇危险。如无通信工具，则设置明显标志以吸引外界注意，并利用喊声、哨子、电筒等发出求救信号。

链接

在野外训练时，学生要牢记以下安全要求：

(1) 应选择熟悉或没有危险的自然环境，每个人要对所处环境的方位、地形了然于胸，不到危险和陌生的环境中去活动。

(2) 要统一着装或有醒目的统一标识，穿着适合野外活动的服装、鞋帽，防止被蚊虫叮咬、植物刺伤，尤其要防止被毒蛇咬伤。

(3) 严格遵守纪律，与集体统一行动，切忌单独或一二人结伴探险、游泳。

(4) 应携带卫生、不易腐烂变质的食物，山泉水一定要烧开后再喝。不要采摘不认识的野菜、野果吃。

(5) 应严格执行消防规定，不在林区、草场、自然保护区、风景名胜区搞野炊活动。要注意防火，不使用酒精、汽油等易燃易爆物品，火种、刀具等由专人负责保管使用。

(6) 野外扎营要选择平坦安全、地势较高、视野开阔、干燥背风之处，要

笔记

注意防雨、防雷电、防山洪、防冰雹、防泥石流等自然灾害。

三、枪支弹药安全

武器安全是学生军训中各项安全的重中之重,俗话说“子弹不长眼”,一旦发生枪弹伤人事故,就是军事训练中的重特大事故。因此,军训中持枪训练和实弹射击是决不允许出现任何闪失和意外的。

案例

某高校组织学生实弹射击时,其中一名女生杨某因听到身旁枪响而害怕,手扣扳机,趴在地上不敢射击。别的学生射击完毕后,指挥员没及时发现这一情况,发出示靶信号,靶壕内示靶人员接到信号后便跃出靶壕。而杨某才刚刚射击,多亏射手身后一位工作人员反应迅速,快速将枪口托起,才避免了事故的发生。(图 3-3)

图 3-3 实弹射击

点评

上述案例中,杨某没有在规定的时间里完成射击,待示靶人员跃出靶壕后却开始射击,可见该生对靶场的安全规则缺乏了解,直到危险发生仍然是不明所以,从而做出这一危险之举。另外,有人没有射击完毕,指挥员却毫不知情,可见指挥员的粗心大意,这往往会酿成悲剧。此案例中,幸好射手身后有一名细心的工作人员及时发现并妥善制止,否则后果不堪设想。

提示

军事训练中,枪支、弹药安全事故主要体现在以下几个方面:

(1)枪弹丢失。领用和交回枪支时,工作人员和学生往往因为粗心大意、责任心不强,对枪支不逐一核实,从而导致枪支或训练用子弹丢失。

(2)持枪伤人。学生在持枪训练时,出于对枪支的好奇和喜爱,违反武器操作规程,玩弄、抢夺枪支,枪口对人,持枪练拼刺,极易发生持枪伤人事故。

(3)射击场实弹射击事故。一是参加实弹射击学生不遵守射击场纪律,射击间隙跑到枪前捡弹壳而受伤;二是射击时不听从指挥员命令,自行装弹、射击,或由于紧张、害怕而把枪口转向他人,从而造成射击事故。

链接

军训是根据《中华人民共和国兵役法》和《中共中央关于教育体制改革的决定》要求进行的,是高等院校改革教育内容,学生接受国防教育的基本形式;是培养"四有"人才的一项重要措施;是培养和储备我军后备兵员及预备役军官,壮大国防力量的有效手段。

大学生参加军训不仅能掌握基本军事知识的技能,还可以提高自身的政治觉悟,激发爱国热情,培养艰苦奋斗的坚强毅力,增强国防观念和组织纪律性,养成良好的学风和生活作风。

第二讲　预防体育运动中的伤害事故

在体育课和运动会中,运动损伤和意外伤害时有发生,造成运动损伤的原因是多方面的,既与锻炼者的运动基础、体质水平有关,也与运动项目的特点、技术难度,以及运动环境等因素有关。因此,我们必须时刻提高警惕,加强安全防范。

一、体育课要确保安全

运动有利于身体健康,但不管做什么运动,都要掌握正确的方法,锻炼要适度,按照合理的计划循序渐进、持之以恒才最有效果。突然的过度锻炼不仅起不到健身作用,反而会因超出了机体的耐受程度而对身体造成伤害。体育教师应以学生身体健康为本,树立安全意识,要有高度的责任感,保障学生运动安全。

案例

某高校大二学生在上体育课,体育课的内容是耐力训练,要求学生沿着操场跑道跑3000米。该班一名女生李某正处于月经期,就跟体育老师做了

笔记

说明。体育老师为了照顾李某的情况，就让她和几个同样情况的女生在内圈慢跑。每跑两圈后还可以散步一圈。但是跑到第 9 圈时，李某却突然倒地猝死在跑道上。

点评

上述案例中李某在体育课上进行体能训练，结果体能没训练出来，却失去了宝贵的生命。尽管李某的体育老师为了照顾她，同意她每慢跑两圈，还可以再散步一圈，但是女生处于月经期本身免疫力就差，再加上运动过度，容易引发事故。虽然并不是所有的女生都会出现像李某这样的事故，但是人与人毕竟是有很大差别的，甚至有时连我们自己都搞不清楚身上的哪个"零件"会突然出问题。所以，同学们在上体育课时，如果感觉身体不适，不适合做运动，尤其是剧烈运动，就应该向老师提出免上课或者旁观的请求，而不要勉强自己坚持下去。即便老师强烈要求你坚持下去，也应该向老师表明自己的态度，甚至可以去医务室请医生开具证明。

提示

体育课意外伤害的预防与处置
来源：优酷网

在体育课中，为保证学生的安全，减少运动损伤的发生，必须做到以下几点。

1. 对学生进行健康检查

对学生定期进行全面的医学检查，最好是每学期进行一次，至少每年一次，特别是新入学的学生，入学时必须进行体检。身体发育和健康状况正常的学生，可以参加正常体育课学习；对体质较弱，特别是有缺陷或有疾病的学生，应安排上保健体育课。

2. 合理安排体育课运动负荷

体育课运动负荷的增加，应遵循循序渐进的原则，逐步提高要求，不能突然或过猛，否则会给学生身体带来不良影响，造成过度疲劳或局部劳损，甚至损坏身体健康。

3. 预防运动性伤病和建立伤病登记制度

在体育教学或运动训练中应加强运动场地和设备的安全检查，尽可能减少或避免伤害事故的发生，一旦发生损伤，应填写运动伤病登记卡，以利于统计、分析和研究其与体育教学和运动训练的关系，分析伤病发生原因，从而找到预防的有效方法，保证体育教学和运动训练的正常进行。

4. 加强对女学生的卫生保健指导

由于女学生生理特点的影响，在月经期上体育课或参加运动训练时，要减少运动负荷和运动强度,避免做剧烈的或震动过大的跑、跳等动作。对月经期出现病理性反应的学生,应在经期暂停运动训练。

笔记

链接

在体育场上做运动或训练,绝对不是一件很轻松、很安全的事情。体育教学或运动训练结束后,无论在脑力上还是在体力上消耗都是很大的,如果不采取一些切实可行的恢复措施,疲劳就不能得到及时的消除,会影响第二天的训练和文化课的学习,长此以往很容易导致身体过度疲劳。因此,体育课结束和运动训练后的整理活动、按摩、洗热水澡等措施是很好的方法,同时,还应该补充在运动中消耗的营养物质和保证充足的睡眠。

需要特别指出的是,凡有下列情况之一者,禁止参加运动:中枢神经系统疾病和末梢神经系统疾病(如精神病和癫痫病等)、运动神经疾病(如骨骼、关节、脊柱变形等)、先天性心脏病和高血压患者等。

二、运动会要做好安全防范

每当学校开运动会,运动场往往是个事故多发地。为了避免意外发生,学校已经采取了相应措施,如划定区域、明确纪律、悬挂标语、预备医务工作人员等。投掷赛场就是如此,如果我们在安全区观看比赛,就不会被选手投掷出去的飞弹击中。如果我们进入一些运动的禁区(比如铅球、标枪(图 3-4))的话,一旦选手稍有疏忽,不幸就会降临。

图 3-4 运动漫画

案例

某大学举办春季运动会,因为有自己的同班同学小李在参赛,并且很有可能夺得冠军,所以大三学生小杰与同班的一大批学生就都聚集在铅球赛

笔记

场观看比赛。

当小李之前的那位运动员投掷完毕后，担任裁判的老师就到铅球着落地点丈量投掷距离去了。小杰和几位同学也跟着该老师进入了落地区内观看丈量结果。

然而，就在老师和观看的同学丈量完毕但还没有撤离出落地区时，小李就把铅球投掷出去了，结果正好砸中尚未退出落地区的小杰的头部，致其头部急性重型颅脑损伤，右额硬膜外出血。

体育课意外标枪刺中女生头部
来源：酷六网

点评

上述案例中小杰如果严格遵守规定，在安全区看比赛而不是随意跟着体育老师去测量距离，灾难就不会降临到他的身上。当然，不幸的发生也与小李有很大关系，他不该提早把铅球投掷了出去。然而，在赛场上选手难免会心急、紧张、失控，这时，在场的观赛者要想保证自己的安全，就必须知道自己应该在哪里观赛才最安全，并且坚决不去危险地带。这样事故自然就可以避免了。

提示

运动比赛的安全防范

1. 比赛前的防范

(1)加强运动安全教育，克服麻痹思想，提高预防损伤意识。认真做好准备活动，对可能发生运动损伤的环节和易伤部位，要及时做好预防安排。

(2)制订比赛计划和日程时，要根据当地情况，炎热的夏天应尽量避免安排剧烈的运动项目，还应尽可能保证各项目运动员的充分休息时间。

(3)对运动员身体健康状况进行检查，感冒、发烧及各种内脏器官有疾病者，不能参加比赛。

2. 比赛中的防范

(1)比赛现场必须配备医护人员，并准备好急救用品和药品，以便对运动中出现的常见损伤及时处理，保证比赛顺利进行。

(2)一些激烈的比赛，应配备运动饮料，避免运动员因缺水等而发生意外情况。

3. 比赛后的防范

比赛结束后，应对运动员的疲劳程度、伤病的发生和发展情况进行检查，以便能及时消除疲劳和控制伤情的发展，并对其生理生化指标进行检查(如脉率、血压、体重、尿蛋白、心电图等)，观察其是否有异常情况出现，以便尽早采取措施进行处理，保证运动员的身心安全。

笔记

链接

造成运动损伤和意外伤害的主要原因有如下几点。

(1)思想麻痹大意,其中包括运动前不检查器材、无预防措施等。

(2)运动前准备活动不充分,特别是缺乏针对性准备活动,运动器官、内脏器官机能没有达到运动状态,容易造成损伤。

(3)运动情绪低下,或在畏难、恐惧、害羞、犹豫,以及过分紧张时易发生伤害事故。有时也会因缺乏运动经验、缺乏自我保护能力致伤。学生身体处于疲劳或好胜好奇状态,也会在盲目和冒失行为中受伤。

(4)体育锻炼内容组合不科学,练习方法不当,纪律松散,以及技术上的错误等,都可能造成损伤。

(5)运动场地狭窄,地面不平坦,器械安置不当或不牢固,学生拥挤或多种项目在一起活动,容易相互冲撞致伤。

(6)空气污浊、噪音干扰、光线暗淡、气温过高或过低,以及运动服装不符合要求等原因,都可能直接或间接造成伤害事故。

第三讲　确保户外运动安全

户外运动是一种回归大自然、远离城市喧嚣的生活方式,同时也是一种时尚的运动,人们在寻找快乐的过程中不断征服自我。当然,大自然在带给我们快乐和健康的同时,也充满了各种各样的危险和不确定因素。因此,必须注意安全,没有安全保障的活动是绝对不能做的。

警示名言

人无远虑,必有近忧。

——《论语》

一、野外游泳防溺水

意外伤害游泳常识
来源：优酷网

水域宽阔、水质清洁的江河湖海给我们提供了比游泳馆优越得多的游泳环境,且在大多数自然水域游泳是免费的,因

笔记

此,它们成为许多青少年游泳爱好者的首选。但是,自然水域中潜藏着许多“隐形杀手”,例如,水深浅不一,水中杂草甚多,水流、水温变化大,等等,并且自然水域无专业救生员,缺乏必要的安全设施和救护措施,很容易发生溺水事故。据统计,发生在自然水域里的溺水事故是正规游泳场的4倍。在缺少安全设施和救护措施的情况下,切忌到自然水域里去游泳。(图3-5)

图3-5 游泳

案例

早春的一天,某高校的大二学生魏某等8人相约到郊外游玩。中午时分,他们来到一条小溪中游泳。8人中只有张某会游泳,其他的同学便在浅水区戏水玩耍。此时的溪水,水温还很低,张某只游了几分钟便发生腿部抽筋,立即回到岸边休息。此时,魏某在水中慢慢摸索前进,水已超过了他的胸部。有同学提醒他注意安全,不要到深水中去。也许是好奇心的驱使,也许是想逞能,魏某不以为然,继续缓慢前行。过了一会儿,大家突然听到一声“救命”的呼叫声,回头一看,只见魏某掉进了深潭,在水中不停地挣扎,张某和部分同学迅速去救。在施救过程中,张某的腿部再次发生抽筋,自己也险些发生意外。由于水太深,其他同学又不会游泳,营救未能成功,只能眼睁睁地看着魏某沉入水底。

点评

同学们相约郊外踏青、出游,本是一件非常惬意的事情。不料突生意外,令人扼腕哀叹。上述案例中,魏某明知自己不会游泳,又不听同学的劝阻,安全意识淡薄,付出了生命的代价。同学们游泳一定要到正规的游泳场和熟悉的水域,才能有安全保障。在不知情的水域,地理环境复杂,水深浅不一,水坑、暗礁、暗流、杂草等都有可能成为夺命杀手。在游玩过程中,同学之间要相互提醒，相互照顾，增强安全防范意识，对危险的行为要坚决劝阻和制止。

提示

(1)不要到野外游泳。如果集体组织，应到正规的游泳场所。下水前后都要清点人数，并请专业救生员负责安全保护。

(2)对游泳场所的环境事先要了解清楚。如该水域是否卫生，水下是否平坦，有无暗礁、暗流、杂草，水域的深浅，潮汐等。不可在设有“禁止游泳”“水下危险”等标志的区域内游泳。

(3)对自己的水性和身体健康状况要心中有数。平时四肢容易抽筋者不宜游泳，泳技或体质较差者不要离岸太远，更不要到深水区游泳。

(4)要做好充分的准备，下水前先活动身体，最好带上救生圈等救生设备。镶有假牙的同学，应将假牙取下，以防呛水时假牙落入食管或气管。

(5)太饿、太饱、太疲劳或生病的情况下不要下水游泳，更不要酒后游泳。

链接

水中遇险的自救方法如下所述。

(1)遇到意外首先要保持镇静，不要惊慌，应当边呼唤他人相助，边设法自救。如果出现体力不支、过度疲劳等情况，应取仰卧位，使身体浮在水面上，保持体力，等待救援。

(2)会游泳者不慎呛水时应保持冷静，在水面上闭气静卧一会儿，再把头抬出水面调整呼吸，很快就会恢复正常。如果心慌意乱，就有可能接连发生呛水，引起喉头痉挛，造成溺水而危及生命。

(3)当发生手脚抽筋时，如果离岸很近，应立即出水，到岸上进行按摩。如果离岸较远，可以采取仰游姿势，仰浮在水面上尽量对抽筋的肢体进行牵引、按摩，以求缓解。

(4)如不慎被卷进旋涡，应立即平卧在水面上以加大漂浮面积，迅速冲出旋涡，或吸气后潜入水下，并用力向外游，等游出旋涡中心再浮出水面。若遇到水草，应用仰游的姿势从原路游回；万一被水草缠住，不要乱踢乱抓，应仰浮在水面上，一手划水，一手解开水草，然后仰游从原路游回。

二、登山安全

要从事登山活动，必须要同时具备体力、装备和知识这三个方面。只有

笔记

在这三方面要素都准备充分后，再去进行登山活动，才会是安全、快乐与健康的。(图 3-6)

图 3-6 登山

登山时如何处理意外受伤
来源：CCTV 5

案例

通过互联网相约的 7 名大学生登山爱好者进入秦岭腹地探险。他们从西安市长安区沣峪口进入秦岭腹地，计划从高冠下山。因连续下雨，山洪暴发，女研究生祁某被激流冲走，虽然其他同学及时用手机呼救，但终因地形复杂及山区信号欠佳，搜救人员多方搜救无果。直至 5 天后，祁某冰凉的尸体才被发现。

点评

鲜活的生命转瞬即逝，何况是一名风华正茂的青年研究生！扼腕叹息之余，不得不令人深思。7 名大学生计划不周密、对探险地危险性认识不足是酿成悲剧的根源。若他们考虑和计划得更周密些，避开暴雨期，携带先进的定位系统或在当地向导的引导下探险，就可能不会酿成悲剧。

提示

野外探险是一项危险性非常大的活动，建议大家不要轻易尝试。若确有必要参与，建议在能力储备、设备和心理准备充足的条件下，在向导或导游的引导下参加。

若因学习、工作需要必须参加探险，为降低风险，参与者应注意以下事项。

(1)注意天气。了解目标区域历年(至少是 10 年内)此段时间内的天气变化情况。

(2)应具备丰富的野外生活及相关经验。

(3)量力而行。没达到国家一级运动员的水平，最好不要轻易攀登海拔

6000 米以上的高山。

(4)对目标地的地域情况应该充分了解，并做好遭遇各种不测的准备。

(5)除了带足常用的药品外，还应备好相应的急救药品，并掌握一定的急救方法。

登山运动存危险
注意事项要谨记
来源：酷六网

(6)寻求有相关资质的单位组织者带队，以保障安全性。

(7)出发前一定要就近联系好相关救援人员，以应对万一出现的不测。

笔记

链接

登山注意事项如下所述。

(1)平时应多进行体能及技能训练，并阅读专业书籍、杂志，随时吸收野外新知。出发前应先做健康检查，尤其是平日很少运动的学生更需认真检查。

(2)登山时应有完整的装备及充足的粮食。上山时要带足开水、饮料和必备的药品，以应急需。上山要轻装，少带行李，以免过多消耗体力，影响登山。如果要在山上过夜的话，由于山上夜晚和清晨气温较低，上山要带厚的衣服。

(3)山区气候变化很大，时晴时雨，反复无常。登山时要带雨衣，下雨风大，不宜打伞。

(4)登山以穿登山鞋、布鞋、球鞋为宜，穿皮鞋和塑料底鞋容易滑跌，为安全考虑，登山时可买一竹棍或手杖。

(5)活动前或进入山区后，应随时注意气象变化。从上山到下山，均需随时向留守人员、途中警察机关或家人报告行踪。对于每一座山峰，都不可掉以轻心。

(6)登山时应结伴同行，相互照顾，不要只身攀高登险。

(7)雷雨时不要攀登高峰，不要手扶铁制栏杆，亦不宜在树下避雨，以防雷击。

(8)登山期间可多休息，但休息的时间不宜过长，以免着凉。喝水时不可狂饮，否则汗量会增加，更容易造成身体疲劳。此外，行进中应随时调整步伐及呼吸，不可忽快忽慢。

(9)登山时身略前俯，可走“之”字形，这样既省力，又轻松。

(10)在山林中活动时，切勿乱丢烟头，离去时亦应将营火彻底熄灭。

笔记

三、野外露营安全

酷爱自然的玩家走的是常人不走的野山野水,寻的是地地道道的野趣,住的也不是舒适的宾馆饭店,而是自己搭建的简易帐篷,但是,就在你陶醉于大自然的同时,危险往往也会随之而来。(图 3-7)

图 3-7　露营

案例

某校 3 名女大学生结伴到北京怀柔北部山区天池峡谷景区游玩,她们是中午时分来到天池峡谷的,那时下着雨,下午雨就停了,她们三人就在天池峡谷景区情人谷的一个叫石人坊的地方野营。尽管天池峡谷景区工作人员当时劝说几个大学生不要在山上野营,可她们并没有听进去,自己背着大包小包就走了。但是,她们三人都没有想到,刚下完大雨的山区到晚上还会有更大的暴雨来临。半夜暴雨降临,造成山中多处出现塌方,好几条道路都被冲垮。怀柔区政府立刻连夜组织 60 多人的营救队伍,先后 3 次在天池峡谷中展开密集的搜索救援工作,最后于次日凌晨 4 时左右成功找到被水围困的 3 名大学生。

点评

上述案例中 3 名女大学生因一时兴起而不顾景区工作人员的劝说,贸然前往山上野营,结果导致危险事故的发生,实在是无视生命的表现。好在被营救人员及时发现才免去一场灾难,可见对于那些缺乏野营常识的人来说,野营也并不是那么轻松、美好的。为安全起见,即便要参加野营,也必须参加正规的团体,在有经验的工作人员的指挥和带领下进行,这样才能真正做到高枕无忧。

笔记

警示名言

千里之堤，溃于蚁穴。

——[战国]韩非

提示

野外露营知识如下所述。

(1)选择平坦的地面。在天然的草地上露营并不是合理的选择，因为草地不够平整，非常潮湿，而且在炎热的天气容易滋生多种蚊虫。落叶森林的层层落叶上或者针叶林铺满地面的松针之上、某些富含矿物质的土壤上、水流边的沙滩或者碎石堆上，都是搭建营地的好地方，因为这些地方都很平整。

(2)选择排水性好的地面。选择营地时，排水的性能十分重要，尤其是在可能有倾盆大雨来临时更是如此，不但应该避免低洼地带，而且完全平整的地面也应该避免，尤其是那种没有缝隙的被压得很结实的土地，这种地面将导致雨水无处可流而且不容易渗入地面。在干燥的地区旅行时，在旱季即将结束的时候，不要选择在干涸的鹅卵石河道上扎营，一场暴雨就可能让这些地方恢复成一条宽阔的河流。

(3)躲避蚊虫。在炎热而潮湿的天气里，成群的蚊子对于露营者来说可能是最可怕的东西。所以在选择露营地时，应该注意不要选择死水塘边、茂密的草地中和任何可能有积水的地方，这正是蚊子滋生的地方。

(4)当选择好营地，准备宿营时，应首先搭建公用帐篷。在营地的下风处首先搭好炊事帐篷，建好炉灶，烧上一锅水，然后再依次向上风处搭建用于存放公用装备的仓库帐篷和各自的宿营帐篷。当整个营地的帐篷搭建好时，烧的水已开锅，可以马上饮用并开始做饭。另外，千万别忘了，在下风处，远离水源的地方再搭上一个简易厕所，以免用时着急难堪。

(5)避免帐篷内炊事。帐篷对火的抵抗力相当脆弱，尤其是内部充满易燃品，如夹克、睡袋等，最好是在内外帐间炊事，所有的门窗需完全打开通风，避免湿气汇聚于内帐内壁，帐篷内炊事期间严禁有人睡觉或打瞌睡。睡袋需收好，避免水淹帐篷等不幸事故发生。禁用煤油炉，它会有刺鼻的味道，同时关火后需将炉具移出帐篷外，避免内帐充满令人窒息的刺激味道。

笔记

链接

梁某在网上发布消息召集组团到大明山赵江进行露营活动的消息，陈某得知此消息后，便邀请21岁年轻女子骆某一起参加此次户外露营活动。7月8日，在梁某的召集下共有13名成员前往赵江露营地。参加队员按梁某的要求向其交纳了60元的费用。当晚该团队在赵江河床裸露的石块上扎帐篷露营。7月8日晚至9日凌晨，该团队露营地连下几场大暴雨，9日清晨7时许，赵江山洪暴发，此时骆某与陈某同住一个帐篷内，骆某尚在熟睡，在毫无防备的情况下，被山洪冲走。险情发生后，在当地政府组织的搜救队的搜寻下，在下游离事发地约3千米的河床找到骆某的遗体。

选择野营地点的六大纪律七项注意
来源：优酷网

为此，骆某的父母将组织者及一同出游的梁某、陈某、覃某等12名“驴友”告上了法院，请求法院依法判令被告支付给原告人身损害赔偿费152 854元；赔偿原告精神抚慰金20万元；以上被告负连带赔偿责任。

笔记

专题四 饮食安全

民以食为天，食以安为先。在日常生活中，每个人每天都离不开食物，从古至今，中国是一个非常讲究饮食文化的国度。色香味形等都是人们衡量食品好坏的重要尺度。人们不仅关注吃得是否可口，更关注吃得是否健康。“身体是革命的本钱”，健康的饮食对大学生的成长和学习意义非同小可。因此，我们除了要根据自身的情况合理调配食谱外，更应加倍注意食物中毒问题。

警示名言

日静养，节嗜欲，慎饮食，寡思虑。

——[清]曾国藩

第一讲 谨防食物中毒

食物中毒是吃了含有有毒物质的食物或误食有毒有害物质后出现的一类非传染性的急性疾病。根据有毒物质的不同性质，我们一般将食物中毒分为四类，包括细菌性食物中毒、真菌性食物中毒、动植物食物中毒、化学性食物中毒。细菌性食物中毒为最常见的一类，主要是因为吃了含有某种致病细菌或细菌毒素的食物而引起的中毒。真菌性食物中毒主要是因为吃了发霉的农作物而引起的中毒，如赤霉病麦中毒、霉变甘蔗中毒等。动植物性食物中毒主要是因为吃了有毒动物、植物而引起的中毒，如河豚中毒、毒蘑菇中毒等。化学性食物中毒主要是因为不小心吃了有毒化学品而引起的中毒，如亚硝酸盐中毒、农药中毒等。

笔记

一、当心误食野生植物

据世界卫生组织统计,全世界每年有数亿人因食物污染而患病,发病率为5%~10%。食物中毒是由于吃了有毒食物而引起的,危害性较大,被污染或有毒的食物通常在外观上与正常的食物没有明显的区别,学生凭感官往往不易判别。如果不了解预防食物中毒的一些常识,就有可能成为受害者。食物中毒轻者可使人体健康受到损害,重者会导致死亡。由此可见,人的健康与饮食的卫生关系重大,如何科学、合理地把握好饮食关,是人们越来越重视的一个问题。

案例

一天下午,某职业学院的3名学生在登山途中采摘带回一丛鲜嫩的"金银花"。回到宿舍后,3人将"金银花"用滚烫的开水泡喝,并邀请舍友同学一起品尝。不料十多分钟后,有9名学生接连出现中毒症状,被紧急送到医院抢救,其中1人于当晚死亡。经初步检验,他们误食的"金银花"实为剧毒"断肠草"。

点评

断肠草俗称"大茶药",又名野葛、钩吻、胡蔓草、水莽草,其根、茎、叶、嫩芽均有剧毒,尤以嫩芽为最。上述案例中3名学生采摘的带着嫩芽的花朵,正是断肠草最毒的一部分。然而这些学生因为无知,竟然用它泡茶喝,结果导致了悲剧的发生。

据了解,断肠草和金银花这两种花期相近(冬春)、花色相同(黄色)的藤本植物经常互相缠绕在一起,人们采撷金银花时若不加注意,就会误采到断肠草。此外,由于这两种风媒花互相串粉,也会使金银花沾上断肠草的有毒花粉。据有关医学资料介绍,误服断肠草根3克或嫩芽7枚、叶7片,或断肠草浸膏3.5毫升,或其茎叶的汁30滴,即可致死。其中毒症状包括眩晕、四肢麻木、言语含糊、肌肉松弛无力、吞咽困难、视物模糊、呼吸肌麻痹、昏迷、口咽部灼痛、恶心、呕吐、腹痛、腹泻及早期心跳减慢,以后加快,并出现心慌、呼吸困难、休克等现象,一旦进食类似植物出现此种症状,需立即送院急救。

提示

不要随意采集自己不熟悉的野生植物食用;不要轻易尝试不认识的植

物，必须谨慎行事，在分辨清楚或请教有实践经验者证明确实无毒后方可食用。在没有十足把握的前提下，应该将安全置于首位，放弃食用，绝不能抱一丝侥幸心理，铤而走险。

笔记

链接

某高校大学生与6名同乡及朋友沿天外村徒步爬泰山，走到黑龙潭附近游玩时，他们看到榛子树下长着些野生白蘑菇，样子像撑着的小伞，摸上去滑溜溜的，就动了尝鲜的念头。他们在山上摘了两三斤野蘑菇，下山后，就用采来的蘑菇炖了锅汤，凑在一起喝了。喝完蘑菇汤后，当天晚上他们相继出现了呕吐、腹痛、腹泻等症状，先后赶往医院进行救治。经医生诊断，确定患者是食用有毒蘑菇导致中毒。此次毒蘑菇事件导致2名中毒者不幸身亡。

二、注意食物的科学搭配

在物质极大丰富的今天，人们在日常吃饭时可能不光只吃一种食物，总会选择各种各样的肉蛋蔬菜来丰富自己的营养。但我们要警惕，某些食物如果搭配不当，就会引起身体的不适，严重的还会导致中毒，甚至危及生命。

大学生经常就餐的场所一般都在学校食堂内，对此，为了饮食安全，在食物搭配上我们应特别注意以下几个小细节。

(1)菠菜与豆腐长期同时食用易患结石症。豆腐里含有氯化镁、硫酸钙这两种物质，而菠菜中则含有草酸，两种食物遇到一起可生成草酸镁和草酸钙。这两种白色的沉淀物不能被人体吸收，不仅影响人体吸收钙质，而且还容易患结石症。医生也建议：如果两者能分开吃，营养吸收会比较好。

(2)鸡蛋与豆浆搭配会降低蛋白质吸收。生豆浆中含有胰蛋白酶抑制物，它能抑制人体蛋白酶的活性，影响蛋白质在人体内的消化和吸收。鸡蛋的蛋清里含有黏性蛋白，可以同豆浆中的胰蛋白酶结合，使蛋白质的分解受到阻碍，从而降低人体对蛋白质的吸收率。

(3)牛奶与巧克力配合不利于吸收。牛奶含丰富的蛋白质和钙，巧克力则含草酸，若二者混在一起吃，牛奶中的钙会与巧克力中的草酸结合成一种不溶于水的草酸钙，降低营养物质的吸收。

(4)水果与海鲜同时食用不容易消化。吃海鲜的同时，若再吃葡萄、山楂、石榴、柿子等水果，就会出现呕吐、腹胀、腹痛、腹泻等。因为这些水果中含有鞣酸，遇到水产品中的蛋白质，会沉淀凝固，形成不容易消化的物质。人们吃海鲜后，应间隔4小时以上再吃这类水果。

(5)火腿与乳酸饮料搭配容易致癌。常常吃三明治搭配优酪乳当早餐

笔记

的学生要小心，三明治中的火腿、培根等和乳酸饮料（含有机酸）一起食用，容易致癌。为了保存香肠、火腿、培根、腊肉等加工肉制品，食品制造商会添加硝酸盐来防止食物腐败及肉毒杆菌生长。当硝酸盐碰上有机酸（乳酸、柠檬酸、酒石酸、苹果酸等）时，会转变为一种致癌物质——亚硝胺。

(6)海鲜与啤酒搭配容易诱发痛风。人们在吃海鲜的时候喜欢就着啤酒一块吃，这样是比较危险的。因为海鲜是一种含有嘌呤和苷酸两种成分的食物，而啤酒中则富含分解这两种成分的重要催化剂——维生素 B_1。如果吃海鲜时饮啤酒，会促使有害物质在体内的结合，增加人体血液中的尿酸含量，从而形成难排的尿路结石。如果自身代谢有问题，吃海鲜的时候喝啤酒容易导致血尿酸水平急剧升高，诱发痛风，以致出现痛风性肾病、痛风性关节炎等。

案例

案例1：兰州某职业学校的学生肖某喜欢吃羊肉，一日约了几个同学和朋友一起去吃火锅。涮完羊肉火锅后，肖某感到燥热、口渴，见冷饮处有西瓜，就吃了几块，结果越吃越渴，最后肚子绞痛，并腹泻不止。

案例2：西安一男士在吃海鲜的同时饮用啤酒，结果诱发了痛风的情况。

案例3：广州天河一食堂将猪肉和菱角混在一起，结果食客集体出现肚子痛的现象。

案例4：河南郑某参加同学聚餐，在食用牛肉与栗子之后，突然呕吐不止。同学见状，急忙将他送往医院。

点评

不管是色泽鲜艳的水果、蔬菜，还是芳香四溢的美味佳肴，在给我们大学生带来视觉享受的同时，也为我们的身体注入新鲜活力。但是，我们在食品的搭配上，一定要先熟悉它的食性后，再品尝其滋味，切不可把一些食物胡乱搭配，以防误食一些相克食物引起食物中毒，影响我们的身体健康。例如，有的火锅店为客人解渴供应西瓜，但客人不知道羊肉与西瓜不宜同食，结果越吃越渴，伤身还伤元气，严重的甚至会出现中毒现象。除了上述案例中提到的羊肉和西瓜、海鲜和啤酒、猪肉和菱角、牛肉和栗子等不宜同食外，一些水果与某些食物也不能一起食用，否则容易中毒。解决的办法是吃完一种食物后，至少相隔4小时以后再吃另一种。

笔记

提示

一旦因不慎而出现此类食物中毒症状,我们千万不要慌,应尽快采取有效的方法解毒,常见的处理方法有以下几种。

(1)催吐:如果有毒食物吃下去的时间在2小时以内,我们可以用催吐的方法排毒。具体方法是:取食盐20克,加开水200毫升,冷却后一次喝下。如果不吐,再喝两次,直至呕吐为止。另外,可取生姜100克,捣碎取汁,用200毫升温水冲服,也是催吐方法之一。如果吃下去的是荤食,可服用十滴水来促使迅速呕吐。此外,还可用手指等刺激咽喉引吐。

(2)导泻:如果吃下去的中毒食物时间较长,已超过2小时,但精神较好,则可服用泻药,促使中毒食物尽快排出体外。一般用大黄30克,一次煎服即可。

(3)利尿:大量饮水,稀释血中毒素浓度,并服用利尿药。

(4)解毒:如果是吃了变质的鱼、虾、蟹等引起的食物中毒,我们可取食醋100毫升,加水200毫升,稀释后一次服下;还可采用紫苏30克、甘草10克一次煎服。若误食了变质的饮料或防腐剂,最好的急救方法是用鲜牛奶或其他含蛋白质的饮料灌服。

对于情况严重的中毒者,要立即送往医院抢救且一定要保留食物样本。

链接

蔬菜食用不当也会令人产生不适反应,如黄瓜与花生同食会腹泻;洋葱加蜂蜜对眼睛有害;萝卜和木耳可诱发皮炎。紫菜如在发水后呈蓝紫色,切不可食用,因为这种紫菜已经被一种叫环状多汰的有毒物质污染了。另外,有些人偏爱腌制不久的酸菜,其实这是不正确的。蔬菜在腌制的时候,有时由于用盐不足,一些细菌没有被完全消灭,它们会把蔬菜中的硝酸还原成有害的亚硝酸盐。所以,腌制酸菜最好隔半个月时间再开坛食用。

荤菜的禁忌更多,尤其是海鲜,如虾与维生素C同食可能引发食物中毒。此外,鲤鱼与甘草、甲鱼与苋菜、狗肉与绿豆、鸡肉与菊花、杨梅与鸭肉、鹿肉与南瓜、芥菜与兔肉、冬笋与龟肉、冬瓜与鲫鱼、猪肉与芝麻花、牛肉与香附子等都不宜同食。

三、街头烧烤不宜多吃

每次走在大街小巷上,人们都经常看到一些小商贩在路边摆着小摊卖着烧烤。嘴馋的人总是忍不住买上几串尝尝鲜。殊不知,这些小商贩没有

笔记

规范的管理,未办理任何执照,他们烧烤的过程缺乏最基本的监督。因而,烧烤出的食品也缺乏最基本的安全卫生保障。

案例

一个周末,某高校学生王某和同寝室三个要好的“铁哥们儿”相邀去校外“打牙祭”,在一烧烤摊点吃了一顿丰盛的晚餐后回宿舍就寝。午夜11点,王某突然感到肚子不舒服,并伴有轻度恶心。不久,王某开始冒冷汗,肚子疼得在床上翻来覆去。同寝室的同学见状急忙将其送到了校医院,经医生诊断是患了急性肠胃炎,花了几百块钱才把病治好。

点评

图 4-1 街头烧烤

“街头烧烤”(图 4-1)在一些人看来是美味、休闲的食品,但是它的危害却很少有人意识到,即使意识到了,也会抱着侥幸心理或碍于同学间的面子而一起吃。缺乏医学常识和基本的卫生健康知识是造成大学生发生食物中毒的主要原因。上述案例告诫我们:不要因贪图实惠和一时的嘴馋而食用街头不洁的烧烤食品,尤其是没有卫生保障的肉制品和海(水)产品。

提示

《预防食物中毒》
来源：酷六网

街头烧烤存在以下安全隐患。

(1)烟熏烧烤类食品中含有一种叫苯并芘的多环芳烃类有机物,是目前世界上公认的强致癌、致畸、致突变的物质之一。这种物质正常情况下在食品中含量甚微,但经过烟熏或烧烤后,含量显著增加。经检测,用炭火烤的肉中苯并芘含量高者可达 11.2 微克/千克,远远高于我国食品中苯并芘限量卫生标准。

(2)烧烤食品中肉类和霉干菜很多都是腌制发酵类食品,腌制类食品中有较多的硝酸盐和亚硝酸盐,一旦与肉中的二级胺合成亚硝酸胺,可直接导致胃癌。

(3)烧烤食品外焦里嫩,有的肉里面还没有熟透,甚至还是生肉。尚未烤熟的生肉是不合格的肉,如“米猪肉”,食者可能会感染上寄生虫,埋下了罹患脑囊虫病的隐患。

(4)烧烤所用的竹棍或铁条未经消毒,反复使用,容易感染病毒和细菌,有些小摊位用含铅极高的旧自行车条穿制肉串等,经过烤制后,自行车条中的铅可渗透到食物中，导致慢性铅中毒。

(5)烧烤场所呛人的烧焦烟气含有多种有害物质，如一氧化碳、硫氧化物、氮氧化物、颗粒物、苯并芘、二噁英等，在这样的环境中就餐可增加患病概率，同时也污染周围的空气，影响周围城市居民的正常生活。

链接

急性肠胃炎是夏秋季节常见的一种肠道疾病，一般都是突然发作，无前期症状，开始偶有上腹不适和疼痛，随之出现恶心呕吐，或伴腹泻，症状轻重不一。呕吐物最初为食糜，继而为黄绿色胆汁。腹泻物多呈水样便，深黄色或黄绿色，含有未消化的食物。腹泻严重时，可能会出现发热、脱水症状等，甚至休克，如果不及时治疗可能危及生命。

四、过期变质食品不可贪吃

食物是我们每天都必须摄取的营养成分，如何保证饮食安全，减少或杜绝中毒事件的发生，是我们每个大学生必须正视的严峻问题。不少学生在选择食品时，只考虑饭菜的外观、口味、价格与方便等，往往忽视食品的生产原料来源、质量、卫生条件及保质期等，从而导致一系列中毒事件的发生。

案例

某高校大三学生小静早上8点多起床，随后到楼下的商店买了个三明治当早餐。吃了三明治不到几分钟，小静就感觉有点头晕。起初小静以为是起床太晚睡久了的原因，就没怎么在意，但她越来越觉得不对劲，头越来越晕，想吐，肚子也很疼，想去厕所，但觉得很累，连动一动的力气都没了。这种难受的感觉吓得她哭了起来，同学将她送到学校的医务室。

到了医务室，小静才发现那里病人特别多，都是附近几栋宿舍楼的学生。

据调查，有34名女生在宿舍楼下的小商店里购买了三明治当早餐，吃完后几小时内相继出现呕吐、腹泻、头晕、发烧等症状。另有一名男子在校外一超市购买同品牌的三明治吃后也出现上述症状。随后，这些女生和该男子被送院治疗，有关部门证实为群体性中毒事件。

点评

上述案例中，看似并不起眼的三明治，却引起了轩然大波，造成了众多学生食物中毒。这不仅给社会、学校敲响了警钟，同时也给大学生的自我防

笔记

范意识敲响了警钟。面对食物,粗心马虎是大学生常有的表现,尤其是在挑选食物的时候,他们常常不管三七二十一,抓过来就狼吞虎咽,殊不知,这样往往为自己埋下安全隐患。大学生已经是成年人了,要学会关心自己的饮食健康,切不可因为一时的大意,造成身体损害。当中毒事件发生时,大学生除了及时自救外,还要迅速赶往或被送往医院救治,确保生命安全。

提示

作为大学生,我们应高度重视有毒食品对自身的伤害,关注饮食卫生,并严格遵守预防食物中毒的九项原则。

(1)养成良好的卫生习惯。大学生要养成饭前便后洗手的卫生习惯,因为不良的个人卫生习惯会把致病菌从人体带到食物上去。如果手上沾有致病菌,再去拿食物,污染了的食物就会进入消化道,引发细菌性食物中毒。

(2)选择新鲜和安全的食品。购买食品时,我们要注意查看其感官性状,是否有腐败变质。尤其是对小食品,不要只看其花花绿绿的外表诱人,要查看其生产日期、保质期,是否有厂名、厂址等标志。千万不能购买过期食品和没有厂名厂址的产品;否则,一旦出现质量问题将无法追究厂家责任。

(3)食品在食用前要彻底清洁。尤其是生吃蔬菜瓜果前要清洗干净;需加热的食物要加热彻底。

(4)尽量不吃剩饭菜。如果需食用,应彻底加热。剩饭菜、剩的甜点心、牛奶等都容易滋生细菌,不彻底加热会引起细菌性食物中毒。

(5)不吃霉变的粮食、甘蔗、花生米,其中的霉菌毒素会引起中毒。

(6)警惕误食有毒有害物质。装有消毒剂、杀虫剂或鼠药的容器用后一定要妥善处理,防止用来喝水或误用而引起中毒。

(7)不到没有卫生许可证的小摊贩处购买食物。

(8)饮用符合卫生要求的饮用水,不喝生水或不洁净的水。

(9)避免昆虫、鼠类和其他动物接触食品。这些动物自身携带病菌较多,与食物接触,很有可能造成食物中毒。

只要大学生从以上几个方面入手,认真学习食品卫生知识,掌握一些预防方法,提高自我卫生意识,就能最大限度地减小食物中毒的风险,从而预防食物中毒,保证我们的身体健康。

链接

一旦发生食物中毒,应立即报告班主任或辅导老师,让其及时向校领导或校医报告，学校则向卫生部门和教育部门报告。若怀疑投毒则还应向公安机关报告。

笔记

在向有关部门报告的同时，大学生还要保护好现场和可疑食物，吃剩的食物不要急于倒掉，食品用工具、容器、餐具等不要急于冲洗，病人的排泄物（呕吐物、大便）要保留，以便卫生部门采样检验，为确定是否食物中毒提供可靠的依据。

五、受污染食品不能乱吃

根据污染食品的有害因素的性质，食品污染的来源可概括分为生物性污染、化学性污染和放射性污染三大类。（图 4-2）

图 4-2　受污染食品

（1）生物性污染包括微生物污染（如细菌及其毒素的污染、霉菌及其毒素的污染），寄生虫及虫卵的污染（如蛔虫、绦虫、旋毛虫等），昆虫污染（如粮食中的甲虫类、蛾类、螨类等，肉、鱼、酱、咸菜中的蛆、蝇等，某些干果、糖果中的害虫）等。

（2）化学性污染包括汞、镉、铅、砷、氟、有机磷、有机氯、亚硝酸盐、亚硝胺等。

（3）放射性污染包括电离辐射和食品中的放射性核素。

有害物质对食品的污染种类繁多，性质各异，污染的方式和程度也是多种多样的。污染食品的有害物质因种类和数量不同，对人体所造成的危害也有很大的不同，概括起来有以下几种情况。

（1）急性中毒。食品被大量的微生物及其产生的毒素或化学性物质污

笔记

染，进入人体后可引起急性中毒。

（2）慢性中毒。食物被某些有害物质污染，其含量虽少，但如果长期连续地通过食物进入人体，可引起机体的慢性中毒。

（3）致突变作用。食品中的某些污染物能引起生殖细胞和体细胞的突变，不论其突变的性质如何，一般都是这种化学物质毒性的一种表现。

（4）致畸作用。某些食品污染物，在动物胚胎的细胞分化和器官形成过程中，可使胚胎发育异常。

（5）致癌作用。目前具有或怀疑有致癌作用的物质约为数百种，常见污染食品也为数不少，如多环芳烃、芳香胺类、氧胺类、亚硝胺化合物、黄曲霉素，天然致癌物，以及砷、镉、镍、铅等。

案例

某大学外语系商务英语专业大三学生刘某，在参加完某公司组织的勤工俭学促销活动后，与同行的两名女生一起在学校大门口一小吃店吃了一碗青菜面条。过了不久，三人同时发生急性腹痛，并伴发呕吐。同学将三人紧急送往医院进行抢救，经初步诊断为食物中毒。经过抢救，另两名女生脱离了危险，而刘某由于吃得较多，中毒严重，最终抢救无效死亡。经检验，刘某是因食用农药残留超标的蔬菜中毒致死的。

图 4-3　切误食用农药、防腐剂超标的食物

点评

现在越来越多的大学生不愿意天天到食堂吃饭，而钟情于校园附近的小吃店。然而有的小餐馆特别是个体小餐馆因缺乏有效的监督，卫生状况令人担忧。刘某因在校外就餐不幸食物中毒死亡，给其家庭带来了沉重的打击。在此提醒大学生：不要到街头临时性设置的小摊点购买食物；不要贪图便宜而到卫生条件较差的小餐馆就餐。如果在校外就餐，应到有卫生许可证和经营许可证的餐馆就餐，并尽可能使用经过专业消毒的餐具。

提示

1. 食物中毒的症状

如果食物中毒，一般餐后少则半小时、多则 48 小时就会出现明显症状。其症状因进食的食物种类不同而异，总的来说有腹痛、恶心、呕吐、腹泻等。

笔记

腹泻一天几次至几十次不等,个别患者便中伴有脓血、黏液等。除有上述急性肠胃炎症状外,患者还可能出现神经系统症状,如头痛、怕冷、发热、乏力、瞳孔散大、视力模糊、吞咽及呼吸困难等,中毒严重者可因腹泻造成脱水性休克或因衰竭而死亡。

临床上常见一些食物中毒的患者,开始就医时,胃肠症状不很明显,主要的症状是怕冷、发热、头疼、乏力等,易与普通感冒混淆,所以一定要注意鉴别。如果症状持续超过两天,就应化验大便、血或呕吐物以明确病因。对于先后发病,症状大体相同,又曾食用过同一种食品的人群,应高度怀疑是食物中毒,尤其是在夏季高发季节。

2. 食物中毒的急救

中毒者及其周围人员首先应镇定,及时请求校医院大夫进行急救或拨打急救电话“120”,就近将患者送入医院。在医生未到时,要将患者移至通风处,松解衣领、裤带,并设法进行催吐。对于处于休克昏迷状态或患有心脏病、肝硬化等疾病的中毒者不宜催吐。

催吐的方法:如果进食时间在 1~2 小时内,可让患者多喝开水,而后用手指、筷子或动物羽毛探喉,促其呕吐,尽快排出毒物。

妥善处理可疑食物:对可疑有毒的食物,禁止再食用,收集呕吐物、排泄物及血、尿送到医院做毒物分析。

防止脱水:轻症中毒者应多饮开水,或茶水、姜糖水、稀米汤等。重症中毒者要禁食 8~12 小时,可静脉输液,待病情好转以后再进些米汤、稀粥、面条等易消化的食物。

★链接

饮食不当易患的疾病有以下几种:

(1)生吃淡水鱼虾、生鱼片、炝虾等易患华支睾吸虫(肝吸虫)病。

(2)吃未熟透的小龙虾、蟹类易患肺吸虫病。

(3)生吃或吃未熟透的猪、牛肉易患绦虫病、旋毛虫病。

(4)吃加工不彻底的奶制品或病畜肉易引起布氏杆菌病。

(5)吃炝火青蛙、鸟类等易引发线虫等蠕虫移行症。

(6)生吃菱角、茭白、荸荠、莲藕等易感染姜片虫病。

(7)生吃黄瓜、生菜、香菜等,易患蛔虫、囊虫、钩虫等寄生虫病。

笔记

第二讲 科学用药

世界卫生组织调查指出,全球的病人有1/3是死于不合理用药,而不是疾病本身。

一、购买药品必须慎重

一些大学生忽视疾病诊治和预防中的安全问题,有的到无证诊所求药;有的听信街头小广告的宣传,随意买药;有的采用街头小巷所谓"老中医"的"祖传秘方",等等,最终往往造成身体的伤害和病情的延误,甚至失去宝贵的生命。

高中女生吃感冒药中毒身亡
来源:优酷网

案例

某学院机电班女生汪某因身体虚弱、头晕到该校附近的一无证中医诊所求医,因误服药物中毒死亡。经公安机关侦查表明,犯罪嫌疑人徐某暂住在该校附近,在未取得医生执业资格、无任何行医执照的情况下,在其住处私设中医诊所。当日,徐某给汪同学进行诊断后开了两个疗程的中药。但徐某违反有关药品管理规定,将开出的中药与有毒性的药品马钱子混放在一起,致使汪同学误服马钱子中毒。中毒后徐某又没对汪同学进行及时救治,最终导致汪同学死亡。

点评

经法院审理,徐某非法行医,致人死亡,情节严重,其行为触犯了《中华人民共和国刑法》第三百三十六条,已构成非法行医罪,被判处有期徒刑十年。汪同学作为一名大学生,盲目到无行医执照的诊所接受无行医资格的徐某诊治,误服马钱子中毒身亡,实在令人惋惜。

提示

(1)安全是疾病诊治与预防的先决条件。

(2)要相信科学,反对迷信,不要随便相信游医和所谓的"祖传秘方"。

(3)生病应到具有行医执照、安全制度健全、药品管理规范的正规医疗机构接受诊治。

笔记

链接

《学校卫生工作条例》第二条　学校卫生工作的主要任务是：监测学生的健康状况；对学生进行健康教育，培养学生良好的卫生习惯；改善学校卫生环境和教学卫生条件；加强对传染病、学生常见病的预防和治疗。

《中华人民共和国刑法》第三百三十六条　未取得医生执业资格的人非法行医，情节严重的，处三年以下有期徒刑、拘役或者管制，并处或者单处罚金；严重损害就诊人身体健康的，处三年以上十年以下有期徒刑，并处罚金；造成就诊人死亡的，处十年以上有期徒刑，并处罚金……

二、切勿滥用药物

大学生在发现自己生病时，应根据症状，结合自己掌握的医药知识，对疾病做出明确的判断，也可以向懂医药的专业人员咨询，以便正确使用药品。对于无法自我判断的疾病，应及时到正规医院就诊。（图 4-4）

案例

某高校学生吴某感觉自己有感冒的症状，以为是感冒了，就到药店买了感冒药吃，结果病情却越来越重，出现胸闷、心悸，晕倒在宿舍，幸好被同学们紧急送往医院抢救才脱离危险。经确诊，吴某患的根本不是感冒，而是得了病毒性心肌炎。

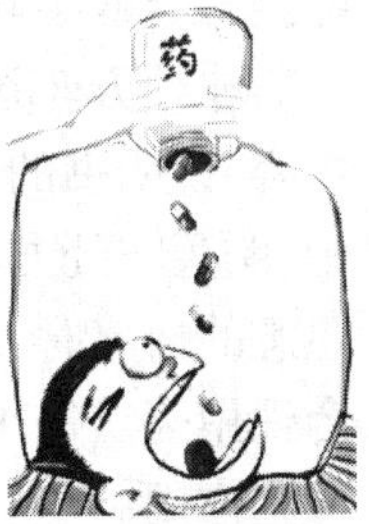

图 4-4　切勿滥用药物

点评

很多学生对自己健康状况不重视，认为年轻可以扛得住疾病侵袭，平时有了小病小痛，就到药店买点药吃就行了，没必要非到医院不可。殊不知，盲目用药害处很大。案例中的吴某就因此耽误了病情，差点危及生命。大学生在生病之后一定要到正规的医院就诊，科学地服用药物，才能保障健康。

提示

注意！这类药片别掰开吃
来源：酷六网

用药发生不良反应是常见的，想完全防止是不可能的。不过，如能准确地选择药品，结合疾病状况和体质，严谨地掌握用药剂量、方法、时间和妥善地配药，至少可以减轻不良反应,避免发生意外。

(1)注意病史和用药史。应该清楚自己患过何种疾病,用哪些药产生过不良反应,去看病时还要向医生讲清。如果自己是过敏性体质,更要谨慎。

(2)注意用药方法。拿到药后,要严格按照药品说明书上的要求去服药,凡需要口服的药物最好口服;若因病情或药物性质需要静脉注射时,应注意速度不可过快;使用抗生素静脉注射之前一般要先在皮肤上做过敏反应测试,在此期间不得自行离开,以免产生过敏反应后发生意外。

(3)注意用药量。如果在医院开药,必须按医生的指示办事,不得随便改动;如果自购药品使用,一般可按说明书用药,但要在允许剂量范围内,根据年龄和体质状况适当掌握。对不熟悉或未曾用过的药品最好先从小剂量开始,边用边观察,根据情况可做适当调整。

(4)购买和使用非处方药品的注意事项。非处方药是消费者可不经过医生处方,直接从药店购买的药品,而且是可以不在医疗专业人员的指导下能安全使用的药品,具有安全、价廉、方便等特点。大学生在日常生活中可能经常会购买和使用这类药品。

非处方药是指消费者根据自己的病情,不需要医生处方,可按药品标签内容、说明书的说明,自行到药房或药店购买使用的安全有效药品。生活中,购买非处方药时,不仅要根据自己的具体病情选购,遇到自己不懂和不熟悉的情况时,应及时寻求医生或药师帮助,绝不能光凭自身经验而盲目不合理用药。每次用药前都仔细阅读说明书,既要关注其功效又不能忽略其毒副作用。

链接

服用补药要适可而止。补药一般指的是各种营养药,如维生素类、蛋白质类、钙、铁等。目前市场上的补药多种多样,使人眼花缭乱,有的包装上说得很好,有的商品名取得很吸引人,其实并不是大家所需要的。根据目前的生活水平来看,缺乏营养的人只是少数,一般营养可在每日的膳食中获得,不必另补。补充人体营养素,应该是缺什么补什么,缺多少补多少,不能乱补或滥补,要补得心中有数。目前有些大学生认为维生素类药物都是"补品",是蔬菜、水果的"代用品",副作用少、安全性大,因此,不少人吃维生素类药犹如吃蔬菜、水果,非常随便,其实不然,维生素药物也必须按规定的用法用量服用,否则也会引起不良反应,甚至引起残疾或死亡。例如,长期、大剂量服用维生素 A、维生素 D 可引起发热、腹泻、中毒等,对身体会造成一定的伤害。

笔记

第三讲　养成良好的饮食习惯

一、养成科学合理的饮食习惯

由于人们生活水平的提高,营养过剩变成了时髦病,伴随而来的糖尿病、高血压、心脑血管病成了困扰现代人生命健康的常见病、多发病。很多减肥人群在经过再三番考虑下,进行节食减肥。值得提醒大家的是,节食减肥给人体带来的危害很大。单纯依靠少吃食物来减肥,虽然在短期内体重可能会下降比较明显,但这大多是由于水分和蛋白质的摄入不足减去了水分和肌肉,长期节食减肥很伤害身体,甚至会导致厌食症的产生。要想成功减肥,首先,要养成科学合理的饮食习惯,把食物当成朋友,而不要因为食物而焦虑,也不要用别人的饮食标准来评判自己的饮食。其次,选择身体需要的食物作为你的日常饮食,需要的才是最好的。这样既不需要通过节食来减肥,还能养成良好的饮食生活习惯,不要盲目地减肥,以免对自己造成伤害。

警示名言

食饮有节,起居有常。

——[清]梁章矩

案例

一个厌食症患者的自白

我是一名大四学生,今年22岁,身高162厘米,大三时因男友笑言:“你若再瘦一点,则更加漂亮。”从此我开始购买、服用各种减肥药,严格控制饮食,食量明显减少,并经常食后抠咽喉部诱发呕吐,每日呕吐3~4次,在一年内体重逐渐由原来的58千克下降至31千克左右,可以说体质已经衰弱到死亡边缘,但我还是嫌自己胖,竭尽全力采用各种方法减少热量的摄入和吸收,不吃主食、肉食、鸡蛋或牛奶;进食后诱吐;服用泻药或利尿药等,并拼命运动,以达到减少热量的摄入和吸收的目的。最终导致因头晕、乏力无法起床而不能坚持学习,并因“低血糖休克”“闭经”多次到医院就诊。

记得那时的我像着了魔似的继续"绝食"下去,身体日渐消瘦。然而每当我照镜子,看到的却是恍如在"哈哈镜"中那么肥胖的我。日子一天一天地过去,终于我得到了我想要的减肥结果,身体出乎意料的"纤瘦",然而我却要被人送进医院中抢救。我很感激那几位替我急救的医生、护士,把我从死神手中抢回来。

点评

厌食症又叫精神性厌食症,是一种身心功能失调的疾病,即生理及心理上的疾病。表面上厌食意译为无胃口,实则初期患者胃口如常,由于病人受到社会生活环境的影响,对身体形象的认知有所偏差,因为害怕肥胖而开始盲目节食。于是刻意控制自己的食量,并使用其他方法如泻药、剧烈运动等来控制其体重。久而久之,患者的饮食行为开始失调产生厌食症。尤其有很多女性对"魔鬼身材"急切渴望,迫使她们过分压抑正常的生理需要,结果饮食紊乱,甚至患上厌食症,其中以15~30岁的年轻女性罹患的比例最高。厌食症会令皮肤粗糙干裂,让女性的月经紊乱,而且还会使人体的免疫力下降,引发其他疾病,死亡率高达20%。

提示

厌食症发病的外显阶段是患者开始有意识地控制进食量,此时她们的进食生理反射正常,当视、嗅、味觉感受到食物,信号传至大脑,进食中枢兴奋,出现食欲,食物对口腔及咽部的机械和化学刺激增加胃液分泌,食欲增强。但此时她们的心理反应却不顺从生理的需要,饿了不吃,吃又不吃饱,改变以往食谱,对食物挑三拣四,对家人的监督开始撒谎,上学带的食物明明没吃却说吃了,在学校食堂吃午餐时任意减量,回家却说吃得很多、很饱。

由于长期控制进食,甚至还不断地用手指刺激咽部,使吃进的食物再吐出来,这样就人为地打乱了正常的神经生理反射,渐渐大脑"见到"食物信号不兴奋了,消化液分泌减少,胃肠蠕动减慢,面对香喷喷的食物不再饥肠辘辘,而是真的从心里感觉厌恶、想吐,心理、生理反应趋于一致,这说明病理性神经反射已形成。此时无论怎样逼迫她们进食,或者她们改变主意想主动进食,恐怕为时已晚,吃饭对她们来说真比吃药还难。晚期患者的身心症状十分明显,如严重贫血、月经紊乱、闭经、精神萎靡、情感淡漠,甚至出现幻觉和妄想等。虽然病情严重,但她们仍不承认有病,对治疗持消极态度。

根据以下征兆,判断是否有厌食倾向或患上厌食症。

(1)对身材和体重过分重视,已成为对自己评价的标准。对肥胖极端恐

笔记

惧，有很强的欲望想减轻体重。

(2)减肥成为一种习惯，就算体重已是过轻，但仍然把减肥挂在口边。

(3)吃得很少或只喝饮料，接着强迫自己拒绝进食、过度剧烈运动、服用泻药及利尿剂、自我催吐等。

大学生喝酒逞强同学聚会差点出人命
来源：齐鲁卫视

(4)短期间内体重急剧减轻，使体重降至标准体重的85%以下。

(5)通常仍维持正常的作息活动，并且否认饥饿及疲倦虚弱。

(6)有时亦出现贪食症的恶性循环，即间或在短期内吃下大量食物，然后用种种激烈的方法，把食物排出体外。长期下来造成肠胃功能衰竭，一吃就吐，无法进食。

(7)低血压、心跳减慢、掉发、骨质疏松、指甲脆弱、脸色苍白或蜡黄、畏寒、体质极差。

★ 链接

养成科学合理的饮食习惯

多吃谷类，供给充足的能量。谷类是我国膳食中主要的能量和蛋白质来源，青少年能量需求大，每日约需400克到500克，可因活动量的大小有所不同。

保证鱼、肉、蛋、奶、豆类和蔬菜的摄入。这些物质含有丰富的蛋白质和钙。蛋白质是组成器官增长及调节生长发育和性成熟的各种激素的原料，蛋白质摄入不足会影响青少年的生长发育，青少年每日摄入的蛋白质应有一半以上为优质蛋白质，为此膳食中应含有充足的动物性和大豆类食物。钙是建造骨骼的重要成分，青少年正值生长旺盛时期，骨骼发育迅速，需要摄入充足的钙。

参加体力活动，避免盲目节食。

二、切勿酗酒

(一)饮酒过量危害身体

酒精是中枢神经抑制剂。少量饮酒会使人表现出轻度愉快、言语增多、行为轻浮、情绪失控等症状，但随着饮酒量的增加，酒精对中枢神经的抑制作用会逐渐增强，从而引发言语无度、行为失控、极度兴奋等现象，易引发意外事故。另外，饮酒过量还可能造成酒精中毒，对大脑、胃、肝脏等造成损

害。重度酒精中毒会出现昏厥休克、呼吸困难、瞳孔放大、双目失明、肝功能衰竭等严重后果,甚至死亡。(图 4-5)

图 4-5　酗酒

案例

某高校学生王某过生日,在饭店宴请一帮同学、朋友。在你来我往的劝酒中,该生饮酒过量,造成行为失控,不听旁人劝阻,无故将该饭店桌椅砸坏,用手将隔断玻璃打碎,结果右手腕被玻璃扎伤,血流不止,缝合了十余针。事后,该学生不但要赔偿饭店餐具、桌椅等损失 1100 元,而且还受到了治安处罚。

点评

生日宴本是同学、朋友在一起沟通感情、加深友谊的聚会,但是王某由于不胜酒力,又禁不住同学的劝酒,以致饮酒过量,醉酒后又无法控制自己的行为,造成身体和经济受损的后果。

大学生中越来越严重的酗酒风气让人忧虑。校园外的灯红酒绿、寝室中的推杯换盏、迪吧歌厅里的醉生梦死……种种酗酒行为严重地威胁着青少年的健康成长。有许多方式可以表达感情,不一定非要一醉方休。

提示

逢年过节,阖家团聚,走亲访友,同学聚会常免不了喝酒,大学生偶尔少量饮酒并不为过,但绝不可养成酗酒的嗜好。大学生要杜绝不良嗜好,不要盲目跟从社会上不良饮酒风气,饮酒要量力而行,避免乐极生悲。

链接

医学研究发现,对每个个体来说,乙醇的中毒剂量差异很大,一般成年

笔记

人的中毒剂量为75~80毫升，致死量为250~500毫升；血液中乙醇浓度低于0.05%时不产生症状，达到0.4%~0.5%时即可致死。

医学研究证明，酒精过量不仅损害人的大脑、肝脏、心脏、肾脏、胃肠及神经肌肉等脏器，而且严重危及生殖健康，影响心理健康。

世界卫生组织的专家认为酒精中毒是当今世界的第一公害，其毒性作用可累及全身各主要器官，对肝脏的影响尤大。世界卫生组织提供的数据表明，至少有60种疾病与过量饮酒有关。当今酒精性疾病较之10年前增加了28倍，由此而造成的死亡人数上升了30.6倍。

（二）酒后滋事触犯法律

过量饮酒后，人体血液中的酒精达到一定浓度时，就会使大脑皮质受到抑制，下级中枢神经失去控制，人的识别力、注意力、记忆力、洞察力与自控力都变得很差，失言、失礼、失德之事就在此时发生。许多人在这种失去理智的状态下与周围的人发生冲突，如打架斗殴、寻衅滋事、伤害他人。酒后滋事已成为大学生恶性斗殴事件的主要原因之一。（图4-6）

图4-6　酒后滋事

案例

一天晚上，某大学体育学院学生魏某等十余人在一酒吧饮酒过量，与邻桌的蒲某等人发生矛盾。蒲某打电话叫来马某等十人准备打架，魏某也打电话纠集二十余名同学（其中有两人携带钢管）聚集到酒吧内，大打出手。当马某跑至该大学西门口乘一辆出租车准备逃走时，被追上来的魏某等人强行拉下车，拳打脚踢，并持钢管击打其头部，致其死亡。

犯罪嫌疑人魏某、梁某、卢某被依法刑事拘留，王某等五人被依法取保候审。

笔记

点评

魏某等人为了一点小事，在酒精的作用下，争勇斗狠，在受害方认输的前提下，仍然追打对方，导致一人死亡，其行为已触犯了刑律。酒后在失去理智的状态下很容易对周围的人破口谩骂，动手殴打，或者从事一些莫名其妙的破坏活动。因酒后打架斗殴、寻衅滋事、伤害他人而被刑事拘留的案例比比皆是，大学生应该吸取教训，预防酗酒。

提示

为预防酗酒，大学生应注意两点：一是不断提高自己的修养和自控能力，不要刻意地培养或放任自己的饮酒习惯；二是饮酒一定要掌握尺度，量力而行，适可而止。同时，劝酒时也要举止得体，掌握分寸，切不可纠缠不休，强加于人。

链接

《中华人民共和国刑法》第十八条第四款　醉酒的人犯罪，应当负刑事责任。

《中华人民共和国治安处罚法》第十五条　醉酒的人违反治安管理的，应当给予处罚。

醉酒的人在醉酒状态中，对本人有危险或者对他人的人身、财产或者公共安全有威胁的，应当对其采取保护性措施约束至酒醒。

专题五

人身安全

大学生的人身安全，是指大学生的身心、生命没有危险，不受威胁，不出事故，安然无恙。据统计，全国每年因重大刑事案件死亡将近7万人。高校作为社会的一个重要组成部分，人身伤害事件时有发生。为了确保人身安全，提高安全意识，做好安全防范，多掌握一些安全知识和救助技能对大学生来说尤为重要。

警示名言

生命不可能有两次，但许多人连一次也不善于度过。

——[法]吕凯特

第一讲　校外租房要谨慎

一、大学生校外租房心理透视

高校是莘莘学子求知的地方，大学生人格尚未完全形成，处于全方面发展的最关键时期，易受不良因素影响。大学生校外租房给学校和治安带来了许多问题，不少学生把校外出租房当作自己的避风港，荒废学业，甚至误入歧途，成为发案的诱因。

据有关调查分析，大学生校外租房的主要原因有以下几点。

1. 追求自由

"物以类聚，人以群分。"现在的大学生都是具有不同个性、思想和生活习惯的成年人，可是，学校划分宿舍时却不能关照这一点，不能逐一调查，在摸清每个学生的脾气、秉性、生活习惯的基础上安排学生住宿。这就导致一

笔记

笔记

些个性较为突出的学生不仅不容易融入宿舍这个小集体，甚至还会不可避免地与室友发生各种各样的矛盾。

这些个性强的学生，既不愿改变自己，又不想勉强他人。于是认为，三十六计走为上策。为了减少宿舍内的摩擦，获得自身的安宁，他们往往就会选择逃避，搬出去自己单独居住过，或是找一两个志同道合的同学或老乡去校外过自己想过的生活。

2. 便于创业

临近毕业，大三、大四的学生就有想出去创业或上班的冲动。还有些学生为了创业，就三五个人出来合伙租房。除了生活用品，他们还会搬进去一些计算机、扫描仪等专业设备。这样在校外租房，活动空间大、时间自由。(图 5-1)

图 5-1　校外租房

3. 备战考试

两个月的暑假，对备战各种考试的大学生来说是非常宝贵的。因此，为了出国或考研，那些备考的学生宁愿多花点钱去校外选择一个安静而独立的环境，也不会在校内扎堆复习。

4. 二人世界

大学生谈恋爱是司空见惯的事。如胶似漆的情侣在校内会觉得多有“不便”，为了“培养感情”，越来越多的大学生搬出集体宿舍，和喜欢的人去校外共筑爱巢。为此，“日租房”“月租房”就成为他们的首选，有些学生情侣甚至长期在外面过二人世界、家居日子。

提示

校外租房需注意以下事项。

1. 选好位置

如果是为了工作或者实习方便而出去租房，最好选择离单位近一点的

笔记

房子。那些房子就算价格贵些，却可以减少因出行而受到伤害的概率。

如果是为了避免宿舍内的摩擦与矛盾，或者想求得安静的学习环境，最好选择学校附近干净而安全、条件较好的地方。这样一方面便于回校学习，另一方面也便于遇到麻烦时及时向老师、同学和学校求助。

2. 选好合租对象

如果因房租较贵而需要找合租对象的，一定要找熟悉的同学或朋友，最好是一起生活过而且志同道合的、生活习惯也比较接近的同学或朋友。否则，与住学校的集体宿舍没什么区别。此外，合租对象最好不要是异性朋友。

3. 留意居住环境

租房子住是为了寻找更好的生活与学习环境，而不能是放任自流的环境。所以，在选择时，应该注意居住环境不要过于嘈杂、人员不要过于复杂；或者我们可以向房东、邻居了解一下周围人员的大致情况。

链接

《教育部关于进一步做好高校学生住宿管理的通知》指出，认真落实按班级住宿的工作要求，原则上不允许学生自行在校外租房居住。

二、校外租房隐患多

大学生合租惨遭性骚
来源：优酷网

大学生校外租房现象屡禁不止。细究起来，在外租房的大学生各有各的理由，如宿舍内人多干扰大，要找一个安静的环境安心学习；要找一个自由的空间，追求“我的空间我做主”的感觉；摆脱学校按时熄灯、就寝的管束，追求“我行我素”的自由生活，等等。然而，大学生们却没有想到，学校周边往往人员复杂，治安环境差，出租房存在诸多安全隐患，大学生在外租房引发的治安事件和安全事故屡见不鲜。

案例

案例 1：大学生刘某痴迷上网，因学校夜间限电而不能长时间上网，于是在外租房。学校发现后，辅导员对他进行了批评教育，三次要求其搬回学校宿舍，但他置之不理。某晚下雨，刘某回到出租房去收挂在阳台上的衣服，不慎摔到楼下，当场死亡。原来该出租房是违章建筑，栏杆很低，不具备安全条件。刘某收衣服时脚下打滑，因栏杆太低而直接摔到了楼下，造成了悲剧。

笔记

案例2:某大学女生张某临近毕业,以为住在校外找工作方便出入,独自一人在校外租房居住。一日晚10时,张某走在回出租房的小巷内,一个黑影已悄悄地跟踪她了。待其开门的瞬间,歹徒从后将其击昏,拖入房内对其实施了强奸。歹徒临走时,将张某的手机等贵重物品偷去。张某醒来后,失声痛哭,悔之已晚。

点评

在案例1中,刘某在校外租房,脱离了校纪校规的约束,沉溺于上网,满足了网瘾,却忽视了出租房的安全,造成了意外死亡事故。在案例2中,张某为方便找工作,在校外租房,却没有意识到潜在的危险,给自己造成了难以抚平的创伤。另外,大学生在外租房被盗、被抢等案件也时有发生。校外租房安全隐患多,希望大学生切莫轻易尝试,以免人身财产受到损害。

提示

(1)遵守校纪校规,不要到校外租房居住。

(2)若因特殊原因须在校外租房,要经过学校同意,并详细考察社区治安和出租房屋状况后再选择租房。同时,尽量不要单独租住,更不能与不明底细的人合租。

(3)详细签订租房协议,一式三份,向学校相关部门递交一份,以备出现租房纠纷时,学校能有证据帮助协调。

(4)在租房地夜间要少外出,往来时要提防坏人跟踪。

(5)将租房地址告诉辅导员和同学,并保持联系。

(6)与社区民警取得联系,紧急情况下电话求救。

大学生怎么租房
来源:酷六网

链接

关于大学生校外租房问题,学校应该做好以下几个方面的工作。

切实做好校外租房大学生的思想政治工作,认真了解其在外租房的原因,有针对性地做好疏导和劝解工作,让其尽早回到学生公寓住宿。高校要积极创造条件,尽早做出住房调整,坚决反对按学生经济状况分配住房的做法,人为造成学生不满,从而离开学校在外租房。要切实选派足够数量的政治素质高、思想作风好、具有较强管理能力,善于做学生工作的辅导员进驻学生公寓,并做好已在校外租房居住大学生的思想工作,做到"同住、知情、关心、引导",了解学生思想动态,关心学生思想、生活,引导学生正确处理各种问题。

笔记

根据教育部《切实加强高校学生住宿管理》等文件的精神，对于因身体等特殊原因，确实需要单独居住的，必须由本人提出书面申请，说明租房的原因，并填写《学生租房申请表》，经班主任(辅导员)、学生家长签字后，报经学校审批，实行谁审批谁负责制度，所在学校要积极创造条件帮助其在校内解决租房问题。

对经批准租房居住的，申请人必须提供详细地址，并不得在没有安全保障的地点租房。学校对经批准租房居住的要逐一登记，逐一核实其住宿安全情况，并向他们耐心说明可能产生的后果和个人应承担的责任。

第二讲　外出旅游安全

每年黄金周和寒暑假，许多在校大学生都会选择外出旅游。外出旅游时，鞋子选用平时惯穿的运动鞋或散步鞋较为稳妥，但是，若有去往正式场所的计划，则需准备好相应的鞋子。若只游览大城市，雨具类只带一把折叠伞就足够了。同时可以根据旅行地点的行动及所持物品选择小型旅行包或背包。背包使两手可以自由活动，比硬旅行箱或大型肩包易于行动，但其缺点是不易将其中物品取出。因此，可将那些频繁使用的东西或小物品分放于背包侧袋或天盖里。旅行中行李应尽量精简，即便缺某样物品也可在现场筹办。

一、旅途防盗

有些旅客习惯携带现金旅行，尽管有一些防范措施，但易被小偷盯上。旅客最好改变携带现金出行的方式，利用银行卡取款，就不必一路上担心被盗而神经紧张，而能真正实现轻轻松松出门。

警示名言

不患人之不己知，患不知人也。

——《学而》

案例

大一新生小姜带着学费、生活费共计 8000 余元乘火车去某高校报到。由于初次出远门，而且身带大额现金，小姜神色紧张，生怕被盗，时不时摸一

笔记

下怀中装钱的包。这一举动早就被身旁的窃贼看在眼里，当小姜由于困倦睡着时，黑手伸向了他的提包。小姜醒来后发现提包被割开，财物被盗，痛哭不已。

点评

同学们在旅途中因一时大意而被盗的案件并不少见。案例中小姜起初非常小心，却因时常摸看装钱的包引起小偷注意，又因睡觉给了小偷可乘之机。

提示

(1)旅途中切忌携带大量现金，应利用银行卡取款。如果确需携带，可分散存放，随时需要用的小额现金放在取用方便的外衣兜里，大额现金放在贴身的隐秘之处。

(2)不要将钱包放在身后的裤兜里；带包出门，不要将钱和贵重物品置于包的底部和边缘，以防被割窃；人多拥挤时应将包置于胸腹部；任何时候包不离身或不能脱离视线，以免因疏忽而被人窃取。(图 5-2)

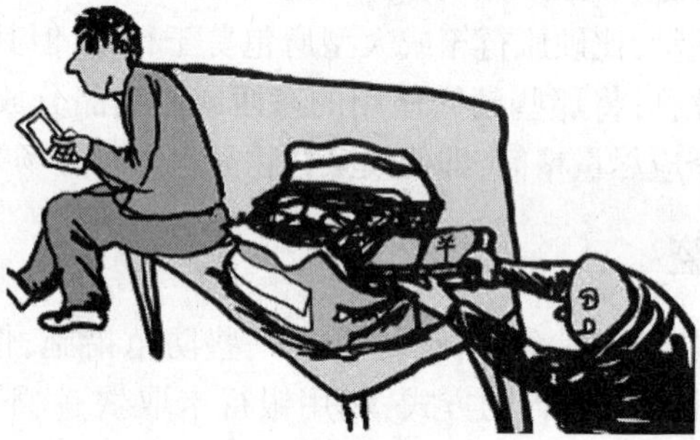

图 5-2　防止被偷窥

(3)夏天坐火车或者汽车时，不要把包放在离车窗很近的地方。因为夏天的车窗往往开着，当车停靠时，窗外的人很容易顺手牵羊把包偷走。

(4)不要接受陌生人馈赠的饮料食品，因为其中可能有麻醉药品。

(5)乘坐火车或者汽车时，行李物品要放在视线之内的行李架上，并随时观察，特别是到站前，上下旅客人多拥挤时，更要注意自己的行李；睡觉时，要把装钱的包放在妥善之处，如放在身下、枕于脑后等。

(6)旅途中不要与新结识的伙伴谈及与钱有关的话题，不要泄露个人详细信息。

笔记

链接

在旅途中，小偷常用的作案手段有以下几种。

(1)“偷梁换柱”——犯罪嫌疑人用一个与你相似的行李放置在你的行李旁边，然后伺机调包。若被你发现，他会很“客气”地向你赔礼，佯装拿错行李而掩盖自己的罪行。

(2)“浑水摸鱼”——犯罪嫌疑人有意制造混乱、拥挤，然后伺机行窃。

(3)“窗外黑手”——犯罪嫌疑人往往在车厢内寻找目标，当选准目标后，等到列车(汽车)开动的一刹那，突然蹿到车窗前，抢走财物，迅速逃离。

(4)“顺手牵羊”——犯罪嫌疑人乘便利之机或专门寻找便利之机，随手拿走你的东西。

二、旅途中的饮食安全

大学生在旅途中选购食物时大都不详细看食物的保质期限和提示，贪图便宜选择卫生条件差的小餐馆就餐，食用来历不明的食物，这些做法都容易给大学生的人身和财产安全带来隐患。

案例

五一假期，某高校计算机信息管理专业的学生小刘等四名同学结伴到某风景区游玩。中午时分，他们在一条小溪边停下来休息，满头大汗的小刘见到山涧小溪，欣喜若狂，随即饮溪水解渴。没过多久，小刘便捂着肚子，直叫肚子疼痛，其他同学见状，只好中断游玩计划，将小刘送到了景区医务室。医生给小刘进行了简单的治疗后，建议他们到市区医院就诊。经市医院紧急治疗，小刘的病情稳定了下来。原本一次快乐的游玩也因此中断，只好提前返回学校。

点评

本案例中的小刘和同学在游玩的同时没有注意水源卫生，导致身体不适。小刘经过长时间的登山运动后，身体处于高度紧张状态，在没有弄清水源卫生条件是否达标的情况下，急于饮水，一时的麻痹大意使身体受到损伤。

提示

近年来，随着我国旅游业的迅猛发展，一些旅游景区的条件虽有很大改

笔记

善，但由于主客观原因，一些地方经常发生诸如随地大小便、乱丢垃圾等现象，污染了景区环境，容易给消费者造成一定的危害。此外，山涧中的溪流，也可能被鸟类或动物尸体或粪便污染，水中含有大量的致病细菌，喝后使人染病。因此，旅途中饮食应注意以下几点。

(1)增强自我保健意识，注意饮食卫生，谨防病从口入。

(2)选择新鲜、干净、保质期内的食品，不吃不洁或腐败变质的食物。

(3)不生食不洁净的瓜果、蔬菜，尤其不能随意食用野果和菌菇类。

(4)不饮用未经煮沸的生水或不洁净的水。

(5)不食用陌生人提供的食物。

(6)外出随身准备必需的药品，以备急用。

链接

外出旅游，提醒大家注意以下食品的卫生安全问题。

1. 螃蟹等水产品

由于各种水产品尤其是淡水养殖的水产品，其养殖环境往往被饲料或其他人畜粪便所污染而携带大量病菌，在水产品捕捞离水死亡后，又往往不能及时冰冻而致使病菌繁殖，而在人们食用这些水产品时如果清洗不够、烹调时间不够或做成生拌食品时，便会使人中毒。至于螃蟹，由于它是以水中的腐烂物质为食物，在其胃里往往寄生大量病菌，螃蟹一旦离水死亡，这些病菌便会迅速繁殖而污染全身。人吃了这样的螃蟹自然会中毒致病。

2. 罐头类食品

超过保质期的罐头食品特别是肉类罐头都易造成中毒。劣质罐头从外观上看，往往是商标破损、铁盒锈蚀鼓胀；玻璃包装可见罐内食品色浑、结块，与罐壁粘连；铁盖松动，或有汁液流出，并有异味；快餐肠或火腿肠变质时，手摸时发软，包装粘手，或有异味，均可以鉴别。

三、长途旅行，远离车祸

享受旅游 莫忘安全
来源：CCTV1

近年来，随着人们生活水平的不断提高，大学生自己组团出游也越来越多。他们或自助游，或报团游，或自驾游，都喜欢通过旅游放松一下心情，开阔一下视野，增长一点见识。然而，随着出去旅游的人越来越多，交通隐患也就随之显现出来了。因为大家出行的时间都一致，或是周末，或是节假日，发生交通事故的危险增大。在这种情况下，大学生应该做些周全的防范，让学校和家长放心。从另一方面

笔记

说，一旦出了交通事故，损失最大的是大学生自己，毕竟因出游丧命或者受重伤，是很不划算的事情。因此，大学生一定要做好假期出游的交通安全。

案例

某大学学生王某联系了几个要好的同学，一起去四川绵阳旅游。在游玩了报恩寺后，他们便又坐上了旅行车，在导游的带领下风尘仆仆地赶往九寨沟。

突然，“轰隆”一声巨响，迎面而来的大卡车与王某等人乘坐的旅行车相撞了。顿时，玻璃碎屑四溅，惊叫声、哭喊声乱成一片。车内的 20 多个人全部受伤，无一幸免。

当时，王某最要好的两个同学——小张和小贾，都痛苦地躺在地上呻吟，伤势尤为严重。看着导游手忙脚乱地抢救，惊慌失措的王某突然想起，为了省点钱，他们都没有和旅行社签订旅游合同和保险合同！

经过现场勘测，交警认定肇事双方司机临危措施不当，负同等责任。

点评

尽管与其他娱乐相比，旅游可以陶冶学生情操、锻炼学生意志，然而却也隐藏着交通隐患。上述案例中王某和他几个要好的同学，本来想着出去旅游，欣赏美景，结果却因为没跟旅行社签订旅游合同、保险合同，发生意外后，得不到应有的赔偿，伤身又伤心。

大学生在假期内出游，远离了学校和家庭，只能自己保护自己，自己为自己筑建一道交通安全的防护墙。所以在选择旅行社时，一定要选择信誉好的旅行社。同时在游玩途中，还应该随时观察可疑情况，让自己的出游做到“高高兴兴游玩去，平平安安归家来”。

提示

内地女大学生赴港旅游遭印度籍男子强奸
来源：优酷网

长途旅行注意事项。

(1)尽量避免与缺乏旅游经验的同伴自行组团去陌生城市或景点旅游。

(2)长途旅游可选择信誉良好、经营规范、安全可靠的旅行社。

(3)要与所参加的旅行社签订旅游合同，明确双方权利与义务。

(4)购买旅游保险，让自己的安全多一份保障。

笔记

★ 链接

学生组团自驾游，一定要选择驾车经验丰富、路况识别能力强、有强烈规则意识的学生做司机。租借汽车的性能一定要好，一定要具有适行性，或者在出发前给车辆进行一次保养、检修，以确保不会因车的问题导致交通事故。同时，还要尽可能地避免夜间行车和疲劳驾驶。

第三讲　防性骚扰与性侵害

一、防范性骚扰

凡对他人做出不受欢迎而与“性”有关的要求、言语或举止，均构成性骚扰。日常生活中依照性骚扰行为的轻重大致可以区分为五个等级：一是性别骚扰，凡一切使他人觉得因为性别而被污辱、蔑视或歧视等。如，“你是女性，一定做不好此事”。二是性挑逗，指不受欢迎、不适当带有性暗示的口语或肢体动作，如讲黄色笑话、展示色情图片等。三是性贿赂，包括一切以性服务或与性有关行为作为利益交换条件的要求。如以约会或占便宜作为加分或及格的条件。四是性要挟，以威胁或霸王硬上弓的手段强迫性行为或性服务，如约会中的强暴。五是性攻击，包括强暴及任何具有伤害性或虐待性的性暴力及性行为。以上为一般对性骚扰的定义与解释。

警示名言

人们邪恶的程度几乎是同自己的需要相等。

——［意］莱奥帕尔迪

案例

案例1：某高校英语系大一学生小娟与大三的一个学长才见过两次面。一次在与该学长谈及课业问题的时候，该学长话锋一转，就谈及和性、身体有关的话题，不但猜测起小娟的三围，还询问小娟有没有性经验。小娟惊愕不已，急忙走开了。

案例2：某校化学系大二学生小珍常进出系里助教的办公室问问题，某

笔记

日助教邀小玲单独出游，并暗示自己掌有决定系里实验成绩的大权，如果小珍与他交往，以后将“不必再为实验成绩如此烦恼”。小珍不愿意，却深恐如果拒绝，自己重视的实验成绩将受影响。

案例3：小芸和学长男友分手后，男友就在校园中散布谣言且不定时地到她教室或宿舍门口“站岗”，甚至还寄给她一封威胁信，扬言如果她不肯重修旧好，就要进一步骚扰她。

点评

近年来女大学生在校园内外遭受性骚扰的事件时有发生，并有增多趋势。女大学生在面对性骚扰时应当采取坚决有效的防范措施，这里所指的防范措施，包括要防止成为性骚扰的对象和陷入性骚扰的环境之中。不管你的情形如何，面对性骚扰时首先要确定自己的感觉，不论对方是善意、无意还是恶意的骚扰，只要你让对方知道你觉得不舒服，对方就应该尊重你的感受。当然，你可以判断状况，视情况选择是要勇敢大声地说“不”，或是明确告知对方；还是要直接做出反抗，或是请求旁人协助。三个案例中，小娟、小珍、小芸受到的性骚扰均可归结为对方的一种恶意侵害。为了保护女大学生的性权利，减少性侵害，女大学生必须加强自我保护和防范意识。

提示

隐忍就是放纵！遭遇性骚扰你该怎么办？
来源：搜狐视频

女大学生在遭受性骚扰时可采取以下措施。

1. 明确态度，正告对方

为了避免一而再，再而三的被性骚扰，并防止事态的恶性发展，女性在第一次受到性骚扰时，就应当向对方表明态度。有些女生反复遭受性骚扰，原因之一就是态度暧昧，客观上强化了对方性骚扰的心理。

2. 疏远关系，减少接触

当女大学生发现有人不怀好意，有性骚扰动机时应主动回避，减少与其的接触和交往，这样做既可表明自己的态度，又能减少和防止不必要的麻烦。如果因为师生关系、上下级关系、同学关系等确有必要继续来往的，也应该在公开场合，这样即使遇到性骚扰也可以予以抵制和反抗。

3. 依靠组织，求助他人

在较封闭的场合，在有着从属关系的人员中，单个女大学生是较难应付男性的性骚扰的。因此，被骚扰的女大学生应该及时向组织反映，依靠组织的力量来教育、惩戒对方，及时制止性骚扰，监督对方，保护自己。

笔记

链接

(1)不要轻易接受陌生人和他人的物品,即使是茶水、饮料也要警惕,防止其中被放入蒙汗药。

(2)不要与不三不四的男性交往,以免受其直接的教唆和潜移默化的影响。对大献殷勤的男性要警惕,不要被花言巧语和物质利益所迷惑。

(3)若发现男性有挑逗、轻浮言行,要态度鲜明,及时斥责,设法摆脱,必要时可报警求助。

(4)女大学生夜间外出,衣着打扮必须适度,不宜穿过于暴露的衣服,也不要有轻浮的举止出现。

(5)不要去单身男教师、男同学等家中、宿舍或办公室,如果确有必要,要有人同行或者有所戒备,更不能在单身男性家过夜。

(6)与男性交往时,切勿饮酒,更不能过量,以防酒后失身。

二、严防性侵害

性侵害严重危害大学生的人身安全和健康成长。个别女生在交往中放松警惕,以致遭遇来自校内或校外的性侵害,身心遭受十分严重的伤害。发生在大学生身上的性侵害一般分为暴力式、胁迫式、社交性强奸和流氓滋扰式侵害四种。

(1)暴力式侵害,即直接采取暴力威胁手段,侵害女学生。

(2)胁迫式侵害,既利用受害人有求于己或抓住受害人的个人隐私进行要挟、胁迫,使女生就范。

(3)社交性强奸,即受害人的相识者,利用或创造机会把正常的社交引向性犯罪,受害人往往出于各种顾虑不敢揭发。

(4)流氓滋扰式侵害,如语言调戏,推拉摸撞占便宜,做下流动作等。

案例

某高校女生罗某独自一人去学生会办公室,途中,遭遇社会青年赵某的尾随。当赵某确认办公室没有其他人后,马上用随身携带的手绢蒙住面部,手持啤酒瓶闯入室内,将正在学习的罗某按住,并威胁道:“把钱拿出来,别出声,出声整死你!”罗某慌忙将书包中仅有的十几元现金交给赵某。赵某见势顿生歹意,将罗某摁倒在地,并解下罗某的鞋带欲捆住罗某并实施强奸。罗某乘其不备,夺下啤酒瓶砸向赵某的头部,并大声呼救。赵某受伤慌忙逃跑。案发后,赵某及时到学校保卫部门报案,并为公安机关提供线索和证据，很快，赵某被抓获归案，被判处有期徒刑三年。

点评

上述案例就是一起因抢劫而引起的暴力式性侵害案件。不法分子本是实施抢劫，见办公室别无他人，顿生邪念，欲行强奸。值得肯定的是罗某的聪明机灵，临危不惧，使不法分子的企图没有得逞，很好地保护了自己。

提示

（1）女大学生若需单独出行，尽量避开隐蔽、狭窄、灯光昏暗的道路和场所。

（2）若不幸遭遇不法分子侵犯，首先要有坚持斗争的信心，冷静、机智地与其周旋，利用自身携带的尖硬物品（发夹、钥匙等）猛击其眼睛；或借助周围一切可以利用的物品予以反击。

（3）也可先假装同意，乘其脱衣时猛击其裆部、太阳穴、印堂穴等要害部位，使其丧失侵犯能力，再借机逃走并大声呼救。

（4）在无力反抗而不幸遭受侵害时，要努力记住犯罪分子的体貌特征，或是在其身上留下抓痕等印迹，保护好现场及物证，并克服羞怯等心理，勇于报案，积极主动地配合公安机关惩治犯罪分子。

链接

容易遭遇性侵害的时间及地点如下所述。

夏天，女生衣着单薄，对异性的刺激增多，是最容易遭遇性侵害的季节；夜晚光线昏暗，犯罪分子作案时不易被人发现，是发案率较高的时间。

校内教室、礼堂、宿舍、操场、花园、山体、树林等场所，校外公园假山、树林深处、狭道小巷、没有路灯的街边、未交付使用的建筑内等比较僻静的公共场所，是流氓潜入对女生实施性侵害最多的场所。

案例

某高校女生小兰和男朋友一直有情书往来。有一次，小兰的男友给她的一封信被人偷去，此信中谈到了她与男友的某些隐私。偷信人找到小兰要求与其发生性关系，小兰不答应，此人则扬言道："如果你不同意，我就把信交给你的领导，那时你将会受到开除的处分，永远见不得人。"在这种要挟和恐吓下，小兰不敢反抗，多次遭到偷信人的奸污。

笔记

点评

上述案例是典型的胁迫式性侵害案件。不法分子利用不道德的手段获得受害人的某些隐私,对受害人进行胁迫,再加上受害人心存顾忌,不敢反抗,不敢报案,更助长了不法分子的淫威,使得受害人多次遭受侵害。

提示

有效地避免胁迫式性侵害,应注意以下几点。

(1)对无理要求要坚决说“不”,不要迫于暂时的困难而使自己陷入更深的痛苦之中。

(2)品行端正,不授人以柄,使不法分子无机可乘。

(3)即使有性过错或隐私,被不法分子发现后遭遇胁迫时,也不要有所顾虑,要相信和依靠学校、公安机关来解决,切勿用发生不正当关系来“私了”。

链接

大学生在遭受不法分子侵害时,应学会用法律来制裁不法行为。面对性侵害,女大学生在孤立无援或无计可施时,应该主动向校保卫处或公安机关报案,依法制裁犯罪分子。不要忍气吞声,在错误的道路上越走越远。要清醒地认识到,不法分子根本没有人格和信誉可言,他们的卑鄙伎俩是没完没了的。

笔记

专题六

财产安全

学生个人财产的保护途径有两种:一是利用法律、法规和规章,依靠国家行政、司法机关、高校保卫职能部门和其他行政组织的保护;二是自我保护,即凭借自己对财产安全的防范意识和基本常识,依靠自己的力量,对财产的不法侵害进行事前的预防和适时的防卫,以及事后的保护。根据造成财产损失的原因,主要分为盗窃、抢劫、抢夺、诈骗等类型。

警示名言

行一件好事,心中泰然;行一件歹事,衾影抱愧。

——神涵光

第一讲　小心防盗

盗窃是指以非法占有为目的,秘密窃取数额较大公私财物或者多次盗窃公私财物的行为。近年来,以大学生为目标的侵财犯罪案件不断上升。面对社会上各种各样别有用心的人将黑手伸向大学生群体,让稚嫩的大学生屡屡上当受骗、损失财物,甚至遭受人身伤害,我们应该在提高安全防范意识的同时,学习一些安全防范知识、了解基本的犯罪作案手法,贴近实际,练就辨别真伪的本领,以达到保护好自身财物的目的。

一、校园公共场所防盗

校园公共场所主要是指学校的图书馆、自习室、食堂餐厅、运动场等,这些公共场所是失窃高发场所。犯罪嫌疑人往往趁没人或人少之机下手,甚至重复在这些场合多次实施盗窃。他们的作案手段一般是先寻找“猎物”,

笔记

然后守株待兔,最后顺手牵羊。这种作案手段隐蔽性强,一般不使用暴力或破坏性手段,作案时不易被发现,现场不留痕迹,侦破难度较大。

案例

某高校机械专业学生李某和程某下课后来到学校食堂,将两个书包放到餐桌上去买饭,回来后发现书包不见了,书包里有两部手机、一个MP3、钱包、书本等。后来小偷在校外销赃时被公安人员抓获。经审查,该小偷系吸毒人员,20岁,无业,经常装扮成学生模样,混进附近高校食堂餐厅、运动场、自习室等场所,伺机拎包或偷盗自行车,屡屡得手。

点评

上述案例中,犯罪嫌疑人是在公共场所趁同学不注意时实施盗窃的。大学校园里,如教学楼、图书馆、运动场、食堂等众多公共场所,人多且复杂,学生稍有不慎,极易发生被盗事件。如有些学生在食堂就餐时,为了抢占座位,把自己的物品(提包、书、雨伞等)放在座位上,然后去排队买饭,等回来时,物品已不见踪影。犯罪嫌疑人之所以能够屡屡得手,不是学校没有防范措施,更不是窃贼作案的手段多么高明,而是当事人缺乏应有的警惕。

提示

(1)到食堂就餐时,不要用书包占座位;不要将手机、钱包等贵重物品放在外套的口袋内;排队时将自己的包背在胸前,不要给小偷可乘之机。

(2)在教室或图书馆自习室里自修、学习的同学,要妥善保管好自己的书包等物品,不要让它离开你的视线。确需离开时,应委托同学或熟人代为保管,如教室里无其他人员时,必须将自己的物品随身携带。(图6-1)

图6-1 妥善保管自己的书包

(3)尽量不要将贵重物品带进运动场所，如确需带入运动场所，切勿将贵重物品随意放置，应指定专人保管，防止被盗。

(4)到图书馆存包，务必自带锁具，上好锁。在存放的包内不要放置现金、手机等贵重物品，以免造成更大的损失。

(5)在发现失窃、被盗案件时应及时向保卫部门报案，以便保卫人员及时采取措施，追查犯罪嫌疑人。

链 接

自行车防盗知识

(1)买车登记，骑车年检，不买赃车。新车一定要办理执照，打好钢号。无钢号的车失窃率比有钢号的车高好几倍，且便于窃贼销赃，而且一旦被盗，没有钢号很难查找；另外，购买赃车在客观上是替作案分子销赃，可能受到法律的追究。

(2)选择高质量的车锁，养成随手锁车的习惯。

(3)学生自行车应按规定停放到自行车棚，如果学校无车棚，晚上或停放时间较长时最好用钢丝锁将车锁在固定物(如停车架、栏杆)上，或者将两辆车前轮锁在一起，使车子难以搬走，这样丢失的可能性要小得多。

二、学生宿舍防盗

学生宿舍被盗在时间上具有一定的规律性。据统计，学生宿舍最容易被盗的时间，即发案率最高的时间通常有：①刚开学时，宿舍进出人员混乱，容易被盗；②放假前容易被盗；③假期，学生离校后，易发生撬门扭锁盗窃；④上课时间容易被盗；⑤晚自习，相邻的宿舍无人，容易被盗；⑥夏季开门、开窗睡觉，易发生乘虚而入的盗窃；⑦学校举办大型文体活动，外来人员剧增时，被盗的可能性也增大。

高校学生宿舍频被盗
一枚指纹留证据
来源：山东卫视

警示名言

守法和有良心的人，即使有迫切的需要也不会偷窃，可是，即使把百万金元给了盗贼，也没法儿指望他从此不偷不盗。

——[俄]克雷洛夫

案 例

刘某是某高校的一名大三学生。一天，一位曾和他一起在外打工的葛

笔记

姓朋友从外地来找他，说是到他这里来玩，刘某碍于朋友面子接待了他。葛某也很是大方，又是请客，又是叙旧，于是顺理成章，晚上刘某就把葛某留在了自己的寝室住。这一住就是十多天，白天刘某和他的同学去上课，葛某要么睡觉、要么上网，加上人也还热情，倒也和寝室里的这些同学关系搞得不错。可第十二天，葛某突然不见了，一起不见的还有寝室里周某和何某的两台笔记本电脑。刘某这才大呼上当，一查，自己的存折也不见了，存折内的6000多元现金也不见踪影。报案后，当问起葛某的具体情况时，刘某也是一知半解，甚至连是否用的是假名也不得而知。

点评

作为在校大学生，正常的社会交往是必不可少的，但要学会交往、有选择地交往、善于交往，不要盲目交友。案例中的刘某就是因缺乏必要的辨识能力和安全防范意识，结果给自己及宿舍其他人员造成财产损失。

提示

（1）不要随意留宿不知底细的人，否则可能引狼入室。

（2）对外来推销人员要坚决予以拒绝，并及时报告宿舍管理人员或保卫处。

（3）对形迹可疑的陌生人应提高警惕。见到形迹可疑的人在宿舍楼四处走动或窥探张望，同学们要多问问，即便不能当场抓住，也使盗窃分子感到无机可乘，不敢贸然动手，客观上起到预防作用。

（4）不要随意透露或公开自己的个人信息，特别是各班和各类组织编制的有家庭地址和电话的通信录，或是网上求职的各类信息，防止不法分子利用此类信息进行违法犯罪活动。

（5）在发现物品被窃时应及时向学校保卫部门报告，以便保卫人员及时采取措施，追查不法嫌疑人。

链接

《教育部普通高等学校学生管理规定》第四十九条　学校应当建立健全学生住宿管理制度。学生应当遵守学校关于学生住宿管理的规定。

《教育部高等学校校园秩序管理若干规定》第九条　学生一般不得在学生宿舍留宿校外人员，遇有特殊情况留宿校外人员，应当报请学校有关机构许可，并且进行留宿登记，留宿人离校应注销登记。不得在学生宿舍内留宿异性。

违反前款规定的，学校保卫机构可以责令留宿人离开学生宿舍。

笔记

第二讲 当心诈骗

诈骗是社会上另一种主要的侵财犯罪,它是一种含有一定智商成分的犯罪形式。目前的诈骗手法让人眼花缭乱,防不胜防,而且还有不断翻新、变化的趋势,具有很强的欺骗性。而对大学生来说,他们相对独立地掌握和使用有限的财物,但在怎样安全地用钱方面还是显得不足,加之缺乏社会经验,思想上又善良单纯,容易成为诈骗犯罪分子首选的目标。

警示名言

傻子和骗子是一对伙伴,谁也离不开谁。你在傻子的身边准能找到骗子,在骗子的去处准能找到傻子。

——[美]马克·吐温

一、街头防骗

街头骗局多种多样,如“神仙算命”“猜扑克牌”“外币兑换”“猜瓜子单双”“象棋残局”“拾钱均分”,等等,极具诱惑力。人们若一时冲动,贪图小利,很容易上当受骗。作为大学生,要实行知足知止的原则,对物欲私利的要求应该适度。只取自己应该得到的利益和享受,不向社会提出额外的、非分的要求。要通过诚实劳动取得利益和享受,不以非法手段谋取利益和享受。在追求自己的利益和享受的同时尊重社会的公共利益和他人的利益,这是每一个大学生应该遵守的行为规范。

案例

某高校学生李某独自一人在逛街,忽然前面一骑自行车的男子从后架上掉下一个皮包,李某停了一下,正欲呼喊,旁边另一男子将包捡了起来,向她使了个眼色,将她拉到一旁,打开包一看,里面装的竟然是三沓百元一捆的人民币。该男子对李某说:“别出声,我们把它分了!”正说着,刚才骑自行车的男子又满头大汗、焦急万分地骑车返回,到李某和拾包男子的旁边便问:“你们看到我掉的包没有?里面有三万元现金。”李某正欲说话,拾包男子抢着回答:“没有,我们没看见。”该男子便急匆匆地到别的地方寻找去了。

笔记

拾包男子对李某说："这样，包你拿着，你把你身上值钱的东西给我一些，这里面的三万元钱就归你了！"于是，李某把自己的戒指、MP4 和仅有的 800 元现金都给了他，心想占了个大便宜。等拾包男子走后，李某将包打开仔细一看，三捆钱除了上面和下面的两张是假币外其余的全是冥币。李某连忙跑去寻找拾包男子，可拾包男子早已消失得无影无踪。

点评

李某因贪图不义之财，落入骗子的圈套，以致骗子得手。此类案件在全国各大城市中经常发生，新闻媒体也时常报道，但仍然有人包括大学生上当受骗。骗子固然可恨，被骗者的所图所为亦发人深思！

提示

应聘暑期工 大学生遭遇诈骗陷阱
来源：CCTV13

古人云："君子爱财，取之有道。"尽管各种骗术层出不穷，花招屡屡翻新，但只要我们能够谨记"莫贪小便宜"这句话，就能最有效地防备各种骗术。大学生是祖国的未来，要树立正确的金钱观和物质观，不要企图通过"捷径"发财，要牢记"天上不会掉馅饼"，切勿生贪财之念钻进骗子的圈套，以免财物受到不必要的损失。

链接

调查显示，有五种心理倾向的大学生比较容易上当。

1. 思想单纯型

这类学生涉世未深，缺乏社会经验，防范意识不强，轻信他人。

2. 爱慕虚荣型

这类学生有一种攀高枝的心理，在对方向自己讲了一些令人向往和羡慕的话语后，就不自觉地被深深吸引了。

3. 结交广泛型

这类学生交际面广，抱着"多个朋友多条路"的心理，随意答应某些人的要求，结果上当受骗。

4. 贪图小利型

这类学生往往为蝇头微利所吸引，行骗者多先提供某种免费产品，再邀其参加某种活动进而骗取财物。

5. 明知故犯型

这类学生明知道有些事情是不可行的，但仍存侥幸心理，盲目地听信别人，最后让人骗了还不知道。

笔记

二、购物防骗

在校大学生因为没有收入来源，加上社会阅历浅，法律意识淡薄，爱慕虚荣等心理，在购物的时候往往容易上当受骗。

案例

一天，某高校大学生赵某和张某在校外护城河边散步，一名男青年手持一款新手机搭讪道："同学，需要手机吗？我很需要钱，所以才卖手机。优惠价 1000 元卖给你。"赵某知道那种型号的手机在市场上至少得卖 2500 元，自己很早就想买部手机，但因家境较差，一直未买。他接过手机看了看，确实是部新手机，于是经讨价还价，以 800 元成交。后来，他因为购买赃物被处罚。

点评

王某因贪图便宜购买路边"赃物"，本身就是一种违法犯罪行为，不仅自己损失钱财，还被同学耻笑，懊悔不已。因贪图便宜，以低价购买手机、计算机、自行车、MP3 等贵重物品的事件在大学生中极为常见，应该提高警惕，引以为戒。

提示

(1)贵重物品应在正规营业场所购买，并保存好发票。

(2)不要购买来历不明或无正规发票的物品。

(3)明显低于市场价格的商品多半是赃物或是伪劣产品，不能购买。

链接

《中华人民共和国治安管理处罚法》第五十九条第三款　收购公安机关通报寻查的赃物或者有赃物嫌疑的物品的，处五百元以上一千元以下罚款；情节严重的，处五日以上十日以下拘留，并处五百元以上一千元以下罚款。

三、防个人信息泄露

大学生个人信息泄露，被骗子利用行骗的案件时有发生。骗子往往利用家长爱子心切的特点，向大学生的家长谎报学生遭遇意外，骗取家长的钱财。

笔记

案例

某高校学生赵某在商场购物时，提包被小偷拎走，包内有手机和身份证、学生证等物。当日下午，赵某的母亲接到一男子用其女儿手机打来的电话，该男子自称是赵某的班级辅导员，告诉她其女儿不幸遭遇车祸，已送到医院抢救，急需两万元手术费。着急的母亲见对方用其女儿的手机打来电话，救女心切，赶紧到银行按对方提供的账号汇款两万元。随后立即打电话给那位班级辅导员，告诉她钱已打到卡上，便迅速乘车赶往学校。两小时后，正在火车上的母亲接到女儿从宿舍打来的电话，方知女儿手机被盗，自己被骗了。赵某立即报案，公安人员立即通知银行，但卡上的两万元已被骗子在外地银行取走。

点评

上述案例中，骗子利用王某遗失的手机中存储的信息，轻松得到与其家长联系的方式，继而利用家长救女心切的心理，骗取钱财。手机失窃，个人信息保护不当是造成被骗的主要原因。

提示

20岁女大学生“离奇失踪”系电信诈骗
来源：上海卫视

(1)注意保护好个人及家庭的信息，诸如记载有个人姓名、联系方式的同学录、求职简历、身份证件等。

(2)大学生要多与家人联系，应将自己的辅导员、关系密切的同学的情况和联系方式告知家长，以备家长紧急时使用。

(3)将此类骗局告诉家长，提醒家长若收到类似电话，应与学校联系，不能轻信陌生人，更不要急于汇款，以防被骗。

链接

《中华人民共和国刑法》第二百六十六条规定　诈骗公私财物，数额较大的，处三年以下有期徒刑、拘役或者管制，并处或者单处罚金；数额巨大或者有其他严重情节的，处三年以上十年以下有期徒刑，并处罚金；数额特别巨大或者有其他特别严重情节的，处十年以上有期徒刑或者无期徒刑，并处罚金或者没收财产。

四、防“借用”银行卡行骗

利用银行卡骗取钱财，是近年来诈骗分子常用的新手段。犯罪分子屡屡使用手机、银行卡行骗，一旦诈骗成功，就将手机卡、银行卡丢弃或销毁，往往很难查获。

笔记

案例

某大学女生李某在学校附近的大街上，被两名陌生男子拦住，其中一名男子对李某说："我们是上海××大学学生，来这边旅游，带的银行卡被取款机吞了，想借用一下你的银行卡，让家人把钱打到你的卡上，我们再取出来。"李某见他们的态度挺诚恳，便同意将自己的银行卡借给他们。其中一名男子借用李某的手机给家里联系，让家人往李某的银行卡里打两万元钱。随后，三人到了附近自动取款机处取款，钱没打到卡上。之后，该男子拿着李某的银行卡，到马路对面的公用电话亭打了个电话，回来后对李某说："两万元钱已打到你卡上了，但今天取不出来，明天8点咱们还在这里见面，我再取钱。"说完便把银行卡还给了李某。临走时，该男子还说："我们两个手机都没有电了，把你的手机借我用一下，明早见面时再还给你，银行卡在你的手里，里面有我的两万元钱，你不用担心。"李某想帮人就帮到底吧，就把手机借给他们了。回到学校后，李某将此事告诉了室友，室友提醒她当心受骗。李某找了个自动取款机查询，结果密码不对。李某这才发现，自己的银行卡被调包了。她赶紧到银行去查询，发现自己卡里的2200多元钱只剩下40余元，而她的手机也被骗走了。

点评

上述案例是一起典型的假冒大学生诈骗大学生的案件。骗子花言巧语，以遇到困难求助为借口，利用同学们的善良之心，同情之举，诈骗钱财。这类案件在每学期开学之际和新生到校之初发生较多。有的同学被骗以后，还以为自己做了乐于助人的善举，希望骗子能将钱物归还，最终都石沉大海。

提示

(1)遇到陌生人搭讪求助要格外提高警惕，防止被骗子的谎言所骗。
(2)不要将手机和银行卡借给陌生人使用。
(3)遇到可疑人，要及时报告学校保卫部门或公安机关。

链接

骗子诈骗大学生的常用伎俩如下所述。

笔记

(1)卖二手电脑(主要是手提式电脑),与实际价值不符。

(2)冒充教师、医生等,谎称学生受重伤或出车祸急需用钱,诈骗家长的钱财。

(3)冒充学校教师强迫学生购买劣质学习用品。

(4)借银行卡转账调包。

(5)故意丢钱包作诱饵引人上钩,骗取、抢夺钱财。

(6)利用手机短信中奖骗取所谓"奖金税""手续费"等。

(7)利用模具手机以假换真、抵押借款、低价贱卖等方式骗取钱财。

(8)以办培训班为名,骗取培训费。

五、微信诈骗

揭秘"微传销""微商"店主揭露速富神话骗局
来源:CCTV13

随着微信在网友中走红,微信诈骗异军突起,花样繁多。以"朋友圈"为对象设计的各种诈骗手法也先后出现,越来越多的犯罪分子通过微信骗财骗色。当前微信诈骗类型有:代购诈骗、二维码诈骗、盗号诈骗、伪装诈骗、点赞诈骗和假公众账号诈骗等。

案例

从今年2月份开始,公安机关陆续接到几起微信诈骗报警,受害者均称自己遭遇了手机微信转账的骗局。经调查,民警发现这些警情有很大的相似之处,受害者均为四五十岁的店铺经营业主,且都是通过手机微信转账的方式将资金转给诈骗嫌疑人。根据受害店主反映,骗子先是假装顾客到自己店内谈买卖,商量好价钱后骗子称自己身上没有带够现金,要求手机微信转账支付。

微信圈里这8种人都是骗子
来源:CCTV4

按照通常做法,顾客支付应该是用手机扫描店主提供的手机微信二维码后完成支付。由于这一系列案件中的受害店主年龄都偏大,对手机微信支付的具体操作并不熟悉,骗子正是利用这一点,在行骗过程中首先对自己的手机微信进行操作,使手机微信生成收款二维码的界面,然后让店主用手机扫描自己的微信二维码,并由店主输入自己的密码,实际上这是店主向骗子转账付款。有些店主在完成支付后仍然不知道自己被骗,等反应过来,骗子早已离开现场。

办案民警对受害店主和目击证人进行了走访调查,并对这一系列案件一一查证,成功锁定了犯罪嫌疑人李某,并将其成功抓获。经审讯,犯罪嫌

笔记

疑人李某承认了从2月份开始先后实施了7次微信诈骗,每次少则三四百,多则一两千,共计诈骗近万元。目前,公安机关已经依法对犯罪嫌疑人李某实施刑事拘留,案件正在进一步审查中。

点评

随着通信工具和支付手段的发展进步,诈骗的手段也在不断更新。微信、支付宝等网络支付手段给我们的生活带来便利的同时,也给诈骗提供了可乘之机。上述案例就是犯罪分子利用大家在网络转账时不仔细查看的习惯实施的诈骗。同学们在利用微信进行转账的时候一定要仔细核对,同时警惕其他形式的微信诈骗。

提示

个人信息安全
来源:网易视频

(1)使用微信转账的时候一定要看清楚是付款还是收款。

(2)及时查看钱包明细。

(3)若发现上当受骗要及时向公安机关报案,并提供骗子的账号和联系电话等详细情况,以便公安机关及时开展侦查破案。

六、电话诈骗

起底“电信诈骗术”之“公检法”来电
来源:CCTV 1 3

电话诈骗就是利用电话进行诈骗的活动。电话诈骗现已蔓延全国,常见的有20种诈骗手段。在日常生活中要小心电话诈骗,遇到这类情况,要三思而后行,别轻易相信对方,如发现有诈骗嫌疑,应该立即报警。

案例

黄某接到一名自称公安局警察的人打来电话,称给黄某做“录音笔录”。这个“民警”称,有人以黄某的名义在银行开了个账户,里面有58万元存款,涉嫌洗黑钱,要把情况上报法院。之后,一名自称省里某法院工作人员的人给黄某打来电话,称为保证资金安全,黄某要把钱转到法院一审判长的账户上。听说要把钱转到一个陌生账户,黄某立即打114查询,结果发现刚才来电显示的号码的确和省里某法院的总机电话号码一样。这下,他不再迟疑,立即把90万元存款转入“审判长”的账户,并按对方要求到省里某法院门口等工作人员接待做笔录。等了几个小时没见到人的黄

治治骗子的“电话”!
来源:CCTV 1 3

笔记

某，才醒悟过来被骗了。通过了解，该法院总机只能接电话，不能外拨，但受害人不知道这个情况，骗子利用改号软件冒充有关单位的总机号码进行诈骗，这种诈骗的一个特点是，即使被骗者回拨正确的总机号码查询，也会因为不知道具体要找哪个部门，而无法核实到详细信息，让骗子有了可乘之机。

点评

此起诈骗案件就是犯罪分子利用被害人对公检法的畏惧心理，来一步一步实施诈骗。犯罪分子通过说你欠费，然后说涉及重大经济诈骗或者犯罪，进一步恐吓被害人，使被害人心理畏惧，进而完成诈骗。

提示

(1)如果当事人真的涉及经济犯罪，只能通过当地公安对其进行刑侦逮捕审查，不可能只通过电话来办案。

(2)接到自称是警察或者法院工作人员的电话不要畏惧，如有疑问要及时拨打110核实。

(3)接到要求转账的电话和短信一定要谨慎，不要贸然转账或者点击相关网址。

(4)及时关注社会新闻，加强防骗知识的学习。

第三讲 防抢劫和抢夺

抢劫和抢夺是当今社会诸多犯罪形式中危害严重、公共影响恶劣的一种暴力犯罪类型。它不仅给被害人带来了极大的身心伤害和财产损失，而更可怕的是，它不是单单针对某个人，而是针对整个社会，是对公共秩序的公然挑衅和蔑视，容易催生不安定心理，造成恐慌情绪，引发整个社会的不稳定。因此，人们对涉抢的犯罪案件总是非常关注和重视。(图6-2)

警示名言

思而后行，以免做出蠢事。因为草率的动作和言语，均是卑劣的特征。

——[古希腊]毕达哥拉斯

笔记

图 6-2　抢劫

一、防校内抢劫和抢夺

防范抢劫抢夺
来源：优酷网

近年来，大学校园抢劫和抢夺案件时有发生，使大学生的生命与财产安全遭遇严重的威胁。校园防抢，刻不容缓。

发生在大学校园的抢劫和抢夺案件，具有以下几个特点。

(1)时间：一般为师生休息或校园内夜深人静、行人稀少之时。

(2)地点：大多数发生于校园内比较偏僻、阴暗、人少的地带，一般为树林中、小山上、远离宿舍区的教学实验楼附近或无路灯的人行道、正在兴建的建筑物内。

(3)对象：多为单身行走的人员，特别是单身行走的女性，或滞留在暗处的恋爱男女。

(4)作案人：一般为校内或学校附近有劣迹的小青年，熟悉校园环境，往往结伙作案；作案时胆大妄为，作案后逃遁。有时也有外地流窜人员伺机作案。

案例

一天晚上，某高校男生李某和女生王某在学校山上一偏僻处谈恋爱，突然从林中蹿出三名男子，其中一名男子手持尖刀抵住李某的后腰，威胁他们不许喊叫，另两名男子将李某和王某身上的 800 多元现金、手机等财物洗劫一空。三名男子得手后分开逃窜。李某、王某立即大呼“抢劫”“救命”，被在附近巡逻的校卫队员听到，三名歹徒被迅速抓获。

笔记

点评

这类抢劫和抢夺案件多发生在夜间或校园内行人稀少的山林、运动场等偏僻地段,受害人多为恋人。不法分子多携带凶器作案,往往抢劫(抢夺)不成就对受害人行凶,性质恶劣,危害性极大。本案中,李某、王某之所以被劫,关键还是他们缺乏安全防范意识,夜深时跑到偏僻的山上谈恋爱,为犯罪分子实施抢劫提供了条件。同学们要明白:可以独处的地段,往往也是没有人提供帮助的地段,为一时欢愉,可能导致终身遗憾,甚至是无法弥补的损失。

提示

(1)深夜尽量不要单独出行,特别是女生,外出时最好结伴而行,或者携带防卫工具。

(2)夜间行走时尽量在有人、有灯光的地方走。发现可疑人员跟踪时不要害怕,可以大声呼叫同学、老师的名字。

(3)不要外露或向人炫耀随身携带的贵重物品,外出不要携带过多现金和贵重物品,必须携带时,应请同学随行。

(4)夜间单身行走时不要显露过于胆怯的神情。

(5)不要独自到行人稀少、阴暗、偏僻的地方逗留。

(6)遭遇抢劫(抢夺)要及时报警。

链接

大学生遭遇抢劫(抢夺)时应该采取以下措施。

(1)沉着冷静不恐慌:无论何时遭抢劫,首先,要保持镇定,克服畏惧、恐慌情绪;其次,要有正义必然战胜邪恶的信念。

(2)力量悬殊不蛮干:不法分子抢劫(抢夺)作案,一般都做了相应准备,要么人多势众,要么以凶器相逼,有的同学由于生性刚烈,往往鲁莽行事,易被犯罪分子所伤害。

(3)快速撤离不犹豫:俗话说“三十六计走为上”,同学们如遭遇抢劫,对比双方力量,感到无法抗衡时,可看准时机向有灯光或人员集中的地方快速奔跑,不法分子由于心虚,一般不会穷追不舍。

(4)巧妙周旋不畏缩:当同学们已处于不法分子的控制之下无法反抗时,可先交出部分财物缓和气氛,再理直气壮地向作案人进行法制宣传或晓以利害,在其心理开始动摇放松警惕时,看准机会反抗或逃脱。

笔记

(5)留下印记不放过:同学们一旦遭遇抢劫(抢夺),要注意观察作案人,尽量准确地记下其特征,如身高、年龄、发型、体态、衣着、胡须、特殊疤痕、语言及行为等,还可趁其不注意在作案人身上留下暗记,如衣服上擦血迹等,便于向公安机关侦破案件提供线索。

(6)大声呼救不胆怯:不法分子有其胆大妄为和凶悍的一面,更有其心虚的一面,只要同学们把握机会,及时呼救,一些抢劫案便可以得到有效的控制。

二、防校外抢劫和抢夺

相对而言,校园外遭遇抢劫(抢夺),可防、可控的程度较低。因此,了解和掌握一些必要的防抢技巧,对于保护大学生的人身、财产安全具有更现实的意义。

案例

某高校学生彭某从网吧回学校时,在学校南门外被四名男子拦住去路。他们称:“我们老大是不是被你打了? 走,跟我们回去说清楚!”彭某辩称根本不知道对方老大是谁,但被四人强行拖上停在路边的一辆面包车,劫持至一河边。四名男子要彭某交出随身携带的手机、银行卡等物,并逼迫其说出银行卡密码。随后,以核对密码为由,取走卡内现金4000余元。为防止彭某报警,劫匪还逼其脱光衣服,将彭某丢在河边扬长而去。此案很快被公安机关侦破。原来四名犯罪分子均喜好上网并吸毒,在网吧他们就盯上了彭某。

点评

上述案例中,犯罪嫌疑人利用开学前大学生携款返校之机作案,先在网吧盯上彭某,然后随口编造一个谎言,将其带入偏僻地带实施抢劫。大学生出门在外,一定要保持高度的警惕性,遇到类似谎言、骗局时,切不可随陌生人进入偏僻地带,要及时呼救。

提示

(1)独自一人外出时,要妥善保管自己的随身物品,提高警惕,留意是否有可疑人员跟踪;若到偏僻场所,最好结伴而行。

(2)只要有可能,就大声呼救,或故意高声与作案人说话。

(3)不要把手机挂在胸前,夜间行走不要边走边打电话,背着包时最好在与车行相反方向的人行道上走路;骑自行车时不要把贵重物品放在车篓

笔记

里，防止不法分子将铁丝缠住后轮，待你回头看时，趁机抢走物品。(图 6-3)

图 6-3 “飞车”抢劫

(4)当遇到陌生女子引诱你或是请你到某一娱乐场所玩耍时，切勿随意跟去。

(5)外出时不要轻易和陌生人交谈，不能随便饮用陌生人提供的饮料、抽陌生人递过来的香烟、吃陌生人的食物。

(6)到银行存取款时，要注意观察周围有无可疑人员尾随；提取大额现金最好约请同学做伴；遇有紧急情况应向警察、路人或拨打 110 求救。

★链接

《中华人民共和国刑法》第二百六十三条　以暴力、胁迫或者其他方法抢劫财物的，处三年以上十年以下有期徒刑，并处罚金；有下列情形之一的，处十年以上有期徒刑、无期徒刑或者死刑，并处罚金或者没收财产：

(一)入户抢劫的；

(二)在公共交通工具上抢劫的；

(三)抢劫银行或者其他金融机构的；

(四)多次抢劫或者抢劫数额巨大的；

(五)抢劫致人重伤、死亡的；

(六)冒充军警人员抢劫的；

(七)持枪抢劫的；

(八)抢劫军用物资或者抢险、救灾、救济物资的。

《中华人民共和国治安管理处罚法》第四十九条　盗窃、诈骗、哄抢、抢夺、敲诈勒索或者故意损毁公私财物的，处五日以上十日以下拘留，可以并处五百元以下罚款；情节较重的，处十日以上十五日以下拘留，可以并处一千元以下罚款。

三、防身自卫

为了使国家、公共利益、本人或者他人的人身财产和其他权利免受正在进行的不法侵害,而采取的制止不法侵害的行为,为正当防卫。在正当防卫中,对不法侵害人造成伤害的,不负刑事责任;正当防卫明显超过必要限度造成重大损害的,应当负刑事责任,但是应当减轻或者免除处罚。

笔记

案例

一天晚上,某高校学生田某从同学家归来,路过一条偏僻的胡同时,从胡同口跳出一个持刀青年黄某。黄某用刀逼着田某交出钱和手机。田某扭头就跑,结果跑进了死胡同,而黄某持刀紧随其后,慌乱、害怕中,田某拿起墙角的一根木棒,向黄某挥去,黄某应声倒下。田某立即向派出所投案,后经查验,黄某已死亡。

点评

在本案例中,学生田某路遇黄某持刀抢劫,且在田某逃跑时,黄某持刀紧追,性质恶劣。田某跑进死胡同,黄某步步紧逼,其举动已威胁到田某的生命安全,田某正当防卫的客观条件已经具备。田某借助墙角的木棒挥打,不慎将黄某打死,应属于正当防卫。

提示

正当防卫必须同时符合如下四个条件。

(1)必须是在为了使国家、公共利益、本人或者他人的合法权利免受不法侵害时。

(2)必须是在不法侵害正在进行时。

(3)必须是对不法侵害者本人实施防卫,而不能对无关的第三者实施。

(4)正当防卫不能超过必要的限度,造成不应有的损害。

链接

《中华人民共和国刑法》第二十条第三款　对正在进行行凶、杀人、抢劫、强奸、绑架以及其他严重危及人身安全的暴力犯罪,采取防卫行为、造成不法侵害人死亡的,不属于防卫过当,不负刑事责任。

笔记

专题七 网络安全

随着网络技术的飞速发展，人类进入了一个信息时代。网络是一把双刃剑，一方面，网络为大学生的学习和娱乐生活提供了丰富的资源；另一方面，网络也产生了一些不可忽视的消极影响，如使一部分大学生沉迷于网络游戏，有的甚至进行网上诈骗、非法交易，最后滑向了犯罪的深渊。如何让大学生既能有效地利用网络获取信息，又能避免负面影响，是大学生安全教育的一个重要方面。

警示名言

习惯不加以抑制，不久它就会变成你生活上的必需品了。

——[古罗马]奥古斯丁

第一讲 正确应用网络

一、不要沉迷于网络

大学生由于迷恋网络所产生的一系列问题，已经成为教育界乃至全社会共同关注的问题。少数学生在进入大学以后，失去了奋斗的目标，缺乏学习的动力，把大量的时间和精力投入到虚拟的网络世界里。

案例

某高校学生唐某，上午上完课后，顾不上吃饭，就与同学一起去网吧玩游戏。玩到下午4时30分左右，唐某突然感到头疼，于是就走出网吧，到外面呼吸新鲜空气，几分钟后他回到网吧，关机后离开。5分钟后，唐某的同学走出网

笔记

吧时，发现他靠在网吧的墙上半躺着，赶紧将其送往校医院。由于病情严重，唐某被转到广州军区武汉总医院救治时，已深度昏迷，瞳孔散大，经紧急抢救无效，被确诊为脑死亡。据专家介绍，从其症状及体征来分析，头颅内大面积出血原因可能为先天性脑动脉瘤破裂。在上网游戏过程中，由于情绪过于紧张，头颅内血管压力增高，从而引起脑动脉瘤破裂，头颅内大面积脑出血。

17岁高中生沉迷网络游戏父母劝阻遭砍杀
来源：上海卫视

点评

唐某在连续上了四节课、中午又没有吃饭的情况下，连续上网玩游戏四个小时，身体处于极度疲劳、饥饿和缺水状态，加上网络游戏引起的情绪紧张和极度兴奋，导致血压升高，引起脑部动脉瘤破裂，抢救无效而死亡。悲剧的发生一方面是由于唐某存在先天性的疾病；另一方面则是因为他对长时间上网给人的身心健康带来的危害性认识不足，只知道享受上网给自己带来的乐趣，却忽略了对自身健康的保护。

提示

有些学生喜欢长时间泡在网吧，甚至连续通宵上网，长时间不吃不喝，这样容易造成身体严重脱水，加上饥饿、疲劳、精神极度兴奋，以及空气中缺氧，易发生晕倒甚至猝死。在此提醒大家一定要爱惜自己的身体，养成健康的生活习惯。

链接

如果你符合以下其中的四个标准，即为“网络成瘾”，需要进行矫治。

(1)沉溺于互联网(头脑中一直浮现和网络有关的事，回忆上一次上网或期待下一次上网)。

(2)要花更多的时间上网才能满足。

(3)曾经努力过多次想控制、减少或停止上网，但没有成功。

(4)当想要减少或是停止上网时，便感到沮丧、心情低落或是容易发脾气，产生消极的情绪和不良的生理反应。

(5)花费在上网的时间比原定时间要长。

(6)为了上网而不顾人际关系、工作、学习，工作机会面临危险或已造成负面影响。

(7)对家人、朋友或心理咨询人员通过撒谎来隐瞒涉入网络的程度。

(8)将上网作为逃避问题和排遣消极情绪(如无助、罪恶感、焦虑或沮丧)的一种方式。

笔记

二、抵制网络不良信息

大学生好奇心强，容易接受一些新观念，但又涉世不深，缺乏必要的辨别能力。互联网上存在大量不良信息，大学生往往容易受到网上各种不良信息的侵袭，走向违法犯罪。根据公安机关的初步统计，被抓获的青少年罪犯当中，有近80%的人曾受到网络不良信息的诱惑，他们或者因沉迷于网络，或者受到网络黄色信息的侵蚀，从而进行诈骗、强奸、抢劫、抢夺等犯罪行为。

案例

某地警方接到报案，三个蒙面歹徒盗走鞋厂仓库中48双运动鞋。两天后，一村民驾驶一辆摩托车经过一偏僻处时，被三个身着迷彩服、头套布罩帽的蒙面持刀劫匪抢走摩托车及随身携带的手机一部。半月后的一个凌晨，林某在某学校四楼校舍内遭遇两名蒙面持刀歹徒，被抢走手机一部、现金90元和一张银行卡。……短短不到两月，警方接二连三地接到此类报案。警方经过分析发现，近十起案件都是蒙面歹徒所为，装束都是身着迷彩服，头套布罩帽，手持自制钢刀、木棍、绳子等工具，年龄、体态特征及作案手段均有相同点。经侦破，作案人为当地某高校四名在校大学生。他们几个人都嗜网如命，特别对暴力枪杀游戏情有独钟。虽说是在学校念书，但大部分时间是在网吧中度过的。他们模仿网络游戏里的暴力抢劫，手持自制钢刀、木棍及绳子等工具，在不到两个月的时间里，蒙面盗窃及入室抢劫作案近十起，涉案金额达5万元。

点评

上述案例中的四名大学生，长期沉溺于暴力枪杀的网络游戏，受到网络游戏中暴力枪杀内容的影响，模仿其中的情节，多次实施盗窃和入室抢劫，构成了犯罪，不仅给社会造成了危害，也彻底毁掉了自己的前程。由此可见，网络暴力游戏的危害性极大，我们应坚决抵制并远离网络不良信息。

提示

(1)树立正确的人生观、价值观，提高分辨能力，分清是非、对错和美丑。

(2)遵守社会公德、公民道德基本规范以及《全国青少年网络文明公约》，自觉规范个人网络行为。

(3)学习、掌握国家的法律法规，增强自身法制观念。

(4)加强道德修养，提高自律能力，抵制不良信息的消极影响。

笔记

(5)不登录不良网站,要选择官方的、大型的、内容健康的网站。

(6)远离暴力、色情等内容不健康的信息与游戏。

(7)为个人计算机安装不良信息过滤软件,将不良信息拒之门外。

(8)丰富自己的课余生活,培养积极健康的爱好。

(9)在网上发现不良信息或收到垃圾邮件可向违法和不良信息举报中心举报,也可点击网站上设置的虚拟警察,向公安网监部门举报,共同维护健康的网络环境。

链接

于某喜欢看网络小说,但对其内容却不加以分辨,受不健康小说的影响,模仿其中的不良情节进行诈骗。一天,于某通过网络认识了在小商品批发市场做服装生意的丁某,并通过丁某认识了同在该市场做生意的刘某。当得知刘某是专门从事胶带生意后,于某谎称自己是当地某知名酒厂的采购人员,近期正准备采购大量胶带。刘某见有生意上门,便主动与于某洽谈,两人很快达成协议。见刘某像小说中描写的那样主动上钩,于某心中很是高兴。两天后,他故弄玄虚,一直不给刘某回音,并利用丁某向刘某表达出自己不愿做这笔生意,因为另有一家批发商已答应给他10%提成的想法。刘某得知后很是着急,主动找上门来,答应可以给于某同样的提成。于某又故作为难,称只能给刘某一小部分,并要先付7000元提成,刘某当场答应,给了他3000元钱。事后,刘某总感觉这笔生意有点奇怪,便到这家酒厂打听于某的情况。当得知酒厂并无此人时,刘某才知道上当受骗了,赶紧到公安机关报案。第二天,当于某拿着打印的假购销合同过来领取剩余的提成款时,被守候的民警抓获。

第二讲　预防网络犯罪

一、网络言论不容触犯法律

作为现代社会传播媒介的网络空间,它给人们带来了更广泛的信息交流空间,人们可以通过网络交流思想获取知识信息,得到娱乐,开展电子商务活动。但虚拟的网络世界并不虚幻,胡作非为、任意侮辱或攻击他人,轻则伤感情,不利于和谐社会的创建,重则要承担法律责任。

笔记

警示名言

爱所有人，信任少许人，勿伤任何人。

——［英］莎士比亚

案例

曾有一篇“北大女生自称被州长（地级市）、州委副书记、全国人大代表强奸”的帖子在网上广泛流传。根据该帖子，该女生称其在某自治州的一个县城被强行与某州长发生了关系。该帖在各大网站被转载，该州县的有关媒体对此事进行了追踪报道。州长夫人则对帖子的内容进行了辟谣。

划定网络言论法律边界
来源：酷六网

其实，就在该帖现身网络的当天，海淀警方就接到女生赵某的报案。赵某告诉警察，她在其男友陈某的胁迫下写下了被强奸的内容，然后陈某将这些内容发布网上。经过调查，在网上发帖的网民就是赵某的男友——陈某。陈某今年28岁，是北京某大学三年级学生，因不满赵某提出分手的要求，胁迫赵某以第一人称写下被自治州某官员强奸的虚假内容并在网上发布。很快，民警将嫌疑人陈某抓获。经审问，陈某对上网发帖诽谤泄私愤一事供认不讳。

点评

在互联网上人们可以匿名发表言论，别人很难知道其真实身份。因此，许多人在网上发表言论时显得无所顾忌，颇为自由。这些案例说明，网络并不是一个为所欲为的纯自由虚拟空间，它同样要受到现实社会法律的约束。

有人简单地认为：匿名发表攻击他人的言论，往往会比较“安全”。有的人会肆意发表一些偏激、低俗、反动的言论。殊不知，这不仅造成了网络环境的恶化，更会触犯法律。作为大学生，我们应该具有基本的明辨是非的能力，把握好言论自由的尺度。

提示

要实现文明的、符合法规的言论自由需注意以下几点。

(1)言论要保持政治立场。任何时候都不要散布有损于党和国家形象

笔记

的言论。言论应该从大局出发,从国家的利益出发,保持鲜明的政治立场。

(2)对社会负责。不可否认,任何人都有发表意见的权利,但意见的发表会“扰乱法律所规定的公共秩序”时,应加以规避或制止。因为在扰乱法律所规定的公共秩序的同时,也就侵害了所有人的自由和安全。

(3)不伤害他人。的确,言论自由是要保障的,但这种自由绝对不能建立在损害他人感情的基础上。如果有人以肮脏的文字,以道听途说的下流语言,侮辱他人,这在法律上是不允许的。

(4)慎言是一种修养。作为大学生,一定要管理好自己的情绪。有不满、有怨言也不要随意地宣泄。网络作为一个公众言论平台,随意发表言论,在不经意中可能会造成不良影响。所以,发表言论谨慎为好。

在生活中,即使是用引用事实的报道进行批评,如果评论的言辞激烈的程度超出社会公认的道德准则或者违反法律规定,就不再是正当的舆论而是侮辱他人人格的行为,就构成了对他人名誉权的侵害。

链接

《中华人民共和国民法通则》规定,公民、法人享有名誉权,公民的人格尊严受到法律保护,禁止用侮辱、诽谤等方式损害公民、法人的名誉。

全国人大常委会在《关于维护互联网安全的决定》第四条第一款中规定,“为了保护个人、法人和其他组织的人身、财产等合法权利,利用互联网侮辱他人或者捏造事实诽谤他人,构成犯罪的。依照刑法有关规定追究刑事责任。”同时在第六条中还规定:“利用互联网侵犯他人合法权益,构成民事侵权的,依法承担民事责任。”

二、提防网络黑客

作为一名经常与网络打交道的大学生,应该懂得一些基本的网络安全常识,防止不法分子非法侵入计算机系统,窥探隐私,盗取个人信息和重要资料,进行不法活动,给自己造成损失。(图 7-1)

案例

孟某大学毕业后从事软件开发工作。一次,孟某登录了一个黑客论坛,在那里发现了一款名为“灰鸽子”的木马程序和几个“黑客”软件。他下载、安装后,通过“木马”远程控制了 15 台计算机。被孟某用“木马”入侵的计算机,在上网时都处于被其“监控”的状态,不仅文件可以任意浏览,就连操作过程也能被他一一发现。一天,孟某在对别人电脑“监控”时,看到一台计算

笔记

机正在登录网上银行,账户余额竟然有 19 万元。于是孟某动了把这笔钱据为己有的贪念,没来得及细想,他马上启动木马程序获取了对方的账号、密码。他先做了一些"准备工作":冒用别人的身份,去银行开了账户方便同行转账,并把与被害人网银账户配套的"认证证书"弄到手。很快,在家中上网的他顺利地登录了那名用户的网上银行账户,一口气进行了 10 笔共 14 万余元的转账。第二天上午再次进入该账户,发现其中竟然还有 16 336.62 元余额后,又设法转出了 16 300 元,只在账户里剩下了 36.62 元。最终,他因涉嫌盗窃被警方刑事拘留。

图 7-1 网络黑客盗窃

点评

孟某以非法占有为目的,利用网络实施了秘密窃取他人数额较大财物的行为,属于《中华人民共和国刑法》第二百八十七条规定的"利用计算机实施金融诈骗、盗窃、贪污、挪用公款、窃取国家秘密或者其他犯罪"的情形,其行为构成盗窃罪。

通过本案,我们可以得出以下经验教训:首先,登录网上银行,一定要保证所使用的计算机安装有升级过的杀毒软件及防火墙系统,并且经过检查确认计算机内不存在木马病毒,系统也不存在任何安全漏洞。其次,要保管好个人的重要信息,可以加密的尽量加密后保存,有些资料最好不要直接保存在计算机里,可保存在专用的 U 盘或移动硬盘上。针对日益增多的网络犯罪,我们应该提高警惕,增强个人网络安全防范意识。

提示

(1)掌握必要的网络安全防范知识,提高防范意识。

笔记

(2)个人计算机要安装正版杀毒软件和防火墙,并及时升级。

(3)要经常检查系统安全漏洞,及时给漏洞打上补丁。

(4)不登录可疑网站,不打开不明电子邮件,不要点击不明邮件中的链接。

(5)聊天信息中的链接,要先向好友确认,以防感染病毒。

(6)网上下载的文件经过杀毒扫描后再打开。

(7)将重要的文件和资料集中起来,伪装后加密保存。

(8)计算机操作过程中及上网过程中产生的历史记录等要及时清理。

(9)网上个人密码的设置不要太过简单,并且要经常更换。

(10)不要随便在网上下载免费软件,可能会带有病毒或木马程序。如要下载尽量到官方网站下载。

(11)摄像头不用时最好断开与计算机的连接,计算机关掉后要断掉电源,以防被"黑客"或非法安装的自动程序打开。

(12)发现有"黑客"入侵或被远程控制,应及时向公安机关报案。

链接

《中华人民共和国治安管理处罚法》第二十九条　有下列行为之一的,处五日以下拘留;情节较重的,处五日以上十日以下拘留:

(一)违反国家规定,侵入计算机信息系统,造成危害的;

(二)违反国家规定,对计算机信息系统功能进行删除、修改、增加、干扰,造成计算机信息系统不能正常运行的;

(三)违反国家规定,对计算机信息系统中存储、处理、传输的数据和应用程序进行删除、修改、增加的;

(四)故意制作、传播计算机病毒等破坏性程序,影响计算机信息系统正常运行的。

三、谨防网络伤害

通过网络侵犯他人人身权的行为主要有:使用侮辱或诽谤的手段侵犯、贬损他人人格,毁坏他人名誉;通过网络偷拍、偷录或散布他人隐私,以及非法截获、篡改、删除他人电子邮件或者其他数据资料,侵犯公民通信自由和通信秘密等。因此,我们在使用网络的同时,也要懂得采取一些相应的措施,了解一些相关法律,以避免或减少自己受到网络伤害。与此同时,自己也要做到不利用网络去伤害他人。

笔记

案例

某高校大三女生小玲和往常一样进入了某同城约会网站，还没聊上几分钟，一个网名为“我在等待”的网友要加她聊天。刚开始，小玲只是把他当作一个普通网友，在双方进行简单的自我介绍后，“我在等待”称要看看小玲的真面目，小玲就把视频打开了。视频打开后，“我在等待”一个劲地夸小玲长得漂亮。双方聊了对方的家庭、各自的工作情况、彼此的爱情观和择偶观，最后还互留了联系电话。没过几天，一个朋友告诉她，她的照片被挂在激情网站上做模特了。当她打开那家网站时，发现自己的照片和其他一些性感女孩的照片放在一起。所有照片上面都写着：“想和她们聊天吗？注册成会员你就可以知道她们的联系方式了。”小玲又气又恼，仔细一看照片，才想起照片上的姿势正是她上次和“我在等待”视频聊天时的姿势。

点评

上述案例中，小玲在网上聊天时，轻易与陌生网友视频，之后又经不住该网友的花言巧语，丧失了应有的警觉性，将个人的联系电话留给了对方。然而，她却没有料到，就在她与网友视频聊天的过程中，已被对方不知不觉截图，并且该网友还将视频截图连同她留下的联系电话，一并挂在了某激情网站上。小玲在受到精神伤害的同时，也为自己的轻率付出了代价。

提示

(1)不在网上随便透露个人信息，如真实姓名、就读的学校和班级、家庭住址及联系电话等。

(2)不向陌生人发送自己的照片，不与陌生人视频聊天，以免照片或视频截图被用于非法目的，给自己造成不必要的伤害。如果发现照片或视频截图被非法利用，应立即向网监部门报警，以免影响进一步扩大。

(3)不要在网上说过激的语言，避免与人发生冲突。

(4)如果有人在网上对你进行侮辱、谩骂，直接向公安网监部门投诉。如果是指名道姓地对你进行谩骂与侮辱，你可以保留证据，向人民法院提起诉讼。

链接

《中华人民共和国治安管理处罚法》第四十二条　有下列行为之一的，处五日以下拘留或者五百元以下罚款；情节较重的，处五日以上十日以下拘留，可以并处五百元以下罚款：

笔记

（一）写恐吓信或者以其他方法威胁他人人身安全的；

（二）公然侮辱他人或者捏造事实诽谤他人的；

（三）捏造事实诬告陷害他人，企图使他人受到刑事追究或者受到治安管理处罚的；

（四）对证人及其近亲属进行威胁、侮辱、殴打或者打击报复的；

（五）多次发送淫秽、侮辱、恐吓或者其他信息，干扰他人正常生活的；

（六）偷窥、偷拍、窃听、散布他人隐私的。

第三讲　校　园　贷

一、认清校园贷

校园贷，又称校园网贷，是指一些网络贷款平台面向在校大学生开展的贷款业务。校园贷通常分为三种：一是专门针对大学生的分期购物平台，如趣分期、任分期等；二是P2P贷款平台，用于大学生助学和创业，如投投贷、名校贷等；三是阿里、京东、淘宝等传统电商平台提供的信贷服务。

校园裸贷
来源：优酷网

案例

大学生陈某通过分期购买了一台笔记本电脑后又决定卖洗护用品挣钱。由于缺少本钱，她便在网上搜到的分期付款平台借了4000元。但是生意并不顺利，她每个月要还的贷款也没了着落。几个月后，4000元的借款到期了，为了还钱，陈某想到的唯一办法是再借钱。通过网友介绍，陈某在一个借款平台上结识了网友周某。周某表示，可以借给陈某4000元，但一周后要归还5000元。此时的陈某已经是病急乱投医，当即答应了。

一个星期很快过去，陈某的洗护用品没能卖掉，她没钱还账。此时，周某打电话催促陈某还钱，并表示如果不还钱，就告诉她父母。陈某称自己实在还不上钱。周某表示，如果陈某愿意提供一段不雅视频给他，就可以延期还款。在收到陈某三分钟的不雅视频之后，周某就将还款期延长了4个星期。不过，到期的还款金额不是5000元而是12 000元。

到了还款日，陈某依旧没钱。这时，周某推荐了两个网上借款平台给陈某。据陈某反映，她从这两个借款平台借到的7000元全部还给了周某。剩

笔记

下的5000元，周某也一直催要，并表示如果不还钱，就必须再发一段不雅视频，并且告诉陈某，若她不发视频，就把上次的不雅视频发给陈某的家人和同学。为了逼陈某就范，周某还表示，如果迟发不雅视频，每分钟罚息200元。就这样，10分钟后，陈某的欠款已经变成了7000元。无奈之下，她只得再次录制不雅视频。掌握陈某的把柄后，周某得寸进尺，他要求陈某每周还2000元利息，直到连本带利将7000元还清。自此之后，陈某已经完全被周某掌握。为了还钱，她不得不通过其他渠道借钱，而大部分钱也是通过抵押自己的裸照和不雅视频借来的。一直到案发前，陈某已经通过多人进行“裸贷”，连自己究竟要还多少钱都已经搞不清了。

点评

陈某在接触周某后，是周某推荐其他的借款人和她相识，进而让其“拆东墙补西墙”。这一举动，其实就是让陈某越陷越深，从而更易被不法分子操控。而债主使用裸照、不雅视频逼迫还款的行为，已经涉嫌敲诈勒索。

提示

(1)大学生要增强法律意识，如果自己的权利受到侵害，要勇于使用法律武器维权。

(2)“裸贷”正在成为一条灰色产业链，大学生要主动远离，洁身自好。

(3)一旦因借款遇到麻烦，要第一时间告知家长、老师，并报警求助。

(4)要加强自我保护意识，不轻易向陌生人透露个人信息。

二、警惕校园网络借贷陷阱

警惕校园不良网络借贷陷阱
来源：上海卫视

申请便利、手续简单、放款迅速的网络贷款，在给大学生带来短暂的便利之后，却让他们陷入难以自拔的泥沼之中。在互联网不断嵌入日常生活的当下，网络贷款把大学校园变成了一块巨大的利益蛋糕。围绕着网络贷款，已形成一条较为完整的利益链。

案例

大学生小陆在QQ空间发了一条留言，称自己找同学借的90多万元，因自己沉迷赌博全部输光了，他只好一死了之。突如其来的消息在小陆的亲朋好友间传开后，炸开了锅。根据大家统计，小陆分别以倒卖手机和演唱会门票、分期套现转卖等理由，找上百人借款，单笔数额从一两千元到30万元不等，总额达到160多万元。小陆家境不错，平时的生活比一般的大学生奢侈许多。正因为看到小陆出手阔绰，相信他赚钱有方，不少同学从各个借贷平台上借来钱款，交给小陆打理。小沈就是其中的一个。他表示，自己一个月生活费也就1200元，平时也攒不下钱，小陆便让他从网络贷款平台，分期贷款出来。

起初，每到还款时，小陆都会按时打钱给小沈，直到得知小陆的死讯，小沈慌了神，他通过各个网贷平台前前后后借了将近30万元给小陆。如今这些在网贷平台上欠下的钱如何归还，就成了大问题。无独有偶，今年3月，某学校的大学生郑某以28名同学之名网络贷款58.95万元，用于赌球遭失败，最终不堪压力走上绝路，结束了自己21岁的生命。

点评

校园不良网络借贷平台就是利用学生超前消费、过度消费和从众消费等错误观念，使得借贷的学生身陷债务漩涡。作为大学生，要区分正常的银行借贷和网络借贷平台，也要坚决同那些高额利息的小广告说“不”。

提示

（1）大学生要树立正确的消费观念，懂得量力而行，不要为了自己不切实际的消费而盲目借款，不做拜金主义者。

（2）积极学习基础的金融知识，提高自己的“财商”。

（3）要警惕校园不良借贷陷阱，要坚决向那些高额借贷的陷阱说不，增强风险意识。

笔记

专题八

心理健康教育

大学生作为社会的一个特殊群体，人生观和世界观尚未成熟，心理、情绪波动较大，而对生活、环境、人生、理想、现实等问题，许多学生因为苦无良策或处理不当，而陷入痛苦、焦虑、失望和困惑之中，有的甚至表现出激烈或异常的行为，如果处理不当，对大学生的心理健康难免会造成不良的后果。所以，如何使大学生们避免或消除上述种种心理问题或心理障碍已成为大家共同关注的问题。

警示名言

尊重生命，尊重他人，也尊重自己的生命，是生命进程中的伴随物，也是心理健康的一个条件。

——[德]弗洛姆

第一讲　大学生常见的心理疾病

一、正确应对挫折

大学生初出茅庐，涉世不深，在以往的成长过程中，顺境多，逆境少，成就感强，挫折体验少，绝大多数学生没有经历过人生大风大浪的洗礼，生活阅历浅，对可能遇到的挫折缺乏心理准备，对挫折的承受能力和应对力都比较弱。美国著名的心理学家马斯洛曾经说过："一个人面临危机的时候，如果你把握了机会，你就成长。如果你放弃了这个机会，你就退化。"所谓把握机会，就是突破困境，战胜挫折，不断促使目标的实现。而人们要想把握机会，首先一定要具有较强的挫折承受力。

挫折，可能是一座埋葬弱者的坟墓，使人在成才的道路上夭折；挫折，也可能是磨炼强者的火炉，使人百炼成钢，登上成功的巅峰！

笔记

案例

某高校大一学生小赵，为人诚恳，学习努力，热心助人，同学一有困难他就主动帮忙，刚进大学就担任该班班长职务。进入第二学期了，按照班规，班长职务要重新选举。小赵很想继续担任，于是他将自己的想法告诉了同宿舍好友即团支部书记小陈。小陈听后拍着胸脯对他说："这事包在我身上，我为你在班上拉拉选票。"一周以后，选举开始了，可他最要好的朋友小陈根本没有为他拉选票，反而说服大家选自己当班长。于是，小赵感到被愚弄和欺骗了，非常气愤和恼怒，与小陈断绝了朋友关系，并一直想伺机报复。一天，小赵趁宿舍没有人，将小陈的笔记本电脑砸烂并扔到了卫生间的垃圾桶里。此事被其他同学发现后，小赵受到了学校的严厉处罚。

点评

上述案例中，我们姑且不论团支部书记小陈为人和行事的是非，单就小赵选班长不成功便砸人家笔记本电脑之事就可以感到，一些大学生缺乏应对挫折的能力，心理承受能力很弱，挫折没能磨炼其意志，反而逼其做出了过激行为，实在令人惋惜。

没有挫折就没有成长。大学生在成长过程中，必定会遇到各种挫折，这种挫折在给人带来巨大心理压力的同时，也给人带来了成长的契机。大学生只有在承受和克服挫折的努力中，才能发现自身的不足，进而发挥潜力，学习新的技能，逐步完善自我。

提示

为提高自己的挫折承受力和意志力，应从以下方面做起。

(1)树立正确的挫折观。

(2)积极投身实践活动，不断磨炼意志。

(3)掌握必要的心理调适方法。

(4)建立和谐的人际关系。

链接

一般而言，大学生容易遭遇的挫折主要来自以下几个方面。

一是成绩方面，没有考上理想的大学，学习成绩总达不到理想的目标等。

笔记

二是自尊方面，自认为常常受到轻视，自我感觉良好，但总评不上先进等。

三是恋爱方面，单相思、失恋、追求对方却被拒绝等。

四是人缘方面，由于固执等性格方面的原因，总是得不到他人的理解，老师和同学都不喜欢，常常受到他人的批评、排斥和讽刺，总是孤独等。

五是理想和愿望方面，理想和愿望总得不到实现和他人的支持，自己的追求总是受到许多的限制等。

其实，挫折是现实生活中普遍存在的一种客观现象，它不但妨碍每个人的学业、事业的发展，更妨碍每个人的身心健康。因此，在挫折面前要发挥正常人的心态，做到面对挫折、防范挫折和战胜挫折。

二、克服嫉妒心理

嫉妒，是对别人的优势所产生的以心怀不满为特征的不悦、自惭、怨恨、恼怒，甚至带有破坏性的一种负面感情。嫉妒作为感情范畴中的一种心理现象，反映了客观事物与人的需要之间的关系。当人的需要得到满足时，就会引起积极的态度；当人的需要得不到满足时，便会引起消极的态度。嫉妒有两种表现：一种是当别人在某些方面超过自己时，便横下一条心，发愤努力，争取超过对方；另一种是当别人在某些方面超过自己时，便采取各种办法去贬低别人，甚至诬告陷害别人。羡慕别人的优势激起奋发图强的精神，努力赶上，这是积极方面，而对别人的成就和进步表示怨恨，则对人对己都会产生消极作用。

案例

某高校大学生崔某在该校51号学生宿舍楼旁边的阅报栏后受伤，他捂着脖子跑到56号学生宿舍楼求救，倒在了宿舍楼门口。宿舍管理员和学生发现后，立即拨打了120。崔某被送到医院后经抢救无效死亡，医生在死者的颈部发现一道割痕。

杀死崔某的不是别人，而是他的哥哥。崔某的哥哥刚从某高校毕业，还没有找到工作，心理压力很大。几天前他打电话向家里要钱，但父母说钱还要留着给弟弟修双学位。他很气愤，威胁父母说：“不给钱就杀死弟弟。”当晚7点多，崔某接完一个电话后，对室友说：“我哥找我，我下去一下就回来。”但崔某下楼后就再也没有回来。

笔记

点评

同胞兄弟，血浓于水。哥哥面对就业和生活的压力，不能正确排解，情绪失控，迁怒于弟弟，无端夺去了弟弟的宝贵生命，等待他的将是法律的严惩。

提示

(1)亲人、朋友、同学之间要相互尊重、相互关爱和体谅。

(2)遇到矛盾纠纷时，要冷静克制，保持理智，不要激化矛盾，避免流血事件发生。

(3)正确面对生活的压力，用正确的方法缓解压力，保持健康的心理状态。

链接

《中华人民共和国治安管理处罚法》(2012修正)第四十三条　殴打他人的，或者故意伤害他人身体的，处五日以上十日以下拘留，并处二百元以上五百元以下罚款；情节较轻的，处五日以下拘留或者五百元以下罚款。

有下列情形之一的，处十日以上十五日以下拘留，并处五百元以上一千元以下罚款：

(一)结伙殴打、伤害他人的；

(二)殴打、伤害残疾人、孕妇、不满十四周岁的人或者六十周岁以上的人的；

(三)多次殴打、伤害他人或者一次殴打、伤害多人的。

三、控制情绪，切勿冲动

古人关于修身养性之道，特别强调一个“静”字、一个“忍”字。如诸葛亮就有“非静无以成学”“宁静致远”等训谕，而曾国藩也非常推崇“忍”的功夫，这是有一定道理的。古人所谓的“修身养性”，实际上就是通过自我修炼来达到自我完善的一种途径，是把先贤之美德才学化为自身之习性的一种功力。而要“修”要“养”，就首先要能“静”能“忍”，否则，心浮气躁，如何修得下去，养得起来？古人说：“躁心浮气，浅衷狭量，此八字是进德者之大忌也。去此八字，只用得一字，曰主静。”

笔记

警示名言

成功的秘诀就在于懂得怎样控制痛苦与快乐这股力量，而不为这股力量所反制。如果你能做到这一点，就能掌握住自己的人生；反之，你的人生就无法掌握。

——[美]安东尼·罗宾斯

案例

某日，警方接到一名男子的报警电话，称自己砍倒了大学老师。此人正是付某，今年22岁，是一名大四学生。与此同时，被砍伤的程教授被救护车送往医院进行抢救，但终因失血过多抢救无效身亡。

据了解，付某在事发前"表现正常"，并无异常征兆。据付某交代，杀害程教授的原因有两点：一是要报复，二是要"杀一儆百"。报复的动机是付某的女朋友陈某在上研究生时被程教授"潜规则"了。付某认为，程教授在他和女朋友之间留下了太多的阴影，分手这个事情也和程教授有很大的关系。程教授和付某女友在一起的时候已经是已婚男人，可程教授是一名教师，他不配为人师表……

点评

如果没有因报复杀人一事，付某本应该顺利地度过在大学校园中的最后一个年头。可如今的他却在冰冷的铁窗内。

如果付某在挥起砍刀之前能静下心来想想后果，控制好自己心中的恶魔，想想父母对他的养育之恩未报，还有对女友陈某的心理阴影……那么，悲剧或许可以避免。由此我们也可以看出，付某有着极端处理问题的心理障碍，他的行为无条件地受到自己情绪的控制。

冲动是魔鬼。不良情绪可以毁掉一个人，甚至几个人、几个家庭。大学生遇到不顺的事情时，应该时刻提醒自己冷静，不要让负面情绪统治我们的意识。

提示

生活中，当我们遇到不顺心的事情时，可以对着天空大喊或对好友倾诉等，这些都不失为宣泄心中不良情绪的方法。而适当地、及时地把心里的这些小郁闷发泄出来，才不至于积土成山，待到火山爆发的时候一发不可收拾。学会管理好自己的情绪，可以从以下方面做起。

笔记

1. 改变认知

生气时，不要埋怨别人，而要多考虑是否自己哪里出了问题。

2. 遇事达观，多发现事物积极的一面

我们要做一个乐观者，要看到事物积极的一面，尽可能消除负面因素对自己的影响。

3. 凡事三思而后行，尽量减少盲目冲动

有些大学生没有很好地处理人际关系，不善于克制自己的情绪，以至于一失足成千古恨，长期陷入痛苦之中。所以，我们凡事都要深思熟虑，克服盲目冲动，以免造成不良后果。

4. 适当宣泄，避免不良情绪过于压抑

情绪既是人们生活中的必然现象，就应当使之有适当表现的机会。遇有情绪困扰，向好友倾吐肺腑，使心中抑郁得以宣泄。或者找受过专门训练的人来讨论情绪方面的问题，由于这些人都能尊重当事人的秘密，所以更能消除当事者的顾虑，解决问题更为彻底。

链接

有这样一个故事：有个好斗的武士向一个老禅师询问天堂与地狱的含义。老禅师说："你性格乖戾，行为粗鄙，我没有时间跟你这种人论道。"武士恼羞成怒，拔剑大吼："你竟敢对我这般无礼，看我一剑杀死你！"禅师缓缓道："这就是地狱。"武士恍然大悟，心平气和纳剑入鞘，伏地鞠躬，感谢禅师的指点。禅师又言："这就是天堂。"

这个故事说明，其实天堂和地狱只是在一念之间。在现实生活中也是如此，暴力事件大部分都是在情绪失控的时候发生的。如果你不想做出让自己后悔的事，那么就应该学会管理好自己的情绪，让它经常保持在良好的状况，这样做什么事都会顺心多了，也会有更多的精力投入到学习和工作上，会有更好的心情去体验生活。

四、甩掉自卑，树立自信

自卑是一种消极的自我评价或自我意识，自卑感是个体对自己能力和品质评价偏低的一种消极情感。自卑感的产生，往往并非认识上的不同，而是感觉上的差异。其根源就是人们不喜欢用现实的标准或尺度来衡量自己，而相信或假定自己应该达到某种标准或尺度。如"我应该如此这般""我应该像某人一样"等。这种追求大多脱离实际，只会滋生更多的烦恼和自卑，使自己更加抑郁和自责。只有克服自卑，树立自信，才能走向成功。

笔记

警示名言

我们对自己抱有的信心,将使别人对我们萌生信心的绿芽。

——[法]拉罗什富科

案例

小丽是一个非常不幸的孩子。从小被亲生父亲抛弃,后来又被精神失常的养父再次抛弃,最后她寄居在堂姐家,过了四年寄人篱下的生活。孤儿、外地人、贫穷,这些不幸都同时降临到了小丽身上。

刚入学的小丽情绪低落,不言不语,与人交流时她的眼睛总是看着地面。上厕所时连走路都是贴着墙根,好像很害怕的模样。通过心理老师的了解,小丽在家和学校,从来都没有阳光般的笑容,也从没有邀请过同学到家中做客,几乎班上所有的同学都不清楚她家的位置。她的同学称,下课时小丽很少和大家一起玩,放学时也是独自一人回家。

有一天,小丽因为偷面包被人发现而选择了自杀,但是被好心人及时救下。

点评

小丽先后被自己的亲生父亲和养父抛弃,过着寄人篱下的生活,自卑的想法使她在学校无法进行正常的人际交往,所以她常常一个人,害怕和担心再次被人抛弃,没有一点安全感,同时也怕自己的经历被别人知道,怕别人嘲笑自己。从来没有得到过关爱的小丽,在偷面包被人发现之后,无法面对其他人对自己的指指点点,自尊心受到极大伤害,最终做出极端的举动——自杀,实在可悲可叹。幸亏被好心人及时救下,才阻止了更大悲剧的发生。

提示

小丽的绝望是因为没有得到任何的关爱,无从找人帮助,要通过心理学的方法帮助小丽,首先应该给她足够的爱心,让她重获信心。生活中,我们每个人都应该全面、辩证地看待自己,坦然面对自己的不足和缺陷,正确认识自己,学会正确归因,针对自己不如别人的方面进行自我调整和改变,体会成功;运用积极的自我暗示,如对自己进行“这难不倒我”“我一定能做得到”或者“别人行,我也行”之类的心理暗示,学会自我激励,这些也都是小丽应该学习和体会的。

笔记

链接

用实际行动建立自信

征服畏惧，战胜自卑，不能夸夸其谈，止于幻想，而必须付诸实践，见于行动。

1. 敢于正视别人

眼睛是心灵的窗口，不敢正视别人，意味着自卑、胆怯、恐惧。正视别人，是积极心态的反映，是自信的象征，更是个人魅力的展示。

2. 走路昂首挺胸

身体的动作是心灵活动的结果。那些遭受打击、被排斥的人，走路都拖拖拉拉，缺乏自信。反过来，通过改变行走的姿势与速度，有助于心境的调整。步伐轻快敏捷，身姿昂首挺胸，会给人带来明朗的心境，会使自卑逃遁，自信滋生。

3. 练习当众发言

面对大庭广众讲话，需要巨大的勇气和胆量，这是培养和锻炼自信的重要途径。在公众场合，每次的沉默寡言，会导致自己愈来愈丧失自信。

4. 学会微笑

笑不但能治愈自己的不良情绪，还能马上化解别人的敌对情绪。如果你真诚地向一个人展颜微笑，他就会对你产生好感，这种好感足以使你充满自信。

第二讲　心理疾病的防治

心理疾病已成为危害大学生身心健康，影响大学生生命质量的主要疾病之一。许多研究表明，大学生心理障碍发生率呈上升趋势，已经明显地影响到一部分学生的身心健康及生命安全。严重影响大学生生命质量和安全的心理疾病主要是人格障碍和精神障碍。

一、人格障碍

人格障碍是指人格特征明显偏离正常，形成了一贯的反映个人生活风格和人际关系的异常行为模式。确诊为人格障碍需要在18岁以后，但是其表现通常开始于童年、青少年或成年早期，并一直持续到成年乃至终身。当前我国大学生中存在的人格异常和人格障碍问题,男生较女生严重。人格障碍影响到大学生的社会功能和职业功能,可造成对社会环境的适应不良,病人为此感到痛苦。

案例

某校学生张某上大一时学习成绩相当好,与同学关系表面上也不错,很喜欢与同学交谈。但张某总觉得同学们用一种异样的眼光看他,他认为那是同学们嫉妒他的才能。因为这些矛盾,张某的人际关系逐渐紧张。每当同学们三两交谈或多看他一眼,他便起疑心,认为别人在议论自己;有人拿东西不小心掉在地上,他怀疑是同学故意给他脸色看;有人关门声响一点,他怀疑是对自己有意见。张某觉得寝室同学都在刁难他。到大二,张某对班里任何同学都猜疑,不管他们做什么事,说什么话,都从心里怀疑,担心别人利用他。张某成绩下降,听不进任何批评意见和建议,总感到受人欺负。辅导员看到这种情况,主动带他到心理咨询中心咨询。经过咨询师专业的辅导,他逐步恢复了正常。

点评

偏执型人格障碍以猜疑和偏执为特点,有点妄想,对人际关系往往反应过度。人格障碍的形成,一般认为是生理、心理因素和家庭、社会环境因素共同作用的结果。张某敏感多疑,对任何人都不信任,经常感到自己被人轻视,受到别人的攻击,并且过分自尊,猜疑别人利用他。因此,基本上可以断定,张某是偏执型人格障碍。

提示

(1)人格主要在社会活动的人际关系中表现出来,因此,把适应社会生活者称为正常人格,适应不良者称为不良人格,与社会发生严重冲突者称为病态人格。

(2)一些有人格障碍的学生往往表现得特别好胜,事事要强。常年生活在自己高标准的压力之下,身心疲惫,最终往往不堪重负,把死当成一种解脱。

(3)有边缘性人格障碍的学生任性、冲动,经常自残,甚至自杀,而且程度一次比一次严重。尽管不是真的想死,但也要特别注意,有的学生最后也可能走向死亡。

(4)人格障碍主要表现为情感和行为的异常,多数人对自身的人格缺陷

笔记

常无自知之明,难以从失败中吸取教训。人格障碍者一般能应付日常生活和学习,能理解自己行为的后果,主观上往往感到痛苦。

(5)良好的人格发展需要良好的环境,更需要对自身正确的认识。个体人格成长是在经历挫折、失败与成功等诸多方面后才逐渐成熟起来的。

链接

(1)人格障碍没有明确的起病时间,人格改变的参照物是病前人格,人格障碍主要的评判标准来自于社会的一般准则。

(2)在幼年时期培养健全的人格尤为重要。

(3)有计划、有系统地教育和锻炼,适当的劳动对具有人格障碍的人是有益的,处罚很少见效。提高素质和改善环境是预防人格障碍的主要措施,同时也是一项十分艰巨和长期的工作。

二、精神障碍

精神障碍是一类由于多种因素作用大脑而出现的精神或心理活动方面的问题,表现为人的情感、认知、意志和人格特征等方面的改变或异常。多种精神障碍有威胁生命安全的危险,其中最主要的是精神分裂症和抑郁症。在世界范围内所做的各种研究一再证实,精神障碍是自杀的首要原因,且多发病于青壮年时期,20~30岁最为多见。

(一)精神分裂症

精神分裂症是一种世界性的公共卫生问题,是精神科最为常见的疾病之一,也是对患者和家属及社会影响最大的疾病,其患病率约为1%。大学阶段是易发时期,多以急性发病为主。症状表现为与现实缺乏联系,存在幻觉、妄想和异常思维,社会功能明显损害。患有精神分裂症的病人随时有可能出现危险行为,这主要是指伤人毁物、自伤自杀和突然出走。

案例

某校大二女生陈某,平时很少与人交往,学习成绩不好,时常自语自笑,喜欢一个人独处,有时候说话和表情比较怪。陈某对同寝室的同学说,有一个男生在背后议论她,主要是说她坏话,她能听见。陈某说那个男生是她的高中同学,个子很高,长得很帅,篮球打得很好,很多女生喜欢他,但是陈某不喜欢他。她觉得那个男生好像想追求她。

后来,陈某总是说,那个男生说话的声音很大,让她上课都听不清楚老

笔记

师的讲课；那个男生就站在教室外，有时候跟着她走，有时候半夜在窗外喊她出去。她脑子里所想的事情，还没有讲出来，别人都已经知道了。她在路上走，能听见别人在指着她说："看，这个姑娘好不怕丑。"寝室的同学觉得她有些异常，立即向学校心理咨询老师反映了。

咨询老师和林某面谈，发现林某面带微笑，却给人傻气的感觉。言语内容松散、不连贯。林某自己并未觉得痛苦和异常，很乐意谈论这些事情。咨询老师了解到，林某母亲有过精神病史。在家长和辅导员的帮助下，林某经过医院治疗和自身努力，病情得到明显好转，又可以正常学习了。

点评

精神分裂症最突出的感知觉障碍是幻觉，以幻听最为常见，如陈某说能听到一个男生在背后说她坏话；妄想也是精神分裂症最常见的症状之一，以被害妄想和关系妄想最为多见，如陈某认为那个男生喜欢她、跟踪她。被洞悉感是重症精神病的表现之一，如陈某觉得别人能知道自己的想法。精神分裂症病人的情感迟钝，对自己的前途毫不关心，没有任何打算，思维散漫，说话句句都沾边，但又都说不到点子上，对病情表现无自我认识能力。

提示

(1)精神分裂症的初期症状表现为不合群、有点发闷，有的出现妄想，说一些不切实际的话。

(2)精神分裂症病人对外界事物及与切身利益相关的事情缺乏内心体验（情感淡漠）；遇上喜事痛苦或遇上不幸嬉笑（情感倒错），同时有两种对立的情感体验（矛盾情感）；无故独自发笑、悲啼或暴怒。

(3)精神分裂症病人否认自己不正常，需要采取劝说、诱导甚至强制性方式治疗。

(4)只要及时、系统地治疗（全病程治疗），80%的病人可以得到完全缓解，社会功能基本恢复，且部分病人可以不再复发，关键在于遵从医嘱，长期维持治疗。

链接

据有关统计，我国精神分裂症的终身患病率为6.55‰，女性患病率高于男性，城市患病率高于农村。患病率与家庭经济水平呈负相关。

(二)抑郁症

当代社会中流行着一种非常普遍的精神疾病，这就是抑郁症。抑郁症

笔记

又称忧郁症，是以情绪低落为主要特征的一类心理疾病，临床表现轻的病人外表如常，内心有痛苦体验。稍重的病人可表现为情绪低落、愁眉苦脸、唉声叹气、自卑等，有些病人常常伴有注意力不集中、记忆力减退、反应迟缓、失眠多梦等症状。抑郁症不分男女老少，它可以缠上任何人，给病人带来无尽的痛苦折磨，甚至还会给病人带来自杀的念头与行为。

警示名言

欢乐就是健康，反之忧郁就是病魔。

——[美]哈利伯顿

1.抑郁产生的因素

针对现今大学生产生抑郁的现状，归结抑郁产生的因素，主要有以下几个方面。

第一，学业的压力。学业的压力对于每个大学生而言都是首要的，刚刚脱离了中学阶段“魔鬼般”的训练，进入大学的他们也不会轻松多少。越来越紧张的就业现状，使刚刚步入大学的同学也不能松一口气。学业、就业的压力像一座山压在大学生的头上。

第二，情感的困惑。大学生正值青春年华，很多人都过早坠入情网，而现实的复杂性远远超出他们的想象，生活中这种情感困惑给刚刚步入的他们带来了重负。

第三，人际关系的紧张。原来只是在自己的家门口求学，有的学生甚至从小学、初中到高中都没有离开家庭，他们大都与学校同学的相处比较单纯。而大学几乎已经体现出一个小社会的模型，这样大家生活在一个空间里近距离相处，许多学生对于角色的转换很不适应，不能与同学很好地相处，对于一些较复杂的人际关系不能很好地处理，又常常以自我为中心，就会引发人际关系紧张。

第四，家庭的变故。步入大学后，成长起来的大学生也常常会经受家庭的变故，如亲人去世或父母离婚等。这些变故都会对他们稚嫩的心灵造成深深的创伤。

第五，环境的改变。大学生远离家乡，离开家人温暖的怀抱，心情上很有失落感。再加上成绩的变化等，通过日积月累，如果这样的情绪一直得不到很好的调节或改善，就会造成大学生的抑郁情绪。

除了上述原因之外，最重要的还是由于一些大学生的心理素质较差——适应能力差、调节能力差、承受能力差。

笔记

2. 抑郁症的表现

心理专家说，一般大学生出现心理抑郁是有一定前兆的，只要同学和老师能够及时关注到这些症状，并使用有效的排解手段，就能有效地防止学生自杀行为的出现。

一般而言，患上抑郁症以后，如果患者人际关系上出现问题，如逃避集体、孤僻，总是一个人行动；自卑，怕受到伤害，对小事也很敏感，甚至耿耿于怀；出现神经症状，经常性的失眠、头疼、静不下心；因恋爱问题或学习成绩大幅波动而经常苦恼、痛苦等典型征兆，就可能有自杀的倾向。

以上都是一些抑郁症的表现。大学生若发现有同学存在类似问题，应加以观察并告诉老师，用集体的力量去帮助患抑郁症的同学。

此外，大学生在日常的学习生活中可以采取一定的方式来调整自己的情绪，但最重要的是有一个良好的心态和自我保护的意识。

抑郁症：高发的
"心理杀手"
来源：CCTV13

3. 排解心理抑郁的方式

(1)形成良好的生活作息规律。很多大学生都明白这一点，但真正能做到的并不多。我们只有保持平衡的生活规律才能形成良好的心态。这是前提，请大学生千万多加重视。

(2)广交朋友，广泛接触不同层次的人。多与人交流，把自己的想法告诉朋友，有助于缓解郁闷的心情。很多时候抑郁的心情就是在和朋友的聊天中烟消云散的。

(3)学会关注自己、保护自己。我们要学会了解自己的精神状态，而判断自己心理健康状况有一个常用标准，即情绪是否稳定而愉快，一旦觉得自己有一段时间情绪很不稳定，则应考虑求助于心理咨询机构。

案例

某高校大二男生周某，20岁，性格内向，很少与同学交往。学习认真但成绩不好，总是感觉很累，做什么都没劲，对什么都提不起兴趣。上课的时候注意力无法集中，听不进去，记忆力也不好，记不住东西。周某觉得很痛苦，回家对父亲说："我病得很厉害。"父亲并未重视，只是说："没什么，坚持一下就能克服，要有毅力。这些都是小问题，关键是成绩要好。"

周某回到学校后，努力地按父亲说的去做，但是发现自己越来越疲倦，没有力气上课，睡眠也不好，总是早醒，身体也越来越痛，几乎不能忍受。他觉得自己没有用，自责内疚，找到辅导员说自己有很严重的病，希望辅导员能帮助他。辅导员将李某带到学校心理咨询中心。在咨询室里,周某用手捂住眼睛,头靠在沙发上,身体半蜷在沙发里。咨询师向他了解情况,周某时常沉默不答,说是没有力气说话,很累。咨询师询问他时,周某说他曾想过自杀,因为实在太累了。咨询未结束,周某就在沙发上睡着了。根据咨询师的建议,周某休学到专业的心理医院进行治疗,不久症状改变了许多。

笔记

点评

周某表现出典型的抑郁症状,如疲倦无力、躯体疼痛、记忆力下降、早醒、有自杀念头等。典型的抑郁症具有晨重夜轻的特点。周某的一些症状,如对任何事都没有兴趣、上课注意力不集中、觉得自己没用等,极易被看成一般性的心情不好,被自己和家人忽视,以为过一段时间就会自行好转,或者只要有毅力就能克服。其实一个人患抑郁症后是难以凭借自己的力量摆脱或自愈的。抑郁症是一种能够治疗而且需要治疗的疾病,但大多数人并不知道这一点。

提示

(1)一个人偶尔感到悲伤、疲劳或气馁,不是抑郁症。

(2)抑郁症从情绪低落开始,同时伴有各种各样躯体上的痛苦症状。

①懒:表现为浑身乏力,做事提不起劲。

②呆:表现为行动迟缓,记忆力衰退,大脑反应迟钝。

③变:表现为性情大变,前后判若两人。

④忧:表现为意志消沉,无缘无故地感到沮丧。

⑤虑:表现为焦躁不安,胡思乱想,对生命价值产生怀疑。

⑥躯体症状主要有疼痛、厌食、便秘、恶心、胸闷、疲乏、睡眠障碍等。

(3)在抑郁症缓解之前,不要做重大的决定。

(4)严重的抑郁症通常需要抗抑郁的药物治疗,同时配合心理治疗;轻、中度的抑郁症,通过单纯的心理治疗就可以恢复。

(5)必须由经过专业训练的心理治疗师提供心理治疗。治疗通常至少需要六周,每周治疗时间为30~60分钟。

(6)要保持身体健康,有规律地锻炼身体,多参加社交活动。

链接

护理抑郁症病人要从“心”开始

抑郁症病人大多以负性情绪增强为表现,其思维、感觉、动作都显得迟

笔记

缓。照料这样的病人,心理护理尤为重要。

(1)抑郁症病人常常有低自尊、悲哀、愤怒、否定、不合理的信念和认知障碍,对家人的关心、爱护不理解,对照顾者充满敌意,常表现出厌烦、拒绝、不满等特征。因此,照顾病人时须充分理解和同情病人,鼓励并陪伴病人共同渡过难关。

(2)要以和善、真诚、支持、理解的态度,耐心地帮助病人,使病人体会到自己是被接受的,不像自己所想象的那样没有用和没有希望。当病人向你倾吐内心的不快时要耐心倾听,切忌催促病人回答问题。有时也可采取沉默的方式陪伴病人,使其感到更有安全感。

(3)要陪伴和鼓励病人多参与户外集体活动。可提供简单、易完成、感兴趣的活动让病人参与,使病人能从中获得成功体验和满足感。对病人的进步和取得的成绩要及时给予赞扬和肯定,使其获得自信和自尊。

(4)抑郁症病人常因焦虑、烦躁、心境不快而产生睡眠障碍。家人在安排病人的日常生活时,尽量不让病人白天卧床休息,要鼓励病人多做户外活动。对入睡困难或早醒者,可按医嘱给予能帮助睡眠的口服药物。另外,要给病人创造一个良好、舒适的睡眠环境,以促进病人入眠。

三、预防自杀

自杀是指任何旨在结束自己生命的有计划的行动。自杀是现代社会人类的十大死因之一,并已成为导致15~35岁的青年人死亡的主要原因。在我国,自杀排在青少年死因的第一位。自杀行为不仅是自杀未遂者终生难忘的痛苦经历,而且使自杀死亡者的亲友遭受严重、持久的心理伤害。自杀已经成为现代社会严重影响人类生命安全的主要问题。一些大学生产生自杀动机的原因复杂多样,个体差异较大。抑郁症是自杀的首要原因,人格偏离也是一个重要因素。自杀者中性格内向与较内向的占95.2%,孤僻的占52.4%,虚荣心强的占71.4%。

警示名言

生命是珍贵之物,死是最大的罪恶。

——[德]海涅

自杀不是突然发生的,它有一个发展的过程。自杀过程一般会经历:产生自杀意念、下决心自杀、行为出现变化、思考自杀的方式、选择自杀的地点与时间、采取自杀行为。对于不同年龄、不同个性、不同情景下的人,自杀过程有长有短。谈论自杀是自杀前的一种预兆、一种求救信号。研究表明,约

笔记

80%的人自杀前向他人发出过这类信号。

大学生自杀的特点如下。

(1)多发生在节假日期间、节后、开学不久、5月份。

(2)女生有自杀企图的是男生的三倍,但男生自杀成功的多。

(3)多发生在校内,跳楼是自杀者最常用的方式。

自杀是可以预防的。多数自杀者在自杀之前都会有意无意地露出蛛丝马迹,试图向好友和亲人倾诉,所以,及时发现自杀前的线索是挽救生命的最好契机。

案例

某高校毕业班学生刘某,23岁,性格内向孤僻,没有朋友,很少与老师和同学交流,爱玩网络游戏,喜欢安静,对人彬彬有礼。父亲下岗,母亲几个月前患癌症死去,家庭极度贫困。但刘某没有申请助学贷款,住公寓,有手机,老师和学校并未发现刘某的贫困状况。到了5月份,同学们大多找到单位,在外实习或工作。有一段时间,宿舍里还有一个同学胡某,后来胡某也走了,就剩下刘某一人。端午节的前一天,刘某回家找父亲要钱,与父亲发生冲突,没有吃饭也没有拿到钱就返回了学校。他在宿舍里自缢,没有留下遗书。胡某说,刘某在自杀前不久给他打过电话,没有说什么事情,但是说了一句"幸好有你",让胡某印象深刻。胡某觉得奇怪,但是也并没有问什么。清理遗物时,发现刘某在作业本上随手写的一些话:"我要钱,20元就行了。""妈妈,我喜欢你,希望上天赐予你幸福和快乐。"

点评

案例中刘某在自杀前给胡某打电话说"幸好有你",以此向胡某道谢和告别,这是自杀前常会出现的典型的言语征兆。人格不健全是刘某自杀的因素之一。刘某情绪低沉,缺乏活力,自我封闭,自卑、敏感,长期承受较大的心理压力,有抑郁症倾向。抑郁症患者常有自杀的念头和行为。刘某经历了母亲死亡等一系列事件,独处宿舍的孤独,就业的焦虑,家庭贫困的压力,这一切带给他的痛苦及压力是很大的。端午节和父亲发生冲突,是刘某自杀的导火索。端午节本是家人团聚的日子,而他体会到的却是争吵、贫困、冰冷,以及对妈妈的思念。这些体验增加了他的无助和绝望感,使他再也无法承受,最终选择了自杀。

笔记

提示

1. 自杀前常见的表现

(1)对自己关系亲近的人表达想死的念头,或在日记、绘画、信函中流露出来。

(2)情绪明显不同于往常,焦躁不安,常常哭泣,行为怪异粗鲁。

(3)陷入抑郁状态,食欲不良、沉默少语、失眠。

(4)回避与他人接触,不愿见人。

(5)性格行为突然改变,像变了一个人似的。

(6)无缘无故地收拾东西,向人道谢、告别,归还所借物品,赠送纪念品。

2. 如何帮助处于自杀危机中的人?

(1)多倾听,少说话,向他们表达关心,给予希望。

(2)留心任何自杀的念头,直接询问他们是否考虑自杀:"你的心情是否如此糟糕,以至于想结束自己的生命?"这样反而会挽救他们的生命。

(3)不要承诺你会对此保密;不要独自一个人扛起帮助他们的责任,应请其他人,特别是专业人员一起承担。

(4)如果发现有人即将采取自杀行动,不要让他(她)独处。

链接

(1)2003 年 9 月 10 日被世界卫生组织定为首个"世界预防自杀日"。

(2)在我国,自杀是排第五位的死因,是 15~35 岁人群的首位死因。

(3)1 人自杀死亡可使大约 6 个人受到严重伤害,1 人自杀未遂可使 2 个人受到严重影响,自杀死亡给他人造成的心理伤害可持续 10 年,自杀未遂给他人造成的心理伤害可持续 6 个月。

第三讲　大学生恋爱心理调适

爱情是一种特殊的人际关系,是人类独有的强烈而美好的一种感情,是一对男女基于一定的客观物质条件和共同的人生理想,而在各自心中形成的真挚爱慕,并渴望对方成为自己终身伴侣的一种最强烈的情感。作为当代的青年大学生,应该培养健康的恋爱心理和行为,树立正确的恋爱观,正确处理好恋爱问题。

笔记

警示名言

真诚的、十分理智的友谊是人生的无价之宝。你能否对你的朋友守信不渝，永远做一个无愧于他的人，这就是你的灵魂、性格、心理以至于道德的最好的考验。

——［德］马克思

一、苦涩的爱情

涉世未深的学子轻率地恋爱，难免造成人生的缺憾；更有甚者，失恋后不能自拔，或转爱为恨，不择手段地报复对方，或迁怒他人，把失恋的痛苦转化为报复的怒火，酿成更大的人生悲剧，在失恋后又失掉美好的前程。

伊甸园的快乐固然令人神往，然而偷食禁果却常令爱情的甘泉变成苦涩的泪水。透支人生的幸福让懵懂的少男少女们付出沉重的代价，而世俗往往让少女们承受更多的压力，一旦怀孕或者分手，往往难以妥善处理，从而造成身体或心灵的创伤，甚至引发犯罪。

案例

某大学大三的男生陈某通过网络结识了某大学大二女生蒋某。陈、蒋二人经常上网聊天，并在网上以老公、老婆相称。为解相思之苦，陈某几次与蒋某会面，在陈某甜言蜜语的攻势下，很快，蒋某就以身相许，导致堕胎一次。其间，蒋某为了爱情，先后借款三千余元供陈某挥霍。随着交往的加深，陈某觉得蒋某并非自己的理想情人，便悄然离开了蒋某。蒋某失恋后不能自拔，多次要求重归旧好，但都被陈某断然拒绝。于是，蒋某在伤痛之余产生了报复的念头。蒋某向陈某声称，希望能见最后一面，并送陈某一套西服作为纪念，陈某信以为真。当陈某如约来到某宾馆房间时，早有准备的蒋某及其两位高中男同学一起将陈某捆绑起来，对陈某一顿暴打，并将陈某的财物洗劫一空。

点评

陈某、蒋某二人通过网络相识，在不相知的情况下相爱，显得轻率；在见面几次后就发生了性关系，更是太不严肃。陈某对待爱情缺乏责任感，也是引发本案悲剧的重要原因。蒋某面对挫折，不能冷静对待，采取非法手段去报复对方；蒋某的两位同学不仅不劝阻蒋某放弃非法报复的念头，反而共同

笔记

参与报复行为，结果害人又害己。

提示

春情萌动的男女往往在相识而不相知的情况下轻率相爱，当发现了对方存在自己不能容忍的缺点时，爱情便走到了尽头。从这个意义上看，分手或失恋便是自己酿造的苦酒。能够理智地对待分手或失恋的人，可以重新获得爱情，甚至创造辉煌的人生。反之，若失恋后不能自拔，甚至非法报复对方，则会毁灭自己的未来。

链接

《中华人民共和国刑法》(2017 修正)第二百三十四条　故意伤害他人身体的，处三年以下有期徒刑、拘役或者管制。

犯前款罪，致人重伤的，处三年以上十年以下有期徒刑；致人死亡或者以特别残忍手段致人重伤造成严重残疾的，处十年以上有期徒刑、无期徒刑或者死刑。本法另有规定的，依照规定。

二、莽撞造成的爱情悲剧

女大学生之死
来源：新闻频道

由于大学生的年龄特点，加上社会经验和心理准备不足，一旦失恋，很容易产生一些消极的情绪性行为反应。这些反应又因失恋原因及当事人性格特征的不同而不同。

1. 消沉反应

在失恋挫折的巨大心理压力与失败及自卑感的心理阴影下，当事人可能陷入痛苦的情绪中不能自拔。他们对什么都不感兴趣，也看不到生活的希望，显得心灰意冷、郁郁寡欢。当其无法左右恋爱进程，对失恋结果无可奈何，而本人的性格又过于内向时，容易出现这种情况。长期处在这种抑郁的状态下，可能导致绝望的自杀行为，也可能变得麻木，并把这种麻木状态作为减少失恋伤害的一种“保护”措施持续下去。

2. 破坏性举动

原本顺利的恋爱进程突然有了变故，容易引发当事人的破坏性举动。年轻人不容易控制自己的冲动，所以在大学生中，因为恋爱而发生冲突的事件时有所闻。如果恋爱关系原本就不清楚，如“三角恋”之类的，或者恋爱进程明显受到他人的阻挠，只要让当事人觉得“有理”，就更容易使其不顾一切，只图解气。因恋爱而起的破坏性举动常常带有报复性，很容易让人丧失理智。对于一些性格外向、好冲动的学生就更是如此。

笔记

3. 自责行为

恋爱是双方的，恋爱的进程也受到许多因素的影响，但也常见到一些学生在失恋后过分自责，好像“一切都是我的错”，陷入悔恨的痛苦深渊之中。这种情况的出现，往往与当事人的个性特点有关，如心胸狭窄、遇事犹豫不决等。

4. 自弃行为

失恋的打击是很重的。当其无力摆脱失恋的痛苦，又不敢面对现实的时候，一些学生会选择自暴自弃。这种情况的出现，往往是在一段至真至纯的恋情结束之后。他们对自己的行为变得不加约束，故意放纵自己；又或是借酒浇愁，对他人的关心不予理睬，表现得不近人情。然而这些行为的背后，真实的原因可能是为了引起昔日恋人的关心，重新唤回失去的恋情。有的学生固执于这种自弃行为之中，就是为了“证明”自己对感情的倾心投入。

案例

某高校大三学生谢某听说与他相处两年之久的女朋友董某要和他分手，便邀请董某共进分手前“最后的晚餐”。由于有些伤感，谢某喝了一些白酒，饭后要求董某最后陪他在校园里走一走，说说话。尽管时间很晚了，但是董某见谢某已有醉意，就没有忍心拒绝他。两人走到学校的人工湖旁，在椅子上坐了很久。谢某突发奇想，想用自己的“勇敢”来表达自己的真心，以挽回将要逝去的爱情，就说：“如果我能从这个湖中游过去，再游回来，就证明我俩缘分未尽。”还没等董某反应过来，谢某已跳入湖中，向对岸游去。湖面有近四十米宽，谢某游到对岸后未作停顿，便转身往回游，当游到湖中央时，可能是体力不支，谢某突然挣扎了几下，便沉入水中。董某急忙呼叫，学校保卫处值班人员迅速赶到，组织人员进行施救。由于水太深，加之天黑，经过几个小时的打捞，也未能找到谢某。

点评

大学生受挫后借酒消愁的情况在高校中时有发生。对此，大学生应当了解，大量饮酒会造成神经系统和肝脏的全面损害，影响大学生身体健康；同时还要认识到饮酒并不能真正消愁，只是对自己大脑产生一时的麻醉作用，其结果只能是“举杯消愁愁更愁”。案例中的谢某就是因失恋后饮酒，导致一时冲动，漠视安全，结果失去了宝贵的生命，给亲人留下无可弥补的伤痛。

笔记

提示

恋爱是甜蜜的，失恋却是人生的苦果。那么，该如何清除失恋的苦涩呢？

1. 正视现实

恋爱既然有成功，也就有失败，那为什么苛求成功而不正视失败呢？在这一点上，特别要指出的是，那些把失恋看成自我价值的贬损，感到“面子”丢尽的大学生，最怕看到失恋的事实，是不可取的。

2. 换位思考

要设身处地为对方着想，学会换位思考，将有助于你理解对方终止恋爱关系的原因，有助于接受失恋这一现实。

3. 合理化

针对失恋，应该通过自己跟自己辩论的方式，有意识地在头脑中强化理性的信念，如“塞翁失马，焉知非福”“天涯何处无芳草”等。多想想昔日恋人的缺点，多罗列自己的优点，对于缓解失恋的焦灼和苦恼是有利的。

4. 情感宣泄

不要过分埋藏和压抑失恋的痛苦。找亲朋好友倾诉一番，甚至大哭一场，你会感觉轻松得多。如果感到积郁很深，实在难以排解，甚至自觉已有某些神经方面的症状，就有必要寻求专门的心理咨询机构的帮助。

5. 情境转移

失恋后之所以难以摆脱恋情的困扰，就在于生活的方方面面都已与昔日的恋人发生了千丝万缕的联系。因此，失恋后换换环境，暂时离开触动恋爱回忆的景、物、人，把自己主动置身于欢乐、开阔的情境之中，心胸也会随之开朗起来，对于摆脱失恋的痛苦很有好处。

6. 升华

要尽快把精力引向学习及事业的发展之中，把失恋升华为一种奋发向上的动力。爱情固然重要，但不是生活的全部。要提醒自己不断进步，总会有机会赢得新的、更为美好的爱情的。总之，失恋并不意味着失去一切，不要因为失恋而失去爱与被爱的能力。

链接

根据恋爱中对爱情的追求，我们可以把爱情分为健康的和不健康的两大类。

1. 健康的爱情

(1)不痴情过分，不咄咄逼人，不显示自己的爱情占有欲，能够充分理解

笔记

与尊重对方。

(2)将爱情给予对方比起向对方索取爱情更使自己感到欢欣,并以对方的幸福为自己的满足。

(3)是彼此独立个性的结合,是不同个性的互补。

2. 不健康的爱情

(1)过高地评价对方,将对方的人格理想化。

(2)过于痴情,一味地要求对方表露爱的情怀,这种爱情常有病态的夸张。

(3)缺乏体贴怜爱之心,只表现自己强烈的占有欲。

(4)不注重内涵,只偏重于外表的追求。

笔记

专题九

求职就业安全

现代大学生大多是在书本知识中成长起来的。由于缺乏社会经验，他们在求职中往往处于弱势。一些别有用心的人很容易利用大学生求职心切的心理，设置陷阱诱使大学生上当，导致求职受骗的事件屡屡发生。因此，保障大学生在社会实践中的安全，提高其防御能力，已成为大学生安全教育的重要方面。

警示名言

讲得一事，即行一事，行得一事，即知一事，所谓真知矣。徒讲而不行，则遇事终有眩惑。

——(明)王廷相

第一讲　勤工助学安全

近年来，我国高校学生勤工助学工作不断得到推进和发展，勤工助学已经成为大学生业余生活的重要组成部分。大学生利用双休日或假期勤工助学的人数日趋增多，特别是高职高专院校学生，他们所学以技术型、应用型为主，强调实践能力，勤工助学就成了他们一个很好的选择。这既有利于培养大学生的劳动观念、自立精神及动手实践能力，也有利于改善大学生的学习条件。在参加勤工助学过程中，由于部分学生社会阅历较浅，自我保护意识相对薄弱，引发很多安全问题。

一、做好家教安全防范

大学生们自己找家教存在着一定的风险，因为在做家教时，大部分只是口头协议，所以权益往往无法得到保障。有不少大学生都曾遇到过雇主无理拖欠工资，如在家教进行了近一个月就要付薪金时，被雇主以“教得不好”为名开除，并拒付薪水，或干脆拖欠几个月薪水不给，最坏的情况就是遇到性骚扰。这就要求大学生在家教工作中注意保护自身的安全。

笔记

1. 选择正规的家教联系渠道

大学生找家教一定要通过正规的渠道，如学校的勤工俭学中心、正规的家教服务机构、大型的人才市场等。通过报纸、街头举牌、散发和张贴小广告等找家教方式很容易被不法分子利用。

案例

杨某是某大学外语系大一学生，在报纸上刊登启事想做家教。不久就接到一名陌生男子的电话，称想给小孩找一个英语口语家教，并约好当天中午在某酒店门口见面。杨某按时来到了酒店门口，一名年轻男子开着一辆蓝色小货车来接她。男子自我介绍说，他姓付，是小孩的叔叔。付某开车载着她就往西行驶。杨某感觉不对，起了警惕之心，连忙给同学发短信让其打电话给她。付某一直把车开到了附近的丛林中，此时杨某正好接到同学的电话，想趁接电话的机会跑掉，谁知付某早有预谋，用刀威胁，对杨某实施了强奸。

点评

本案中杨某找兼职心切是可以理解的，但缺乏应有的警惕和防范，随意公开自己的信息，结果因被坏人利用而受到伤害。一些大学生在寻找兼职时，往往关心的只是报酬的多少，而对对方的身份、职业等情况不去深入了解，从而埋下安全隐患。社会上一些别有用心的人正是利用大学生缺乏社会经验、求职心切的心理，对大学生实施伤害行为。

提示

大学生选择家教工作时，要设好安全防线。首先，接到面试电话时不要盲目赴约，要先尽量多地了解一些对方的情况，如信誉、知名度等。如果应聘的时间太晚或住址比较偏僻，可以找同学陪伴，或者干脆放弃，毕竟家教机会还是很多的。其次，做家教时要避免对异性成年人单独辅导，并要合理安排补习时间，不能安排得太晚。最后，要保持通信畅通。每次去辅导前最好告知同学或朋友，并说明自己去哪里、何时回来等，让同学心中有底，一旦发生意外，便于同学及时采取措施。

笔记

链接

面对未知的“家长”，在不了解对方的前提下，应学会保护自己，谨慎行事。女大学生初次家教时，以白天为宜，最好有同学相伴。面谈时如果发现与原条件不相符，应提高警觉，尤其当学生或家长是成年男性时更要慎重；若主人招待水果、饮料时，如果对该家庭不太熟悉，不宜食用；做完家教后，最好不要在对方家中逗留。

2. 选择正规的家教服务机构

大学生通过中介找家教一定要选择正规的家教服务机构，观察家教服务机构是否具备一定的规模，服务年限的长短，是否有健全的服务体系，工作人员素质是否优秀，等等。另外，还要看是否有工商部门颁发的营业执照，如果是网站还需要有电信部门颁发的“互联网信息服务经营许可证”，即ICP证。欺骗大学生的往往都是那些仅仅有几张桌子、几部电话，蜗居在十几平方米房间内的“皮包家教中心”。

案例

暑假刚开始，某大学三年级学生小郑和一个同学在金环园一家家教服务中心求职，想找一份暑期家教工作。服务中心让他们每人交了20元的报名费和100元的信息费，称近期如果有家教信息就马上通知他们。结果过了好几天，小郑和同学也没有得到通知，急于找到家教工作的小郑心急如焚，每天都要打电话询问，但是每次家教中心都回答现在没有合适的信息，再等两天。转眼暑假即将过去，小郑和同学一份家教也没找到，她们便相约到此家教中心要求退款，结果发现这个“黑中介”早已人去屋空，许多大学生就这样被骗了。

点评

家教已成为最受大学生欢迎的兼职赚钱方式之一，但有的大学生安全防范意识差，被不怀好意者打着家教服务的幌子行骗。一方是盲目求职、缺乏社会经验的大学生；一方是以介绍家教为诱饵的“黑中介”，结果使这些单纯的大学生们蒙受经济损失。

提示

在求职过程中，如果对方要求你交报名费、介绍费或其他费用(如保证金、培训费、信息费等)时，一定要慎重，千万不要为了急于得到工作而盲目交费。

笔记

链接

某高校大学生王某赚钱心切，在某个公园和“家长”见面后，“家长”称自己老公的公司里需要找兼职人员，工作很轻松，工资比做家教要高出一倍，如果王某想去可以帮忙安排，只是凡进公司的新员工都要先交200元作为工作服押金。王某对“家长”的主动帮忙感激不尽，说了不少好话，急忙把所谓的工作服押金给了这位“家长”，此人收到钱后却一去不复返，手机也总是处在“无法接通”的状态。

两女大学生兼职做模特
被骗至宾馆要求拍裸照
来源：公共新闻

二、兼职安全

随着社会的发展，大学生的独立自主意识也得到了充分的发挥，很多大学生出于各种不同的原因，利用日常学习的空余时间或寒暑假外出兼职。一方面补贴自己的生活费用；另一方面也可以通过日常兼职了解社会，证实自己的能力。但由于大学生缺乏社会经验，对深层次的问题没有一定的辨别能力，所以在兼职过程中很容易上当受骗。

警示名言

害人之心不可有，防人之心不可无。

——(明)洪应明

案例

寒假结束前，某高校勤工助学中心举办了一场寒假兼职招聘会。某进出口有限公司招聘外贸营销岗位，经报名、面试，黄某等12名学生被口头录用，于1月8日开始上班。老板明确说明月工资底薪850~1500元，再加提成，并要求每个人交100元名片制作费。他们交了钱，但名片上除了他们的名字外全是公司的联系方式及广告。老板承诺他们将1000张名片发完就予以返还，他们只是觉得有点可疑。他们白天工作8小时后，老板要求他们晚上整理客户资料并对客户进行工作跟进，每天晚上工作4~5个小时。1月28日晚上，一名员工因身体不适不能继续工作，于是向老板提出辞职，并提出结算工资。但老板提出各种理由来推托，并提出原来没有提出的工作要求，声称工作未完成不能结算工资，要求这名员工拿到订单再来谈工资。这些学生了解到这个情况之后，才意识到自己上当受骗了。

笔记

点评

兼职工作不仅能给大学生提供一个锻炼自我、认识社会的机会，也让他们体验到通过劳动赚取劳动报酬的愉悦。可是，大学生社会阅历浅，往往容易陷入兼职陷阱。本案中黄某等12名学生在对某进出口有限公司毫无了解，又没有签订劳动合同的情况下，辛苦工作，最终换来的是一场骗局，这一方面反映了不良企业行骗的大胆和猖狂，另一方面也反映了大学生自我保护意识的缺乏。

提示

随着大学生校外兼职越来越多，在他们兼职过程中的一些权益受侵犯及安全等问题也层出不穷。为了能使大学生兼职更加合法化、规范化，切实保护大学生权益、保障他们的安全，应该采取以下措施。

(1)完善兼职法律法规，保障大学生兼职权益。

(2)司法部门加强对企业用工的监管力度。

(3)学校教育部门加强规范兼职管理和大学生兼职法律知识宣传。

(4)增强大学生的维权意识、自我保护意识教育和安全教育。

链接

劳动合同是劳动者与用人单位确立劳动关系，明确各自权利和义务，也是劳动争议发生后处理争议的重要依据。如果对方是按月支付工资，则最好与对方签订劳务合同，从而充分保障自己的利益。劳动合同的签订，不仅事关个人在薪酬、福利、保险等方面的物质利益，还涉及诸如培训、晋升等个人长远发展问题，因此必须慎重对待。

我们鼓励大学生多参加社会实践，但是在求职过程中必须捂紧钱包、保护自己。对大学生而言，从事兼职工作，是对复杂社会的"试水"，风险是无法避免的，但要提高自身防范意识和能力，尽量减少和降低风险。

第二讲 警惕传销陷阱

传销是指组织者或者经营者发展人员，通过对被发展人员以其直接或者间接发展的人员数量或者销售业绩为依据计算和给付报酬，或者要求被发展人员以交纳一定费用为条件取得加入资格等方式牟取非法利益，扰乱经济秩序，影响社会稳定的行为。在拜金主义思潮影响下，不少大学生变得急功近利，占有财富的欲望恶性膨胀，总妄想一夜暴富。传销组织恰恰能使他们这种不良的欲望得到一时的满足，经过"洗脑"，让他们失去了自制力，欲罢不能。（图 9-1）

图 9-1 "传销"漫画

一、认识传销

从 20 世纪 90 年代开始，非法传销就像一颗难以割除的毒瘤已深深扎根在我们现实生活中，并迅速扩散。不管是在校或毕业的大学生，还是一般的打工者，都会面临求职的压力，他们在求职的路上难免也会遇到很多传销组织用美丽的谎言为他们精心设计的陷阱。由于缺乏对这方面知识的了解，许多人遇到这些问题会不知所措，往往因为无法及时判断自己的亲人或朋友是不是在做传销而延误了事件的处置，造成一些不必要的损失。

在此，特向大家介绍传销常见的五大骗术。

骗术一：传销的利润来源不是靠零售产品而是靠下线入会的费用。传销组织中等级严格，共分为会员、培训员、推广员、代理员和代理商五个等级。例如，根据每个人的业绩，由低到高逐级晋升，发展 1 名下线就可成为会员，按入门费的 15%提取报酬；发展 3～9 人可成为培训员，按入门费的 20%提成；发展 10～64 人可成为推广员，发展 65～391 人为代理员，按入门费的 42%提成；发展 392 人以上的为代理商，可按其收取入门费的 52%提成。

骗术二：暴力与精神双重控制。传销实际上是有组织的犯罪活动。传销组织采取暴力和精神双重控制，使参加者很难脱离它。不少人被"洗脑"后，深陷其中，不能自拔，对传销和变相传销理念深信不疑。除此之外，传销组织还逼迫参加者发展下线，继续诱骗朋友、同学加入。由于传销人员发展的对象多为亲属、朋友、同学、同乡、战友，其不择手段的欺诈方法，大大降低了人们之间的信任度，引发亲友反目，甚至导致家破人亡。

骗术三：没有商品的"销售"。非法传销活动已发展到无商品销售阶段，就是俗称的"拉人头"销售。这些传销以骗来多少人为依据进行计酬和提成，所谓的商品只是作为一个媒介，并没有到消费者的手里。

骗术四：利用互联网进行传销和变相传销。成都市工商局和公安局成功破获了美国互联网基金的一个传销组织。该组织自称通过在全世界发行、融资建立一个覆盖世界各城市（包括街道、乡镇）的庞大商品配送体系。其具体做法是：通过他人介绍，使用介绍人的注册名称和密码，登录网站认购一定的基金，认购后即成为基金的销售会员，三年内可获得一定金额的回报；如果继续介绍他人加入，不断推销基金，还能不断得到报酬。

骗术五：以介绍工作为由骗学生加入传销组织。传销组织以招工为由，利用年轻人积极向上、渴望成功的心态，掩盖非法传销的事实，加之传销组织采取限制人身自由等手段，导致一些在校学生在传销中难以自拔。

案例

某高校毕业生宋某，被一个朋友以进大公司上班的方式骗到北海。当时他的朋友说，进公司上班需交6000元押金。他就怀着美好的梦想，带上了6000元来到北海。谁知来到北海后，根本不是进公司上班，而是连哄带骗地叫他做某加盟连锁。在发现是传销后他曾拒绝加入，但传销者采取威胁、跟踪等手段：你不交钱，就一直跟着你，上厕所跟着，上街也跟着，而且威胁不交钱的话可能出不了这个房子，或者出不了北海。宋某在被迫交了6000元后才伺机逃了出来。"当有一天您突然接到一个电话，或者一封信说，发财的机会喜从天降，这个时候您可要小心，说不定就是一个陷阱。"事后，他心有余悸地说。

点评

这是一起典型的传销案例。传销组织大多有一定的欺骗性，当事人听信朋友的谎言，误入传销陷阱，但大学生宋某能及时醒悟，伺机逃脱，将损失降低到最低，这是非常难能可贵的。不少受害者为了弥补自己的损失或被传销美丽的陷阱所迷惑，愈陷愈深，结果将罪恶的黑手伸向自己的亲人或朋

笔记

友，害人害己，以致滑向犯罪的深渊。

事实和统计数据充分表明：传销组织很乐于把黑手伸向大中专学生，不仅因为这些学生刚刚离开父母的监管，渴望自立的意识较强但社会阅历少，容易轻信他人，而且通常情况下，应届毕业生尤其是家庭较为困难的毕业生往往急于挣钱，渴望证明自身的价值或是幻想一夜暴富，而这恰恰就是上当受骗的根本原因。

提示

李旭：从传销到反传销
来源：CCTV13

传销组织大多有一个完整的欺骗链条。要把新人弄进传销组织，他们的欺骗步骤大致为：列名单、电话或书信邀约、摊牌、跟进、加盟等。他们会根据你的心态、特长、背景等特点，给你一个甜蜜的诱惑，如每个月要发展多少人，发展到下线后，可以有多少奖金，从而让你走火入魔，欲罢不能，越陷越深。为了掩人耳目，他们把传销换了一个旗号，换成了加盟连锁、人际网络、网络销售，还有框架营销、电子商务等，给大家识别其传销真面目增加了难度，使人更易上当受骗。

链接

有一些参加传销的学生对传销组织者宣称的“一夜暴富”观念产生兴趣，或被传销头目提出的“平等”“关爱”等虚拟的东西所迷惑。大学生一定要看清传销的本质，反省自己的行为，切莫在邪恶欲望的指引下，触碰法律的界线，落了个“赔了夫人又折兵”的下场。最关键的是大学生要学会调节自己的心态。现实的压力、金钱的诱惑、急不可耐的成功欲望，成为大学生产生急功近利式的浮躁心态的原动力。在就业的压力下，大学生应该放下架子，摆正心态，从小事做起，从基层干起，这样才能一步一个台阶地往上走，而不至于一脚踏空、坠入深渊。在贫困的境遇中，大学生更应该奋发图强，增长知识和才干，通过自己的勤奋和智慧摆脱贫困创造财富，而不应该铤而走险、以身犯法。

二、拒绝传销

传销组织巧妙地利用人们的从众心理，将大学生们套牢。当大学生置身于疯狂传销的区域，在一个比较封闭的传销圈子时，周围的传销行为就起着一种消极示范作用，使其逐渐受到感染，并难以抗拒其诱惑，最终深陷传销泥潭。然而，当学生在传销组织中一步步向上攀升时，他们也在一步步触及法律的底线。（图 9-2）

笔记

图 9-2 “法网”漫画

传销受害者要遭受经济和精神的双重浩劫，而当他们走过布满荆棘的“成功大道”时，早已是众叛亲离，伤痕累累，留给他们的只有悔恨的泪水、无尽的伤痛，以及难以直面的现实生活，心理阴影在他们脑海里久久不能抹去。

警示名言

判断一个人，不是根据他自己的表白或对自己的看法，而是根据他的行动。

——［俄］列宁

案例

谢某是某高校毕业班学生。学习成绩优秀，为人热情大方，是老师和父母眼中的好孩子。大三下学期，一个高中同学打来电话，请他到广西帮忙布置展销会。到广西的当天晚上，谢某被带到了“欧丽曼”传销的基层组织，简陋的房间里住着六七个大学生。虽然睡在地铺上，高中同学却对谢某说：“条件有点简陋，今晚你就克服一下，明天你听一堂课，你就会发现自己的浅薄，看我们生活得多么充实。”虽然对同学的话半信半疑，但看到周围都是和自己年龄相仿的各地大学生。谢某就放松了警惕，也不知道已经住进了传销的“窝点”。

第二天一早，大家就在房间里接受公司的“培训”，“家长”大讲当前的经济形势，年轻人的抱负和理想，说“直销”是“经济全球化的必然趋势，是一项伟大的事业”，等等。从头到尾，“欧丽曼”都打着“直销”的幌子，从不说是国家禁止的传销。除了上课接受“培训”，就是不断有人来跟你“交流”，透露某同学已经通过“直销”成为百万富翁等发财信息。经过7天的“培训”，谢某完全认同了“欧丽曼”的理念。

想加入“欧丽曼”要买3000多元的产品，谢某不敢向父亲开口。“家庭”成员就不断来劝谢某，在他们的威逼利诱下。谢某最终以学校要求买电脑的名义向父亲要钱。听说是学习需要，父亲咬牙把牛卖了，凑齐3000多元。正式加入“欧丽曼”后，谢某就一门心思地发展“下线”，盼望着成为传销“经理”“总代理”级的有钱人。谢某想到的第一个“下线”就是他的弟弟。谢某骗弟弟说在广西给他找了一个工作，弟弟到广西发现上当后，骂谢某连亲人也骗，没有人性。谢某心里也非常难过，但一想起“发财”的梦想，很快又开始在同学中发展“下线”。

看着一个个大学生被骗进“欧丽曼”，谢某也曾怀疑过这种行为是否合法，但是走上了这条路，人就像中了邪，什么亲情、友情都不顾了。后来，由于广西对传销打击得厉害，在“上线”的安排下，谢某来到重庆发展，最终落入了法网。

点评

本案中的谢某一开始也是个纯真善良又充满理想的优秀大学生。如果没有传销，他将拥有光辉的前程……然而，传销却把他引入歧途。谢某因被朋友欺骗而走进传销，本身是一个被害者，可在“家庭”不断的鼓励、激发、感召下，他的梦想被点燃了，他的心魔也被唤醒了，转而由一个被害者转变为害人者。被“洗脑”后，他竟残忍地欺骗了他的父亲、弟弟和同学。然而，正当他自己觉得“离成功不远了”的时候，却走向了监狱……

提示

每年暑期的大学毕业生，都有一部分因为找工作而被传销组织以“高薪”“好工作”等美丽的幌子所欺骗，结果深陷泥潭，难以自拔。有的即使逃离出来，但也造成了经济上和精神上的双重损失。“好工作”的诱惑是大学生被拉下水的第一诱因。严峻的就业形势给一部分大学生造成了很大的压力，他们渴望抓住每一个机会。一些在校学生求职心切，而传销组织宣扬的“好工作、高收入”使他们丧失了抵制诱惑的能力，加之传销组织采取高强度的“洗脑”等策略，导致一些在校学生迷失于传销旋涡中难以自拔。

一些传销组织为了诱骗来应聘的大学生，都会收取大学生的证件和通信工具，控制其人身自由。对此，大学生在应聘时要将详细的行程告诉老师

笔记

或亲友,不要将证件和通信工具交由他人管理。万一大学生被非法传销组织控制也不要惊慌,要见机行事,不可以莽撞地与对方冲突,毕竟大学生势单力薄,抓住一切可能的机会报案也不失为好的选择。

链接

依据国务院颁布的《禁止传销条例》规定,组织者或者经营者通过发展人员,要求被发展人员发展其他人员加入,形成上下线关系,并以下线的销售业绩为依据计算和给付上线报酬,牟取非法利益的,就被认定为传销行为。《禁止传销条例》还规定,对组织策划者,除没收非法财物、没收违法所得外,还要处以50万元以上200万元以下罚款;介绍、诱骗、胁迫他人参加传销活动的,除没收非法财物、没收违法所得外,还要处以10万元以上50万元以下罚款;从事传销活动,扰乱市场秩序,情节严重的,根据《最高人民法院关于情节严重的传销或者变相传销行为如何定性问题的批复》,应当依照《中华人民共和国刑法》第二百二十五条第(四)项规定,对组织策划者和其他起主要作用的骨干分子以"非法经营罪"处罚。

第三讲　做好求职就业安全防范

一、个人信息安全

信息时代,信息就是资源。在一些招聘会上,人们经常可以看到一些求职者的简历被随意丢弃在地上。这些简历上面有详细的个人信息,这些信息可能会给求职者带来意想不到的麻烦。

案例

案例1:某大学毕业生小刘,自从两个月前参加一场招聘会后,手机上的垃圾短信明显增多,有做广告的,有拉他去搞推销的,还有一些色情服务信息。更可气的是他同班的一位女生,自从在某招聘会上投出简历后,便被婚姻介绍所盯上了,时常打电话骚扰,还有一些人打电话拉她去做陪聊服务,到夜总会唱歌,推销酒水,等等。某大学一位就业指导老师告诉记者,现在一些不法分子四处收集个人简历,除了到招聘会上去捡,还可能花钱从一些不太规范的公司去买,他们把简历进行分类,然后提供给职业中介、婚姻中介、假证制造者、短信服务商、广告商们,接下来骚扰就源源不断了。

案例2:某高校大学生小欣的父母突然接到一个陌生人的电话,此人自称是小欣的大学老师,说小欣遭遇车祸伤势严重,正在市第一中心医院急救,必须马上手术,但是医院要求先交2万元的押金,需要家长立刻将钱汇到某个银行账号。

小欣的父母闻讯犹如晴天霹雳,拨打女儿的手机,一直处于关机状态。由于爱女心切,父母赶紧筹钱,就在要将钱汇出的那一刻,忽然觉得事有蹊跷,于是打电话到小欣的宿舍,找到了她的同学小惠。小惠接到电话后,立即赶到市第一中心医院,但并未找到小欣,也没有查找到小欣住院的记录。小惠及时把这一情况告诉了小欣的家人。原来,在当日下午2点,小欣接到一个陌生人的来电,对方自称是当地公安局的,告诉小惠某通缉犯窃取了她的手机号码,并有可能利用她的手机号码从事犯罪活动,为配合公安机关顺利破案,请她将手机关闭3个小时。骗子正是利用这3小时,给小惠的父母打电话实施诈骗。

令人不解的是:骗子怎么会知道小欣的手机和她家里的电话号码呢?一番冥思苦想后,小欣终于记起来了:她曾在网上向某家单位投递简历时,提供过手机号码和家庭电话。

点评

从当今的一些社会现象看来,形形色色的黑手已经伸向毕业生的求职简历。那么毕业生如何加强个人信息保密呢?就业指导专家提醒毕业生:不要将个人的所有联系方式都提供给招聘单位,一般提供手机号码和电子邮件即可,至于固定电话,可以提供院系负责就业工作老师的办公电话,最好不要提供宿舍或者家庭电话;接到陌生人的电话,不要轻信其花言巧语,应拨打114进行核实,或者与老师同学一起分析商量;对于各种渠道特别是互联网上的招聘信息,一定要慎重核实,不要轻易填写过于翔实的个人信息。另外,不要采取“天女散花”式的求职方式,对自己不信任的、不规范的公司不要随便递简历。

提示

大学生在求职投简历时,应注意以下几个方面。

(1)参加政府人事部门、劳动部门或学校举办的正规人才市场。

笔记

(2)网上求职要注意登录的网站是政府人事、劳动部门举办的,或者正规的企业网站。

(3)不要轻信街头路边的小广告或口头招聘广告。

(4)如到中介机构求职,一定要核准中介机构的营业执照、信誉等资质条件。

(5)如有来学校招聘的单位广告,一定要经过学校就业中心审核并加盖公章,来人招聘应有就业指导中心老师的参与。

(6)谨慎处理个人的信息,并保持同家人和学校的联系。

链接

对于尚未进入社会的大学生来说,对社会的一些基本常识还不了解,择业时存在着选择上的盲目性,而一些单位或个人正是抓住了大学生在这方面的弱点,采取利诱等方式,诱使大学生上当受骗。因此,大学生择业时,掌握一些有关的安全常识是很有必要的。

(1)尽可能到人才市场、大学生供需见面会上双向选择,这是主渠道,不要轻率盲目地自找门路。同时,进入上述市场的一般来说都是较正式的机构和厂矿、企事业单位,安全系数较大。

(2)不要轻易相信用人单位单方面的宣传,遇到疑问可多方了解。诸如单位情况、将从事工作的性质等,可通过学校组织、亲友了解,有条件的也可亲自登门,实地考察了解,这样除了防止受骗外,还便于去和用人单位签订合同,同时可以使自己更加主动,防止以后发生一些民事纠纷。

(3)一旦遇到麻烦,应立即向学校学生主管部门、保卫部门、地方公安机关反映,并注意保留证据,提供有关线索,协助调查,以维护自己的正当权利。

二、谨防黑中介

一些大学生为了尽快找到工作,求职心切,往往会选择一些中介机构。其中,一些黑中介便会趁此机会向大学生收取高额的职业介绍费,甚至押金、培训费等。因此,在求职过程中,首先要对中介公司或求职目标公司招聘的真实性进行核实。万一遭遇诈骗,要及时投诉或报案,敢于用法律武器来保护自己的合法权益,切忌抱着自认倒霉的心态而听之任之,这样不仅本人的损失难以挽回,还会让更多的人上当受骗。

笔记

警示名言

事业常成于坚忍，毁于急躁。

——［波斯］萨迪

案例

案例1：某高校大四毕业生彭某在一家职业中介的信息栏上看到一则招聘文员的启事，便前去咨询。该中介所“电话联系”了公司后，告诉彭某职位空缺，她可以去试一试，但要交纳100元中介费，并承诺如果这家不合适，可另外推荐，直到找到工作为止。面试后，公司让彭某回去等消息。等了两个多星期，彭某被告知未被录取。彭某只好找到那家中介所再次交了100元钱后重找一家公司，经过面试，又经过长达半个月的等待，也未接到录用通知。彭某始觉被骗。

案例2：某高校大一学生黄某登录一“助学中心”网站想找份兼职。该网站称只要是女大学生，注册交费以后，便可为其提供长期中介服务。黄某通过银行汇了20元建档费和100元报名费，本以为可以如愿以偿找份满意的兼职。可是几天后她再次登录“助学中心”查询结果时，该网站却怎么也打不开。她疑惑不解，一位同学告诉她，网上经常有利用中介行骗的事情发生，主要目标就是缺乏社会经验的大学生，一旦报名人数达到一定数量，网站就会神秘失踪。这时，黄某才知道自己被骗了。

点评

就业压力大是事实，但越是如此，越需要我们保持理智和冷静，擦亮双眼。在案例1中，彭某没有深入了解该中介公司的资信等情况，便前往咨询；第一次中介没有成功，没能“吃一堑，长一智”，以致再次被骗。可见，求职时“病急乱投医”式的做法不可取。

求助于职业中介机构已成为大学生求职的途径之一。中介一般为有偿服务，求职者需先交一笔服务费。但眼下对中介机构的管理还不完善，中介机构鱼龙混杂。一些非法中介为了诈骗钱财，绞尽脑汁设计圈套，引诱涉世未深的大学生上钩，这也正是案例2中黄某被骗的原因。不少“中介人员”穿梭于各类招聘会场，向大学毕业生许以美好前程。一旦中介费到手，所谓的“中介人员”要么开列出一些根本不需要人的单位名称忽悠大学生，要么突然消失得无影无踪。

笔记

提示

选择职业中介机构时要做到以下几点。

(1)验看《职业介绍许可证》和《营业执照》是否齐全,是否持证持照经营。

(2)看清收费项目和标准是否明码标价。

(3)订立书面协议,明确双方的权利和义务。

(4)谨慎对待职介机构的口头承诺,要求其将口头承诺写进书面合同。

(5)支付职介费用后,要求其出具有效发票。

特别提醒通过中介机构找工作的大学生,不要盲目轻信广告宣传,以免落入黑中介设置的陷阱中。

链接

《中华人民共和国民法通则》第八十九条第三款　当事人一方在法律规定的范围内可以向对方给付定金。债务人履行债务后,定金应当抵作价款或者收回。给付定金的一方不履行债务的,无权要求返还定金;接受定金的一方不履行债务的,应当双倍返还定金。

三、当心求职陷阱

近年来,大学生在就业求职过程中遭遇骗局、抢劫、合同陷阱案件日益增多,求职安全越来越引起世人关注。一些大学生在求职中被骗取钱财,一些大学生被谎称招工者打劫,一些大学生因不了解劳动合同法而被迫接受苛刻的劳动条件……这一切,使得大学生必须掌握必要的求职就业安全知识。

案例

某高校大二学生小程,在暑假前收到某公司的一条短信,说公司正在招一名导游,日薪200元,请其尽快到公司来面试。小程很疑惑,自己并没有向这家公司投过简历,于是就打电话去询问,对方答复在某人才网上看到的。受高薪影响,小程决定按时赴约。由于找不到地址就再次联系公司,很快一个骑摩托的人过来接小程。车刚开,骑摩托的人就让小程通知公司说很快就到了,在电话中公司的人对小程说让骑摩托的人接电话另有他事安排。

笔记

小程刚把电话递给骑摩托的，一份文件就从车上落了下来，出于礼貌小程下车帮忙捡文件，等捡起文件，摩托车已经不见了，小程的手机和包也被带走了。

点评

每年上半年是求职诈骗案件高发期，除传统的黑中介骗取介绍费、中介与不法单位勾结欺骗求职者“免费打工”、谎称上班实则传销等骗局外，犯罪嫌疑人已不满足于“守株待兔”，而是花样翻新，主动出击，通过获取求职者个人信息，精心布局，集团化作业，以上案例提醒大家，对送上门的好工作一定要提高警惕，不可大意。

提示

求职者一定要到正规的、最好是规模较大的人才市场内求职。接到面试通知，一定要沉着冷静，通过电话、老师、网络等多种方式核实对方单位和人员身份，要提前了解对方单位基本情况、招聘方式、计划等，如果无法辨别，可邀同学一同前往，以防被骗。

链接

一些求职者好工作没找到，反被抢走了财物。这类骗子多打着开中介公司、服务咨询机构的幌子，非法获取求职者个人信息，继而冒充招聘公司的人力资源部经理，给求职者发去短信，谎称公司急需招人，约其面试，引诱求职者，一旦求职者前往，骗子则趁其不备，抢走其随身携带的手机、现金等物品，快速逃离现场。

案例

某高校大四学生小赵在一次人才招聘会上将自己的简历投给了一家房地产公司。该公司经理在与小赵交谈后表示对他很满意，希望能当场签合同。对方承诺，上班后有住房，月薪3000元以上。一听对方开出的条件，小赵非常高兴，当即表示同意。

当对方将一份早已打印好的合同递给小赵时，兴奋激动的他草草浏览了一下，便不假思索地拿起笔在合同上签下了自己的名字。

进了公司小赵才知道，自己的岗位是销售员，销售人员的工资实行的是上不封顶下不保底，与销售额直接挂钩。销售部有十几名销售员，只有一位

笔记

业绩非常突出的销售员曾拿过3000多元的月工资，而对方提供的所谓住房其实是一间20多平方米的破旧仓库，而且是10个人挤在一起。一怒之下，小赵找到公司那位副总经理讨说法。对方找出当初与他签订的合同，在待遇条款里只写着"工资待遇高，公司提供住宿"字样。另外，合同规定，聘用期为三年，应聘方如毁约，违约金为每年5000元。也就是说，如果小赵要求解除合同，必须向公司交纳1.5万元违约金。看完合同，小赵愣住了。

点评

与招聘方相比，求职者在应聘时往往处于弱势地位。因此，不少毕业生求职时顾虑重重，对可能会使自己权益受损的协议条款不敢提出异议，往往对单位试用期不签订合同的做法也不深究，甚至被迫接受一些不平等条款。作为就业协议签约主体的一方，毕业生对就业协议的内容、作用和相应的法律后果尚缺乏深刻认识。本案例中小赵求职遇到的问题，就与他在签订劳动合同时不够仔细、不够慎重有关。

提示

(1)就业一定要签订劳动合同。不管就业期限长短，雇佣双方都应主动要求签订劳动合同，这是《中华人民共和国劳动法》的基本要求。由于工作性质、内容的不同，劳动合同的具体细则也不尽相同，但在合同中一定要体现出以下几个基本要素：合同期限、工作内容、劳动报酬、福利待遇、合同双方的权利及责任。在此基础上，当双方出现纠纷无法自行解决时，可通过劳动仲裁部门、劳动监察部门、各级人民法院等渠道解决。

(2)国家劳动部门明文规定：任何企业在招聘员工时，都不得以求职者的身份证、毕业证等作抵押。身份证、毕业证作为公民个人身份和学历的唯一合法凭证，应妥善保管，不轻易外"借"或抵押，以防被别有用心的人所利用。

链接

《中华人民共和国劳动合同法》第十七条　劳动合同应当具备以下条款：

(一)用人单位的名称、住所和法定代表人或者主要负责人；

(二)劳动者的姓名、住址和居民身份证或者其他有效身份证件号码；

(三)劳动合同期限；

笔记

（四）工作内容和工作地点；

（五）工作时间和休息休假；

（六）劳动报酬；

（七）社会保险；

（八）劳动保护、劳动条件和职业危害防护；

（九）法律、法规规定应当纳入劳动合同的其他事项。

劳动合同除前款规定的必备条款外，用人单位与劳动者可以约定试用期、培训、保守秘密、补充保险和福利待遇等其他事项。

笔记

专题十 社交活动安全

交往是人们通过各种不同的方式，进行的人际联系和接触。交往的目的在于传达思想、交流感情。社会交往对大学生充满了诱惑，他们渴望了解他人，了解社会，同时也希望被他人所了解。所以大学生交往的特点表现为交往欲望强烈、交往频率高、交往面广等。但是，面对纷繁复杂的社会和形形色色的交往对象，其中难免有一些居心叵测，心怀不轨之徒，给大学生交往带来不和谐因素。因此，我们必须高度重视社交活动安全。

警示名言

交一个读书破万卷的邪士，不如交一个不识一字的端人。

——（清）金樱

第一讲 不要轻信陌生人

大学生网上做兼职一晚被骗一万三
来源：贵阳1

大学生缺少社会经验，思想比较单纯，警惕性不高，对一些人或事缺乏应有的分辨能力，结果使狡诈、贪婪的诈骗分子有机可乘。据有关资料显示，在校大学生被骗取钱物，绝大多数是疏于防范。很多大学生（特别是新生）热情奔放，性格直率，经历的事情很少，没有处事经验，防范能力又比较差，容易上当受骗。

近年来，以大学生为对象的诈骗案件的发案率逐年攀升，已成为当前影响我国高校稳定及校园环境安定的主要恶因之一，引起了各方面的高度重视。作案人主要是利用大学生热情善良、思想单纯、社会经验不足、辨别是非能力较差的特点，骗取他们的信任和好感，进而骗财甚至骗色。大学生普遍喜欢交朋友，希望多结交一些人生道路上的同伴，扩大社交面。然而，交

笔记

友一定要慎重，如果不加辨别，因为别人的几句甜言蜜语就轻率交友，很可能会追悔莫及。

案例

社会青年谢某窜入某大学，在学生宿舍楼公告栏内看到某省同乡的联络名单，其中4名大学生还附有家庭地址、班级和宿舍等。谢某分别找到了这4人，冒充湖南老乡，借口出差，因所带银行卡在这里无法使用，请求帮助。4名大学生出于好心，分别借给他去北京的路费。谢某得手后，用同样的手法连续作案，后被警惕性高的大学生识破，扭送至学校保卫处。

点评

许多大学生，特别是大学新生，他们离开父母，开始独立生活，遇到同乡人都有一种亲近的感觉，同乡观念在大学生中较为盛行，有的还定期组织同乡会。同乡的交往超出了班级、专业、院系，甚至学校范围。上述案例中的谢某正是利用这一点，冒充同乡与大学生交往，进而骗取钱财。

提示

大学生具有同情他人、乐于助人的优点，但却不善于理性地辨别真假，在处理问题上往往过于感性，缺少防骗意识，而许多骗子正是利用了大学生的单纯和善良，伪造各种身份、编出各种谎言来博取他们的信任和同情，最后达到行骗的目的。

与人交往时还要注意区别对待，一定要保持应有的理智。对于初识的人，要学会“听其言，观其色，辨其行”，不要轻易“掏心窝子”，更不能言听计从、受其摆布利用。对于那些“来如风雨，去如微尘”的上门客，态度要热情、处置要小心，若对你提出钱财方面的要求，切不可被表面现象所蒙蔽，要懂得用理智去分析问题，多方核实对方的身份，避免上当受骗。同时，虽然人人都需要别人的帮助，同学、老乡、朋友间因一时之需，相互借钱是正常的，但应当考虑其信誉和偿还能力，三思而后行。

链接

一些大学生进入大学后有急于致富的心理，认为自己上大学花费了家里的大笔积蓄，现在要尽快发财致富，于是急功近利、贪图小利，这就很容易被骗子引诱和欺骗。例如，一名女研究生，在为撰写毕业论文进行调研的途中，在某地火车站对面的旅社里认识了一个自称是开饭店的十七八岁的姑

笔记

娘。两人一见如故，谈得十分投机。那姑娘邀女研究生去卖银子，说是来回大半天就可赚200元钱。女研究生经不起诱惑，见对方年轻而未存戒心，便同她一起去了。这名女研究生万万没有想到，自己堂堂一名大学高才生，竟被这个小姑娘以2480元的身价卖给了一个弓腰驼背的中年人为“妻”，失去自由长达71天。一个研究生的智商不会比这个小姑娘差，但为什么会被骗，值得人们深思。

第二讲 网络交友需谨慎

网络交友是以网络为媒介的人与人之间的交往。不少同学使用QQ、微信等即时通信工具进行网络聊天，结交了一些五湖四海、志同道合的网友。然而，网络交友这种方式常常被某些不法分子利用。他们以网络交友为幌子，暗地里进行着盗窃、诈骗、敲诈、绑架、强奸等违法犯罪活动。在现实生活中，大学生因网络交友而受骗上当的案例并不少见。他们中有人钱财受损，有人身体受伤，甚至还有人失去了年轻的生命。

警示名言

君子之交淡若水，小人之交甘若醴。君子淡以亲，小人甘以绝。

——（战国）庄周

案例

某高校学生赵某喜欢上网聊天。一次，他与当地另一所大学的女生小静在网上邂逅，两人聊得越来越投机，就相约见面。见面后小静被眼前这个高大而又帅气的男孩所吸引，两人无话不谈。与小静见过几次面后，赵某了解到小静家里非常富裕。看到自己身边的同学经常换手机，笔记本电脑、数码相机也应有尽有，想到自己因家庭贫困而常为学费发愁，赵某开始计划一个罪恶的行动。

一天，赵某与小静见面后，说要带她到外地去找同学借钱，小静不顾父母的反对执意随赵某同行。当晚，在一处幽静的小河边，赵某突然从身后将毫无戒备的小静勒昏，抛入河中溺死，并劫取了小静随身携带的包里的手机、银行卡、钥匙等物。第二天返回学校后，赵某用小静的手机向其父母索要40万元“赎金”，并威胁“不准报警”。警方接到报案后，迅速将刘某抓获。该市中级人民法院一审判处赵某死刑，剥夺政治权利终身。

笔记

点评

网友不等于朋友，有时候网友就是一个陌生人，所以千万不要被这个“友”字误导。本案例中，小静缺乏最基本的安全防范心理，对交往不多、不知底细的网友赵某过于相信，并将个人重要信息透露给了对方，还轻易单独与对方去陌生的外地。赵某正是利用了小静警惕性不高，对他极度信任的弱点，一步步地实施其犯罪计划。

提示

网恋爱上“美女”
坠入诈骗陷阱
来源：北京卫视

网络交友要注意以下几点。

(1)不要使用低俗的网名，容易被别有用心的人利用。

(2)不要将个人的重要信息，如姓名、电话、学校等透露给网友。

(3)不要轻信网友的话，被对方的花言巧语所迷惑。

(4)不要轻易与网友视频，以防对方截屏非法利用。

(5)不要随便借钱给网友。

(6)不要随便与网友见面，如要见面最好有人陪伴，选择在白天的公共场所，不要单独一人去自己不熟悉或者偏僻的地方，并且少带现金，不携带贵重物品。

(7)不要随便将网友带到自己的学校、寝室或家中。

(8)不要过分依赖网络交友，应多与身边的人交朋友。

(9)网络交往过程中遇到不法侵害，应及时向公安机关报案，让不法分子受到应有的制裁，避免更多的人上当受骗。

链接

利用网络交友的常见骗术如下。

(1)与网友见面时伺机实施盗窃。

(2)与网友见面时，以借手机打电话为圈套，骗取手机。

(3)在饮料或酒中下药致人昏迷，趁机劫走钱财。

(4)某些经营场所的人员以网络交友为诱饵，骗网友进行高额消费，以获取非法利润。

笔记

(5)编造各种借钱的理由,骗取他人钱财。

(6)以帮忙介绍工作或找人拉关系为由,骗取钱财。

(7)打着网络交友的幌子玩弄他人感情或实施强奸。

(8)以网络交友为名,进行敲诈勒索、绑架。

(9)打着网络交友的旗号,到处骗吃骗喝。

(10)通过网络交友诱逼他人加入传销组织。

第三讲　正确处理室友关系

室友关系是大学生活的必修课,如何处理好大学宿舍的室友关系是一门很重要的学问。大学室友多是天南海北聚到一块的,如果关系处理不好,一起住四年还是非常痛苦的。我们每个人都是独一无二的存在,性格、爱好和生活习惯等各不相同。和谐融洽的舍友关系对我们的学习和生活有着积极的作用,也会是我们生命中不可多得的财富。

警示名言

一个永远不欣赏别人的人,也就是一个永远也不被别人欣赏的人。

——汪国真

案例

林某与黄某均为某大学医学院2019级硕士研究生,分属不同的医学专业。2019年8月起,林某入住宿舍楼421室。一年后,黄某调入该寝室。之后,林因琐事对黄某不满,逐渐怀恨在心。

2020年3月29日,林某在大学宿舍听黄某和其他同学调侃说愚人节即到,想做节目整人。3月31日中午,林某将其做实验后剩余并存放在实验室内的剧毒化合物带至寝室,注入饮水机槽。4月1日早上,与林某同寝室的黄某起床后接水喝,饮用后便出现干呕现象,最后因身体不适入院。4月11日,该市公安局接该校保卫处对黄某中毒事件报案,警方接报后立即组织专案组开展侦查。经现场勘查和调查走访,锁定黄某同寝室同学林某有重大作案嫌疑,当晚依法对林某实施刑事传唤。4月12日,林某被警方依法刑事拘留。4月16日下午，黄某经抢救无效在医院去世。4月25日，检察院以涉嫌故意杀人罪对案犯罪嫌疑人林某依法批准逮捕。

点评

室友是与我们朝夕相处的人，我们不能因为一时冲动而犯下不可弥补的过错。

提示

(1)在人际交往中要善于沟通和交流。有时候我们所认为的问题不过是自己的误解，有效的沟通能避免悲剧的发生。

(2)如果跟舍友有矛盾，可以请班主任或者辅导员出面调解，不走极端。

(3)作为大学生，我们要有责任意识，既要对自己负责，也要对他人负责，在校期间要严格遵守校规校纪。

(4)要做个有良知、有道德的人，任何时候都不能做违法犯罪的事情。

笔记

专题十一

消防安全

火给人们带来光明和温暖，推动了人类的文明和社会的进步。但火如果失去控制，酿成火灾，就会给人们的生命财产造成巨大损失。为了增强广大学生的消防安全意识，明确消防安全责任，了解消防安全常识，掌握灭火、疏散、逃生的技能，提高自防自救能力，学习消防知识是大学生在校学习期间不可或缺的一课。通过对消防安全知识的学习，使广大学生做到“三懂、三会”，即懂火灾的危害性、懂火灾的扑救方法、懂预防火灾的措施；会报火警、会使用灭火器、会逃生自救。

警示名言

隐患险于明火，防范胜于救灾，责任重于泰山。

——江泽民

第一讲　火灾的起因

火灾是在时间、空间上失去控制的燃烧所造成的灾害。火灾具有极大的破坏作用。一场火灾可以在瞬间焚毁大量的物质财富，甚至危及人们的生命安全。火灾的引发，有雷电等自然原因，但更多的是人们缺乏安全意识和防范措施，以及火灾初发时处置不当等造成的。我们时常从报纸、电视中看到关于火灾的报道。在同学们生活的美丽校园里，火灾时有发生，给大学生生命财产造成严重损害，教训十分深刻。

如图 11-1 所示为宿舍的火灾隐患和消防须知举例。

图 11-1 宿舍的火灾隐患和消防须知

一、乱扔烟头

香烟燃烧时中心部位温度高达 700~800℃，烟头的表面温度可达 200~300℃。纸、棉花、布匹等大多数可燃物的燃点低于这个温度。根据试验，烟头引起棉絮着火的时间只需 3~7 分钟，引起腈纶着火的时间更短，只需 1 分钟左右。可见，烟头虽小，潜在的危险性却很大。

案例

一天，某高校大三学生王某离开宿舍外出，但他并不知道危险正随着他的离去而临近。9 点左右，几位同学发现王某宿舍内冒出浓烟，迅速拨打火警电话 119，并大声喊叫："起火了，起火了，宿舍起火了！"同学们闻讯后迅速撤离。9 点 45 分，消防员扑灭了火灾。王某宿舍内的床铺、桌子、衣服、显示器、音箱、书籍等悉数被烧，直接经济损失 1 万余元。公安消防部门勘察火灾现场时发现，王某床边的地板炭化严重，为起火点。王某承认起火点处放置的是他的旅行包，早上起床前他在床上抽了一支烟，烟头没有掐灭，顺手丢进了放在旅行包上用塑料杯做成的"烟灰缸"内。没有被掐灭的小烟头烧穿了塑料杯，进而引燃旅行包，最终引发了火灾。

点评

王某宿舍的火灾，就是由一个不起眼的小烟头引起的。幸亏同学们发

笔记

现得早并及时报警，火才得以迅速被扑灭。这场火灾本来是完全可以避免的。表面上，引发火灾的直接原因是王某没有掐灭烟头，顺手扔进了没有阻燃功能的塑料“烟灰缸”中，离开时也没有看看烟头熄灭了没有，为火灾的发生留下了隐患。实质上，也反映了王某缺乏良好的生活习惯和防火意识的淡薄。这次火灾虽然没有造成人员伤亡，但造成的经济损失也不小，教训十分深刻。因此，对待小小烟头千万不能麻痹大意。

提示

(1)吸烟有害健康，大学生最好不要吸烟。不要躺在床上、沙发和蚊帐中吸烟，特别是酒后更要注意。不要随意弹烟灰，烟头的火星会飘落到床单、沙发坐垫、蚊帐等易燃物上，易引发火灾。

(2)应将烟头丢在有阻燃功能的烟灰缸、痰盂、水杯等容器之中，不要丢在纸箱、书桌等可燃物上，确认烟头熄灭后才可离开。

(3)切勿随意乱丢烟头，特别是在周围有较多易燃物、可燃物的场所。扔掉的烟头因风吹、脚踢等与易燃物、可燃物接触，就可能会引发火灾。

(4)不要在加油站、化工厂等严禁吸烟的场所吸烟。

链接

案例1：大兴安岭特大火灾燃烧了1个月，造成上万户群众受灾，5万~6万人流离失所，193人在大火中丧生，226人受伤，经济损失高达69亿元。这场特大火灾就是由于工人野外吸烟和动用明火造成的。

案例2：吉林“二一五”中百商厦特大火灾造成53人死亡、70人受伤。这场火灾是由于一位临时雇工向库房送纸板时吸烟，把烟头掉在了地上而引起的。

案例3：武汉某高校曾因卡在地板缝隙内的一个小小烟头引起大火，烧毁了整整一层实验楼。

二、点蜡烛看书

在日常生活中，我们用到蜡烛的机会越来越少，但在高校，偶尔停电时，许多学生会用蜡烛来照明；还有一些学生违反作息规定，在熄灯后点蜡烛看书，火苗随风飘忽，或蜡烛倾倒、燃尽而点燃蚊帐、衣服、书籍等引发火灾。

案例

某日，一高校学生宿舍楼628室发生火灾。刚开始，学生们用水桶、脸盆

笔记

浇水扑救。不一会儿，宿舍楼内烟雾弥漫，可见度越来越低，火势也越来越大，情况非常紧急。学生们见无法自救，遂报火警。火灾导致628室的门窗被烧毁，墙面、地砖烧裂；室内所有物品被焚毁；该楼六楼走道被烟熏黑，强电、弱电线路损毁。

经公安消防部门和校保卫处联合勘验、调查后确认，火灾系628室寒假留校同学赵某点蜡烛引发的。赵某将点燃的蜡烛放在存放有易燃物的柜顶，人走时没有吹灭蜡烛，蜡烛燃尽时引燃木柜，进而引发火灾。事后，赵某受到公安部门和学校的处罚。

点评

本案例的教训是十分深刻的：一是发现火灾后，虽然同学们努力自救的行为和精神可嘉，但没有马上报火警是非常错误的；二是同学们自救时没有想到利用楼道内的消防栓、灭火器等专用灭火设备灭火，失去了控制火势、扑灭大火的最佳时机。当然，同学们在不能有效控制火势的情况下，选择了撤离火场，把保护生命放在首位，是比较明智的。

提示

商学院宿舍火灾
来源：优酷网

(1)无论在什么时候、什么地方，一旦发现火险，要迅速报警。

(2)火灾发生时，要把保护生命放在第一位。在不能迅速有效自救时，要迅速撤离火灾现场，避免伤亡。

(3)要使用灭火器、消防栓等专用灭火工具和设备灭火。平时应观察这些工具、设备所在的位置，学习怎样使用这些工具和设备。

(4)要严格遵守学校的各项安全防范规定，不宜在学生宿舍使用带有明火的照明工具。

(5)确需使用蜡烛时，蜡烛下应设不可燃的硬性基座，并将蜡烛垂直粘牢，防止蜡烛燃尽或倒后点燃可燃物。离开时一定要熄灭蜡烛。

链接

学生宿舍管理制度通常有如下明文规定。

(1)不私拉电线，电线不绕床。

(2)床上无台灯。

(3)不使用电炉、电饭锅、热得快等电热器具。

(4)不使用蜡烛。

笔记

三、乱接电源

在高校校园里,大学生常常因不懂电、乱用电,甚至错误用电而被电和由电引发的火灾伤害,如有的学生违章使用电热炉、热得快、电热毯等大功率电器,有的学生违章乱接乱拉电源线路,还有个别学生购置和使用伪劣电器产品,这些都很容易导致火灾的发生。

案例

一个夜深人静的凌晨,一场突如其来的特大火灾毫不留情地在俄罗斯莫斯科人民友谊大学一留学生楼发生了。大火在短短的3个小时内就将一幢5层大楼吞噬。由于火势迅猛,从睡梦中惊醒的学生们纷纷跳窗逃生。火灾中,有41名学生或被火烧死,或窒息而死,或摔伤致死,还有180多名学生受伤,其中有不少是中国留学生。消息传出,举世震惊。据俄罗斯官方消息,这起震惊世界的火灾事故,是由于用电不当导致电线短路引发的。

点评

这个案例突出反映了高校学生宿舍安全用电的重要性,也再次说明了火灾的危害是巨大的。这一惨痛教训应该引起同学们的深思和警醒。

提示

(1)不要在宿舍内使用电炉、热得快和电热毯等大功率、低安全性的电器。

(2)不要在宿舍内乱接电线,不超负荷插接电源。

(3)不要贪图便宜而购买、使用伪劣接线板等电器产品。

(4)养成电器用后随手断开电源和人走灯灭的用电习惯。

(5)学习掌握火灾中逃生的技巧。

链接

某日中午,徐州某高校宿舍楼发生火灾,徐州消防部门历时20多分钟将火扑灭,据悉,此次火灾未造成学生伤亡。

在现场,据该校多位学生反映,起火的是该校学十楼宿舍7楼东端朝北的一个房间。其中一位张姓同学介绍,事发时间在12点左右,大多数同学正在附近操场活动,期间有人发现7楼一宿舍内有浓烟冒出,于是大家迅速将火情报警。

笔记

第二讲　火灾的预防

我国消防工作的方针是“预防为主，防消结合”。人人都应该遵守消防条例，用自己掌握的消防知识保护公私财物的安全。

一、注意易燃、易爆物品

易燃、易爆物品在大学生的学习、生活中经常碰到。在实验室，我们能接触到液态氢、液态氧、乙醚、金属钠等物品；在生活中，我们常常接触到液化气、汽油、酒精、油漆等物品。易燃、易爆物品以固体、液体和气体三种形态广泛存在于我们的周围，不仅品种繁多，而且还具有各自的物理化学特性，在受热、摩擦、震动、撞击、接触火源、日光曝晒、遇水受潮、接触空气，以及性能相抵触的物品混放在一起等外来因素的影响下，会引起燃烧、爆炸、腐蚀、灼伤等灾害性事故。

案例

某高校管理专业的女研究生张某傍晚回到宿舍时，闻到一股强烈的液化气味。为了看一看液化气灶何处漏气，她不假思索地打开了房间的电灯开关。就在灯亮的一瞬间，火光一闪，“轰”的一声巨响，开灯引起的电火花引爆了泄漏在空气中的液化气。爆炸引起的大火将张某烧成重伤。

点评

这起爆炸发生的主要原因有两个：一是张某作为在校研究生，违反学校宿舍管理规定在宿舍内用液化气做饭；二是张某缺乏基本的安全常识，不知道液化气易燃、易爆的特点，在已经发现液化气泄漏的情况下，张某不假思索地打开电灯开关，导致爆炸发生。液化石油气是一种易燃、易爆物品，当它与空气混合体积比达到2%~10%时，遇火（哪怕是开灯引起的电火花）就能引起爆炸、燃烧，且威力很大。1kg 液化石油气与空气混合产生的爆炸威力相当于10kg 三硝基甲苯（TNT）炸药的爆炸威力。上述案例中，张某宿舍的液化气灶泄漏的液化气在房间内达到了爆炸、燃烧混合比，致使惨剧发生。

笔记

提示

(1)不要在宿舍、实验室内用酒精、液化气等做饭。

(2)学习掌握常见的易燃、易爆物品的爆炸、燃烧条件。

(3)一定要按操作规程来使用易燃、易爆物品。

(4)发现宿舍等公众场所有人违规使用易燃、易爆物品,应立即制止并向管理部门报告。

链接

某大学一位博士生在用酒精喷灯做试验时,由于实验程序不规范,导致受热容器发生爆裂,使旁边一名正在观察受热酸溶液变化的博士生脸部被严重灼伤。

二、警惕旅途中的火灾

现在,大学生因实习、找工作、回家、旅游等需要外出的机会越来越多。外出时需要乘坐车、船、飞机等交通工具。同学们千万要提高警惕,旅途中除防盗、防抢、防车祸等外,还要警惕火灾的发生。如果遭遇火灾,一定要冷静、正确地应对。

案例

一天下午,一辆载有某大学10名学生的大客车从上海开往湖北。途中驾驶员王某突然闻到一股刺鼻的香蕉水味,立即停车检查。当查到乘客陈某时,发现在他的座位旁有一摊“积水”,便想看个究竟。不料,陈某为了证明自己的清白,竟拿出打火机点“水”试火,只听“轰”的一声,便燃起了大火。顿时,车上30多人乱作一团,纷纷跳车逃命。慌乱中,有的人腿脚被火灼伤,有的人被挤伤、擦伤。等消防员接到报警赶到现场时,整个大客车烧得只剩下一个铁壳。后来,陈某承认他带了1kg绝缘油漆上车,油漆在车上发生渗漏,导致了火灾的发生。

点评

由于各类交通运载工具自身的封闭性、流动性,一旦失火,旅客往往逃脱困难,很容易酿成群死群伤的恶性事故。在这起案例中,有两点是火灾发生的关键:一是陈某带违禁品上车,且不熟悉绝缘油漆的物理、化学属性,以致使用明火点燃油漆,引发火灾;二是当时车上的乘客(包括大学生)早已闻到油漆的气味，但没有引起警惕，也没有向司机及时报告，使车上的油漆渗漏过多，遇明火即被引燃。

提示

（1）不要携带易燃、易爆物品上车、船、飞机，发现有人携带时应及时向乘务员反映情况，妥善处置。（图 11-2）

图 11-2　禁止携带易燃、易爆等物品上车、船、飞机

（2）发生火灾后，要迅速离开现场，必要时可砸碎车窗玻璃逃生。

（3）起火后，不要返回车内取任何东西，因为烟雾中有大量毒气，吸入一口就可能害人性命。

链接

消防安全标志用以表达特定的安全信息，标志由几何图形、图形符号和安全色组成。悬挂消防安全标志是为了能够引起人们对不安全因素的注意，预防发生事故。

消防安全常用标志如表 11-1~表 11-4 所示。

表 11-1　火灾报警和手动控制装置的标志

编　号	标　志	名　称	说　明
11. 1. 1		消防手动启动器	指示火灾报警系统或固定灭火系统等的手动启动器
11. 1. 2		发声警报器	可单独用来指示发声警报器，也可与 11. 1. 1 标志一起使用，指示该手动启动装置是启动发声警报器的
11. 1. 3		火灾电话	指示在发生火灾时，可用来报警的电话及电话号码

笔记

表 11-2　火灾时疏散途径的标志

编　号	标　志	名　称	说　明
11. 2. 1		紧急出口	指示在发生火灾等紧急情况下,可使用的一切出口
11. 2. 2		滑动开门	指示装有滑动门的紧急出口。箭头指示该门的开启方向
11. 2. 3		推开	本标志置于门上,指示门的开启方向
11. 2. 4		拉开	本标志置于门上,指示门的开启方向
11. 2. 5		击碎板面	指示:①必须击碎玻璃板才能拿到钥匙或拿到开门工具;②必须击开板面才能制造一个出口
11. 2. 6		禁止阻塞	表示阻塞(疏散途径或通向灭火设备的道路等)会导致危险
11. 2. 7		禁止锁闭	表示紧急出口、房门等禁止锁闭

表 11-3　火灾设备的标志

编　号	标　志	名　称	说　明
11. 3. 1		灭火设备	指示灭火设备集中存放的位置
11. 3. 2		灭火器	指示灭火器存放的位置
11. 3. 3		消防水带	指示消防水带、软管卷盘或消防栓箱的位置
11. 3. 4		地下消防栓	指示地下消防栓的位置
11. 3. 5		地上消防栓	指示地上消防栓的位置
11. 3. 6		消防水泵接合器	指示消防水泵接合器的位置
11. 3. 7		消防梯	指示消防梯的位置

表 11-4　具有火灾、爆炸危险的地方或物质的标志

编　号	标　志	名　称	说　明
11.4.1		当心火灾——易燃物质	警告人们有易燃物质，要当心火灾
11.4.2		当心火灾——氧化物	警告人们有易氧化的物质，要当心因氧化而着火
11.4.3		当心爆炸——爆炸性物质	警告人们有可燃气体、爆炸物或爆炸性混合气体，要当心爆炸
11.4.4		禁止用水灭火	①该物质不能用水灭火；②用水灭火会对灭火者或周围环境产生危险
11.4.5		禁止吸烟	表示吸烟会引起火灾
11.4.6		禁止烟火	表示吸烟或使用明火能引起火灾或爆炸
11.4.7		禁止放易燃物	表示存放易燃物会引起火灾或爆炸
11.4.8		禁止带火种	表示存放易燃、易爆物质，不得携带火种
11.4.9		禁止燃放鞭炮	表示燃放鞭炮、焰火能引起火灾或爆炸

第三讲　火场逃生与自救

一场火灾降临，能否成为幸存者，固然与火势的大小、起火时间、楼层高度和建筑物内有无报警、排烟、灭火设施等因素有关，然而主要还是与被困者的自救能力，以及是否懂得逃生的步骤和方法等因素有着密切关系。在实施自救行动之前，一定要强制自己保持头脑冷静，根据周围和各种自然条件选择自救方式。

发生火灾时，火势的发展、烟雾的蔓延是有一定规律的，火场同时也是千变万化的，被浓烟烈火围困的人员或灭火人员，一定要抓住有利时机，就近利用一切可以利用的工具、物品，想方设法迅速撤离火灾危险区。在众多人员被大火围困的时候，一个人的正确行为，往往能带动更多人的跟随，可

笔记

以避免一大批人员的伤亡。因此,大家只有了解和掌握了火场逃生的基本原则,即安全撤离、救助结合,才能在突遇火魔侵袭的时候从熊熊大火中顺利逃生。

一、灭火有窍门

火灾过程一般可以分为初起、发展、猛烈、下降和熄灭五个阶段。从近年发生的一些重大、特大火灾可以看出,有相当一部分火灾都是因为火灾初起时扑救不力,甚至采用错误的方法灭火,导致火势蔓延,酿成大火灾而造成重大经济损失和惨重人员伤亡的。

案例

一个冬天的早晨,一连串刺耳的火警警报惊醒了睡梦中的人们,三辆消防车风驰电掣地奔向某大学学生食堂。原来,食堂工作人员看见油锅突然起火,十分慌张,顺手用水浇了上去,他们没想到油锅的火苗顺势蹿得很高,沾满油渍的灶台和烟囱也跟着起火了,火势越来越猛,燃烧范围越来越大。见势不妙,厨房工作人员立即撤离出来。火灾现场浓烟滚滚,大厅内就餐的学生和员工乱作一团。当时,厨房内还放置有5个大煤气罐。随着火势的蔓延,煤气罐随时都有爆炸的危险!

消防官兵到达现场后,一边灭火,一边寻找和搬运煤气罐。由于消防官兵出警迅速,运用战术得当,才没有让火势进一步扩大。

点评

从本案例中我们可以清楚地看到,一个错误的灭火行为,让小火蔓延成了大火。油锅起火是比较常见的,油锅起火时应迅速关闭炉灶的燃气阀门,用湿抹布、菜、锅盖等直接覆盖即可有效阻止火势蔓延和将火扑灭。油锅起火时,是绝对不能用水来浇灭的,油比水轻,燃烧的油会浮在水面上继续燃烧;泼水时,还会使燃烧的油四处飞溅,导致火势蔓延。本案例中,食堂工作人员缺乏起码的安全知识,在油锅起火后用水灭火是极其错误的;在火势开始蔓延时,食堂工作人员惊慌失措,在安全允许的情况下,没有及时地搬走火灾现场的煤气罐,也是不妥的。幸亏消防官兵及时赶到扑灭了大火,如果发生煤气罐爆炸,后果将不堪设想。

提示

掌握如下几种常见火灾的扑救方法。

笔记

（1）家具、被褥等起火：一般用水灭火。

（2）电器起火：家用电器或线路着火，要先切断电源，再用干粉或气体灭火器灭火，不可直接泼水灭火，以防触电或电器爆炸伤人。电视机万一起火，决不可用水浇，可以在切断电源后，用棉被将其盖灭。灭火时，只能从侧面靠近电视机，以防显像管爆炸伤人。若使用灭火器灭火，不应直接射向电视屏幕，以免其受热后突然遇冷而爆炸。（图 11-3）

图 11-3　灭火器使用方法

（3）燃气罐着火：要用浸湿的被褥、衣物等捂盖火，并迅速关闭阀门。

链接

某高校一学生宿舍内发生火灾，同学们用水将棉被的明火扑熄后，学生王某想看一看压在床下的书籍是否被烧毁，他走上前拉起棉被一抖，谁知内层的棉絮突然四散脱落，这些带有火星的棉絮因抖动遇到新鲜空气立即燃烧，引燃了寝室内其他床上的衣被，最后整间宿舍被烧得精光。

二、火灾逃生的技巧

面对突然发生的火灾，应该努力自救。若不懂得逃生技巧，惊慌失措、束手无策、盲目跟从，就可能错过最佳的逃生时机，命丧火海。

案例

一天夜里，某歌舞厅发生了造成 309 人窒息死亡的大火。当救援的第一批消防队员破门进入歌舞厅时，发现有的人坐在沙发上，有的人趴在地上，毫发未损，以为他们还活着，上前一看，这些人七窍流血，已经因吸入过量有毒烟气窒息而死。在这面积不大的地方，倒下 200 余人，还有的人在四处寻找出路时，死在了歌舞厅周围办公区的过道内，真是惨不忍睹。

点评

笔记

从着火的规模上来说，该歌舞厅的火灾不算是特大的，然而造成的后果却是非常严重的。火灾为什么会造成如此多的人员死亡？据消防专家分析，主要原因有三：一是房屋建筑设计有问题，没有设置防火门，导致有毒烟气迅速扩散到整个大楼；二是现场没有人员组织疏散，大家漫无目的地各自夺路逃生，耽误了自救的宝贵时间；三是现场人员大多不懂火场逃生的技巧，没有很好地利用火场的条件积极逃生，很多人束手无策，最后吸入大量有毒烟气造成中毒、窒息死亡。幸存者之所以能够幸存，就是因为他们懂得逃生技巧，知道如何避免有毒烟气的侵入，想法获取新鲜空气，如两名幸存者在情急之下跑进厕所，紧闭厕所门，堵住了浓烟侵入，最终获救；还有四名幸存者发现着火后，迅速躲进一间KTV包房内，并拽掉墙上的空调管子，通过管子的孔洞使室外新鲜空气进入，才得以幸存；另有几十人打破窗户呼叫救援，最后被消防员通过救生绳和消防云梯救出。可见，掌握一定的火场逃生技巧，关键时刻可以保住性命。

提示

火灾自救知识：让火苗飞
来源：优酷网

火海逃生要诀。

（1）要熟悉环境。当来到酒店、歌舞厅、卡拉OK厅、商场时，务必留心疏散通道、安全出口及楼梯方位等。当大火燃起、浓烟密布时，便可尽快逃离现场。

（2）应确认通道出口畅通无阻。

（3）要保持镇静，快速撤离。突遇火灾，面对浓烟和烈火，首先要强令自己保持镇静，快速判明危险地点和安全地点，决定逃生的办法，千万不要盲目地跟从人流相互拥挤、乱冲乱撞。撤离时，要注意朝建筑物的安全疏散出口或外面的空旷地方跑。当火势不大时，要尽量往楼层下面跑，若通道被烟火封阻，则应背着烟火方向离开，逃到天台、阳台处。切不可乘坐电梯。

（4）应做好简易防护。最简易的方法是用打湿的毛巾、口罩捂鼻，用水浇身，匍匐前进。因为烟气较空气轻而飘于上部，贴近地面逃离是避免烟气吸入的最佳方法。

（5）当大火袭来时，也可固守待援。大火袭近时，假如用手摸到房门已感烫手，此时千万不可开门，可以关紧门窗，用湿毛巾、湿布塞堵门缝，或用水浸湿棉被，蒙上门窗，防止烟火渗入，等待救援人员到来。

（6）发出信号，寻求救援。在逃生无门的情况下，努力争取救援也不失为上策。被困者要尽量待在阳台、窗口等易于被人发现和能避免烟火近身的地方,及时发出求救信号,引起救援人员的注意。在将要失去知觉前,应努力滚到墙边,便于消防人员寻找、营救,因为消防人员进入室内一般都是沿着墙壁摸索前进的。

链接

高楼内遇到火灾的逃生技巧:如果着火点位于自己所处位置的上层,此时应向楼下逃去,直至到达安全地点;如果着火点位于自己所处位置的下层,且火和烟雾已封锁向下逃生的通道,应尽快往楼上逃生,楼顶平台是一个比较安全的场所,如楼顶有水箱,可用水浇湿自己的衣服,以抵御火焰的高温熏烤;如果在向楼顶平台逃生的过程中,发现自己被火、烟追赶上且又被封锁了向上的道路,此时应果断地改选横向逃生路线,从另一层楼的走廊通道逃生,或退守到该层有利于逃避的房间内,寻求其他的自救方法。

笔记

专题十二

交通安全

交通安全是指人们在道路上进行活动、玩耍时,按照交通法规的规定,安全地行车、走路,避免发生人身伤亡或财物损失。随着时代的发展,交通也越来越发达,便捷的交通给我们的生产、生活带来了极大的便利。但是,我们在享受便利交通的同时,也正时刻面临着交通安全隐患的威胁。

警示名言

全球可持续发展有赖于道路交通安全。

——[美]普利亚·普拉萨德

第一讲　交通安全常识

交通安全常识
来源:优酷网

一、步行安全

步行是人类基本的活动方式之一,步行被公认为是世界上最好的运动。可有些人在步行时喜欢乱穿马路,这样往往容易使司机产生错误判断,导致交通事故发生。乱穿马路的现象在高校大学生中十分普遍,而交通安全教育是解决交通事故的根本途径。只有有了很好的交通安全知识和自我防卫意识,遵守交通规则,珍爱生命,才能确保交通的安全。

人们在道路上行走时,要注意以下几个方面。

(1)严守交通规则。发生交通事故的一个主要原因,是行人不依交通标志横穿马路,故发生车祸时,行人就成了最大的受害者。所以,横穿马路时,要走人行横道、地下通道或过街天桥。在设有红绿灯的路口穿过马路时,要等对面绿灯亮起,不可与汽车抢道。没有交通信号控制的人行横道,须注意

车辆,不要追逐猛跑。(图 12-1)

图 12-1　行人过马路应严守交通规则

(2)在街道或公路上步行,要走人行道。没有人行道的地方,靠路的右侧行走,不要往路的内侧靠近。步行时精神集中,不要边走边玩,或是在车来人往的地方边听音乐(用耳塞)边走路。不要为了方便和省力,而去翻越马路或铁道口的护栏。

(3)横穿没有交通信号灯的公路或街道时,要走人行横道(没有人行横道的路段要直行到有人行横道的地方通过),并且注意主动避让来往车辆,不要在车辆临近时抢行。

(4)穿越没有人行横道线的马路时,应先在路边停一下,看左右两边有无来往车辆。看清并确定没有车辆过来后,尽快直行通过,不要中途停下来,做系鞋带、捡东西之类的事情。

(5)不要翻越道路中央的安全护栏和隔离墩。不要突然横穿马路,特别是在马路对面有熟人、朋友呼唤,或者自己要乘坐的公共汽车已经进站的情况下,千万不能贸然行事,以免发生意外。

(6)不得在道路上使用滑板、旱冰鞋等滑行工具,不得在车行道内坐卧、停留、嬉闹,不得扒车、强行拦车,不得实施追车、抛物击车等妨碍道路交通安全的行为。

(7)在雾、雨、雪天,最好穿着色彩鲜艳的衣服,以便机动车司机尽早发现目标,提前采取安全措施。

(8)夜间走路要防止意外事故的发生。因为夜里能见度低,有可能会滑进路旁的阴沟里,摔进施工挖的土坑里或掉下桥、山洞。所以,夜间行走时,要尽量走自己熟悉的路段,注意观察路面的情况,及时发现异常情况,防止意外发生。

笔记

(9)集体外出时,最好有组织、有秩序地列队行走;结伴外出时,不要相互追逐、打闹、嬉戏;行走时要专心,注意周围情况,不要东张西望、边走边看书报或做其他事情。

案例

在某高校门前,一名大二女生外出办事,为了赶时间,该女生觉得走200米外的人行过街天桥过马路太麻烦,于是直接横穿马路。突然,一辆小货车从前方飞速驶来,该女生躲避不及,被这辆疾驰而来的小货车撞倒,不幸当场死亡。

点评

上述案例中,这名大二女生明明知道200米外就有人行过街天桥,如果不贪图方便,不为了赶时间铤而走险,多走几步路,这场悲剧是完全可以避免的。这起事故主要是由于该学生安全意识淡薄,违反交通规则,乱穿马路引起的。生命只有一次,应该格外珍惜。(图12-2)

有人行过街天桥或人行
过街地道的,须走人行
过街天桥和人行过街地道。

图 12-2　行人应走过街天桥

提示

(1)在有人行横道、地下通道、人行过街天桥的地方,要走人行横道、地下通道、人行过街天桥。

(2)在没有人行横道、地下通道、人行过街天桥的地方,通过没有红绿灯的路口时,要集中精力,注意观察来往车辆,在确认没有车辆临近时快速通过,做到不逗留、不嬉戏打闹,切勿在车辆临近时突然横过或者中途倒退、折返。

链接

(1)过人行横道时要注意观察交通信号灯的变化。红灯亮时,不能过马

笔记

路;绿灯亮时,也要左右察看,确定没有来车,才可以过马路;如果走到马路中间时信号灯突然变成红色了,要视路面情况,或赶紧跑过马路,或赶紧退回路边,或选择安全的位置站着不动,等绿灯亮了再过马路,千万不要惊慌。

(2)横过多条车行道或者车流量较大的车行道时,可以采取“左右左”看的方式,判断和确认安全后迅速完成横穿马路的整个过程。

二、骑车安全

自行车、电动自行车、摩托车是人们普遍使用的交通工具。自行车、电动自行车和摩托车的使用都有相关的规定。违反规定,往往容易导致交通事故。(图 12-3)

图 12-3　自行车、电动自行车等应遵守相关规定

我国交通法规规定,未满 12 周岁,不准在道路上驾驶自行车(三轮车)。驾驶电动自行车和残疾人机动轮椅车必须年满 16 周岁。骑自行车,应当注意以下内容。

(1)要经常检修自行车,保持车况完好。车闸、车铃是否灵敏、正常,车胎、链条是否完好,这些尤其重要。

(2)骑自行车要在非机动车道上靠右侧行驶,不逆行;转弯时不抢行猛拐,要提前减慢速度,看清四周情况,以明确的手势示意后再转弯。电动自行车在非机动车道内行驶时,最高时速不得超过 15km。

(3)不得在道路上骑独轮自行车或两人以上骑行的自行车。

(4)经过交叉路口,要减速慢行,注意来往的行人、车辆;不闯红灯,遇到红灯要停车等候,待绿灯亮了再继续前行。

(5)不能逞能飞车穿行;超越前方自行车时,不要靠得太近,不要速度过快,同时在超越前车时,不准妨碍被超车的正常行驶。

笔记

（6）自行车（三轮车）不得加装动力装置。

（7）骑自行车（电动自行车、三轮车）在路段上横过机动车道，应当下车推行，有人行横道或者行人过街设施时，应当从人行横道或行人过街设施通过；没有行人过街设施或不便使用行人过街设施的，在确认安全后直行通过。

（8）骑车时不要手中持物，不要双手撒把，不多人并骑，不互相攀扶，不互相追逐、打闹。（图 12-4）

（9）骑车时不攀扶机动车辆，以免被剐倒；不载过重的东西；骑车时要精神集中，不要戴耳机听广播或听随身听。

（10）通过陡坡、横穿四条以上机动车道、夜间灯光炫目或途中车闸失效时，须下车推行，但切记不要突然停车，下车前必须伸手上下摆动示意，不准妨碍后面车辆行驶。

（11）骑自行车不准载人，因为自行车的车体轻、刹车灵敏度低，轮胎很窄，如果载人的话，车子的总重量增加，车身容易失去平衡，遇到突发情况时，容易发生事故。

图 12-4　严禁“多人并骑”

案例

一天晚上，某高校学生李某骑自行车带女友横穿马路时不幸被汽车撞倒，李某当场死亡，其女友也因伤势过重第二天在医院不治身亡。面对突如其来的悲剧，两位同学的家长泪流如织，二十多年的含辛茹苦换来的竟是悲恸欲绝。

点评

严禁骑自行车带人横穿马路，这是最基本的常识。李某骑车带人本已违反了交通规则，骑车带人并横穿马路更是错上加错。这对情侣双双惨死，这一悲剧的发生是偶然中的必然，值得我们每一个学子吸取教训。

提示

自行车的行驶空间和借道通行应注意以下几点。

（1）借用人行道时，不准骑行只准推行。

（2）当非机动车道被机动车临时占用而受阻时，允许自行车在堵塞点前 10 米内借用相邻的机动车道，绕过堵塞点后应立即回归非机动车道。

(3)骑自行车横穿马路时,在设有人行横道的路上,应在人行横道线内通过,横穿有4个机动车道的道路时,应下车推行;在没有设人行横道的道路上,应下车观察,确认安全后方可穿行。

(4)当自行车要绕过刚停下的车辆时,要注意防止该车车门会突然打开,尤其对出租车、轿车更要提防,以免撞上打开的车门而意外受伤。

链接

雨雪天气骑自行车应注意以下事项。

(1)骑车途中遇雨,不要为了免遭雨淋而埋头猛骑。

(2)雨天骑车最好穿雨衣、雨披,不要一手持伞一手扶把骑行。

(3)雪天骑车,自行车轮胎不要充气太足,这样可以增加与地面的摩擦,不易滑倒。

(4)雪天骑车应与前面的车辆、行人保持较大的距离。

(5)雪天骑车应选择无冰冻、雪层浅的平坦路面,不要猛捏车闸,不急拐弯,拐弯的角度也应尽量大些。

(6)雨雪天气道路泥泞湿滑,骑车时精力要更加集中,随时准备应付突发情况,且骑行的速度要比正常天气时慢些才好。

三、乘坐交通工具安全常识

(一)乘坐机动车

汽车、电车等机动车是人们最常用的交通工具,为保证乘坐安全,应注意以下几点。

(1)乘坐公共汽(电)车,要排队候车,按先后顺序上车,不要拥挤。上下车均应等车停稳以后,先下后上,不要争抢。上车后不要匆匆忙忙找座位,发现老弱病残孕及带小孩的人,应主动让座。

(2)不要把汽油、爆竹等易燃易爆的危险品带入车内。

(3)乘车时不要把头、手、胳膊伸出车窗外,以免被对面来车或路边树木等刮伤,也不要向车窗外乱扔杂物,以免伤及他人。

(4)乘车时要坐稳扶好,没有座位时,要双脚自然分开,侧向站立,手应握紧扶手,以免车辆紧急刹车时摔倒受伤。

(5)乘坐小轿车、微型客车时,在前排乘坐时应系好安全带。

(6)尽量避免乘坐卡车、拖拉机,必须乘坐时,千万不要站立在后车厢里或坐在车厢板上。

笔记

(7)不要在机动车道上招呼出租汽车。

(8)乘坐公共汽车时,要注意防扒手,携带的财物,要放在安全的地方。上车后不要停留在车门口处,因为车门处上下车人多拥挤,扒手最容易得逞。一旦发现自己在车上丢失财物,要立即告诉司机和售票员,请他们帮助查找。

近年来,随着人们生活水平的不断提高,坐出租车已经成为许多人的出行习惯。出租车的流行,又促使了一批批“黑车”的大量涌现。(图 12-5)

图 12-5 “黑车”危害

所谓“黑车”,是指没有合法的运营资格且以营利为目的的车辆。许多大学校园的附近,“黑车”屡禁不止,引发的安全事故也常常见诸报端。表面上“黑车”给同学们带来了实惠和方便,但和它所带来的危害相比,弊远大于利。“黑车”引发的交通事故,使高校学子们深受其害,生命财产和相关权益都难以得到保障。同学们要坚决抵制“黑车”。(图 12-6)

图 12-6 抵制“黑车”

笔记

案例

一个周六的下午,某高校一对情侣乘坐一辆“黑车”外出。“黑车”开行没多久,迎面开来了一辆速度很快的面包车,“黑车”司机慌了神,为了避让,猛打方向盘。由于速度太快,强大的惯性将男生甩出车外,后脑着地,身受重伤。经过两年多的治疗,花费了 50 多万元,但最终还是成了植物人。“黑车”司机在女生救护男生时,逃得无影无踪。女生甚至连“黑车”司机的长相也不能完整地描述出来,更不知“黑车”的车牌号码,一直查无线索,无法索赔。

点评

“黑车”司机无证经营和肇事后逃逸,应该受到谴责和法律的惩处。两位学生安全意识淡薄,明知是“黑车”,却图一时的方便,导致生命和财产受到巨大损害。

提示

(1)要认识到“黑车”的危害性:乘坐“黑车”发生交通事故造成伤亡时,索赔难度大;“黑车”本身很少投保,“黑车”车主赔偿能力有限,即使法院判令其予以赔偿,最终也很难执行。

(2)在乘车前要分辨“黑车”和正规车:从事客运的正规车辆必须在车身上喷印企业名称、编号和线路号,有公安部门颁发的机动车牌照。车牌照模糊不清或前后牌照不同,甚至没有车牌照的极有可能是“黑车”;合法营运的车辆必须有道路运输管理机构核发的线路标志牌,并且必须安放在车前挡风玻璃处,没有线路牌或者是自制线路牌的必定是“黑车”;出租车有统一的车顶装置、计价器,仪表盘旁安放驾驶员服务监督卡,车身两侧有喷印的企业名称和行业统一编号。

链接

外出时一定要乘坐公交车或正规出租车并及时索要车票。公交车或正规出租车不仅安全性高,而且一旦受到伤害,按照《中华人民共和国合同法》规定,可从公交公司或出租汽车公司获得相应的赔偿。不要图一时方便或价格便宜而打“黑车”,在乘坐出租车时,最好默记下车牌号、司机姓名及长相。

(二)乘坐地铁

为了适应现代城市道路交通的需要,许多大中城市发展了地下铁路交

笔记

通,极大地缓解了地面交通拥堵的状况。根据形势的发展,地铁必将成为人们出行代步的重要交通工具。因此,广大学生必须具备乘坐地铁的安全常识。

1. 安全进站出站

地铁的站台都建在地面以下,有的站台设置了电动滚梯,上下都十分方便,有的站台没有滚梯,要步行从台阶上逐级走上走下。因此,乘滚梯时不要拥挤,按顺序靠右边上下,站稳扶牢,防止跌伤。上下台阶时不要追跑,既防止挤撞别人,发生危险,又防止自己踩空摔倒。

2. 不携带危险品

地铁是严禁乘客携带以下物品进站乘车的:易燃、易爆、有毒、有害化学危险品,如雷管、炸药、鞭炮、汽油、柴油、煤油、油漆、电石、液化气、各种酸类等放射性、腐蚀性物品,压力容器等危险品,或有刺激性气味的物品;非法持有枪械弹药和管制刀具;气球、锄头、扁担、铁锯、铁棒、运货平板推车、自行车、笨重物品,或其他可能妨碍他人在站(车)内通行,危及乘客人身安全和影响地铁运营秩序的超长、超宽、超高的物品。地铁工作人员一旦发现乘客携带以上物品进站,将有权暂扣其物品,并拒绝其进站乘车,或交公安机关依法处罚。

3. 安全上下车

地铁列车到达车站后,应该按照箭头指示方向上下车,先下后上,千万不要拥挤;上下车时要小心列车与站台之间的空隙,照顾好同行的小孩和老人;同时留意屏蔽门和列车门开关,屏蔽门灯和车门灯的闪烁、关闭的警铃鸣响时都不要上下车;屏蔽门如不能自动开启时,可按下屏蔽门上的绿色按钮,手动开启屏蔽门,而带有绿色横杆的应急门,用手推动横杆也可开启。乘车时乘客一定要紧握扶手,不要倚靠车门,以免影响车门开启;乘客如果身体不适,尽可能在下一站下车,然后向车站工作人员求助。应该特别注意的是,当车门正在关闭时,切勿强行上下车。

4. 在乘坐地铁时遇到特殊情况的处理

若你的物品掉落轨道,千万不要自行取物,可联系车站工作人员寻求帮助;车站如有紧急情况需要疏散时,千万不要慌乱,不要拥挤,要听从指挥,留意广播,使用离自己最近的楼梯、扶梯、出入口,快速离开车站;若车上发生火灾,应该按压列车上的报警按钮联络司机,按照司机或工作人员的指引尽快离开地铁站。

笔记

图 12-7　物品掉落轨道时的处理

(三)乘坐轮船

(1)为了保证航运安全,凡符合安全要求的船只,有关管理部门都发有安全合格证书。外出旅行,不要乘坐无证船只。

(2)不乘坐超载的船只,这样的船没有安全保障。

(3)严守船上的规章制度,严禁携带火种到处走动,严禁携带易燃、易爆等危险品上船。

(4)上下船要排队按次序进行,不得拥挤、争抢,以免造成挤伤、落水等事故。

(5)天气恶劣时,如遇大风、大浪、浓雾等,应尽量避免乘船,更不要去划船。

(6)不在船头、甲板等地打闹、追逐,以防落水。不拥挤在船的一侧,以防船体倾斜,发生事故。

(7)乘船时,在候船室不能到处乱跑,不要站在扶梯口,不要攀登安全护栏,在船上不要随意跨过“旅客止步”的界限。船上的许多设备都与安全保证有关,不要乱动,以免影响正常航行。上轮船后,要弄清安全通道的方位和救生设备放置的位置。

图 12-8　乘船注意事项

(8)夜间航行,不要用手电筒向水面、岸边乱照,以免引起误会或使驾驶员产生错觉而发生危险。

(9)要把自己的行李物品放在可以看到的近处,提高警惕,以防被盗。当发现作案分子或可疑人员时,要及时大胆地向乘警或乘务员报告、检举。一旦发生意外,要保持镇静,听从有关人员指挥。

(四)乘坐飞机

随着社会的发展和人们生活水平的提高,飞机作为交通工具越来越普遍。虽然飞机是目前比较安全的交通工具,但由于各种原因,仍存在危险,而且飞机一出事故就难以挽救,且影响巨大,所以,大学生们要懂得如何安全乘坐飞机。

(1)登机前,乘客及其随身携带的一切行李物品,必须接受机场安全部门的安全检查,否则不准登机。这是为了防止将枪支、弹药、凶器、易燃、易爆、腐蚀、放射性物品,以及其他危害民航安全的危险品带入机场和机舱,保证飞机和乘客的安全。

(2)禁止在飞机内厕所里吸烟。飞机起飞和降落时不得去厕所,要将座椅放直,收起桌板,在座位上坐好,并系好安全带。

(3)乘客不要随意触动飞机上的设备,如机舱的灭火设备、紧急制动阀、氧气设备、救生衣及紧急出口,这些设施只能在发生紧急情况时,由机组人员组织乘客使用。

(4)飞机最容易发生危险的时候是起飞和降落,一定要系好安全带,仔细听乘务员讲解怎样应付紧急事故。

(5)在飞机上打手机、使用遥控电子设备,都会干扰飞机的导航和信息接收系统,从而引发飞行事故。为防止意外发生,登机后应停止使用。(图12-9)

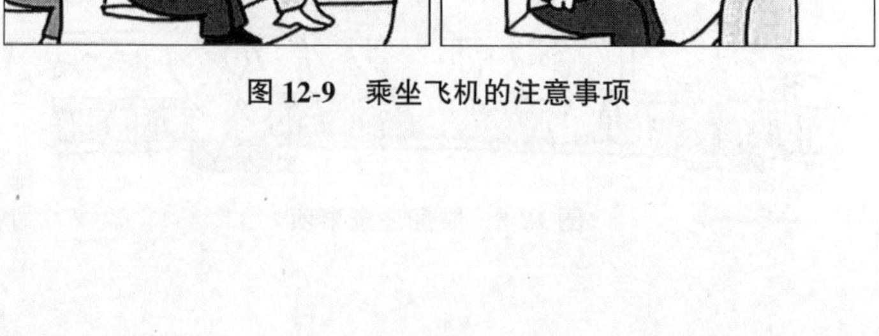

图 12-9　乘坐飞机的注意事项

笔记

四、乘坐电梯安全

电梯作为一种特殊的交通工具，已经普遍走进了人们的日常生活。然而，电梯也是一把“双刃剑”，它在给人们的生活带来便利的同时，也可能给人们制造血和泪的悲剧。电梯的科学乘用和安全防范是非常重要的。

案例

案例1：某日，在贵州省某市一大酒店，21岁的女孩被关在电梯里，她惊慌失措，强行扒开电梯门，跌落到10多米深的电梯井内，当场死亡。一个鲜活的生命在短短的几分钟里就以这样的方式结束了。

案例2：一个星期天的上午，在广东某电力研究所学习的十几名学员乘坐电梯上行时，电梯忽然停止不动了。被困在电梯内的人大声呼救，但因是非办公时间，研究所内人员不多，没人发现这一险情。幸好一名学员在前几日参加消防中队的火灾演习中曾记下一个求助号码，拨叫求救，十几人才在被困一小时后被消防人员救出。

点评

案例1中的女孩因惊慌失措，强行扒开电梯门，结果跌落电梯井底，酿成悲剧。案例2中的学员及时报警，从而安全获救。电梯通常都安装有应急设备（应急电源、报警器等），一般的电梯故障是不会对人造成生命危险的。即使意外发生了，也只有冷静应对，才能尽快摆脱困境，慌张只会使自己的处境更加危险。

提示

在乘坐电梯过程中，发生意外时应采取以下措施。

（1）应迅速按下每一层楼的按键（当紧急电源启用时，电梯会停止下滑）。

（2）紧抓把手，以防失去重心而摔伤。

（3）背部紧贴内墙，呈一条直线，防止撞击并起稳固身体的作用。

（4）双腿微微弯曲，以减缓冲击。

（5）保持头脑冷静，寻找有用线索和方法，打电话报警，寻求外界的帮助。

链接

笔记

乘坐电梯时应注意的事项(图 12-10)

(1)按照规定人数乘坐,严禁超载。

(2)严禁在电梯内吸烟,切勿携带易燃、易爆物品乘坐电梯。

(3)当电梯门正在关闭时,不要冲进电梯或阻止关门,切忌一只脚在内,一只脚在外停留。

(4)电梯停运时,不要轻易扒门爬出,以防电梯突然开动。

◆ 勿在火灾时乘坐电梯;
◆ 勿在电梯内蹦跳和打闹;
◆ 勿乘坐开门运行的电梯;
◆ 勿长时间人为阻挡电梯关门;
◆ 勿在被困时扒门,请用电梯内的警铃或讲机求助。

图 12-10　乘坐电梯时应注意的事项

(5)发生地震、火灾、电梯进水等紧急情况时,严禁使用电梯,应改用消防通道或楼梯。

(6)若被困电梯内,应保持镇静,立即用电梯内的警铃、对讲机或电话与管理人员联系,等待外部救援。如果报警无效,可以大声呼叫或间歇性地拍打电梯门。

(7)如果乘坐电梯有不习惯的感觉,可在嘴里含糖,以助矫正耳膜的适应能力。

第二讲　交通事故的预防与处理

一、驾驶机动车安全

学校内交通虽然不如校外那样拥挤,但是随着高校的发展和教师、学生拥有车辆的数量不断增加,校内交通也有了其特殊的现象,如流量不均衡,时间相对集中，无专职交通管理人员，上、下课时间交通流量大，以及无牌无证驾驶车辆现象严重；再加上校内道路四通八达，汽车、摩托车、农用车、三轮车、自行车来回在校园穿梭等。面对交通状况出现了诸多新情况、新特点，校园无重大交通事故已成为历史。只要稍有疏忽，造成重大人员伤亡的交通事故就很可能发生。

警示名言

没有自由的秩序和没有秩序的自由，同样具有破坏性。

——［美］罗斯福

案例

一天晚上，某大学新校区校园主干道上，一名建筑学专业大四女生被一辆飞驰而过的超速超载摩托车从背后撞飞，头部着地，当场昏迷。很快，女生被送往医院做了开颅手术，在医院重症监护室熬过6天6夜后，还是没能战胜死神，不幸离世！眼看还有两个月就大学毕业，开始人生的新征程了。谁想到，她的生命却因一起飞来横祸，永远定格在了那一刻。后来，据查，肇事者的摩托车不属校园内学生和工勤人员车辆，而是校园周边无业人员的车辆。

点评

校园车祸与学校对校内来往车辆的管理，与校内警示牌、缓行车道的设置、校内“交通规则”的制订等，有着密切联系。但俗话说得好，“靠天靠地不如靠自己，求天求地不如求自己”。生命是我们自己的，我们不能只靠学校与社会的保护，还应时刻提高安全意识，让自己远离车祸。

提示

（1）驾驶时尽可能地保持匀速，并在规定的行车道上行驶。

（2）遇弯路、路口或交叉路口时一定要减速慢行，注意观察路况和行人，确认安全后通过。

（3）遇驾驶人员属无证驾驶时，一不要乘坐，二要劝告其不要驾驶。

链接

机动车驾驶员应该自觉遵守道路交通管理法规，文明开车，坚持做到

笔记

“十要十不开”，确保行车安全。

一要自觉遵守交通法规，不开违章车；

二要经常做好车辆保养，不开带病车；

三要注意劳逸结合，不开疲劳车；

四要做到安全装载，不开超载车；

五要按规定车道行驶，不开急躁车；

六要做到文明礼让，不开赌气车；

七要按照规定车速，不开英雄车；

八要超车注意迎面来车，不开莽撞车；

九要掌握行车规律，不开盲目车；

十要坚持预防为主，不开冒险车。

二、严禁酒后驾车

汽车给人们的出行带来便捷的同时也给人们带来了无尽的伤痛，而其中“酒驾”引发的事故更是让人悲愤不已。根据《中华人民共和国刑法》（2017 年修正）和《中华人民共和国道路交通安全法》（2011 修正），对酒驾的处罚力度越来越大，司机的违法成本也越来越高。

我国对酒后驾车和醉酒驾车的衡量标准，是按血液中酒精浓度的不同来区分的。按现行标准，血液酒精浓度超过 20 毫克/百毫升，不到 80 毫克/百毫升，属于酒后驾车，面临的处罚有以下两点。

1. 酒驾（图 12-11）

（1）酒驾发生重大交通事故，构成犯罪的，依法追究刑事责任，并吊销驾驶证，终身禁驾。

图 12-11　酒驾处罚及危害

（2）酒驾罚款 1000 元以上 2000 元以下，暂扣驾驶证 6 个月；再次酒驾，

笔记

处10日以下拘留,并处1000元以上2000元以下罚款,吊销驾驶证。

(3)酒驾营运机动车,拘留15日,罚款5000元,吊销驾驶证且5年禁驾。

2. 醉驾

(1)醉驾一律吊销驾驶证,5年禁驾。触犯刑法的依法追究刑事责任。

(2)醉酒驾驶营运机动车吊销驾驶证,10年禁驾并依法追究刑事责任;重新取得驾驶证后,不得驾驶营运机动车。

酒后驾车是我国法律绝对禁止的。现在大学生拥有私家车的越来越多,有些学生不能很好地遵守法规,存在侥幸心理,结果酿成大祸。

案例

某日晚上7时许,北京某高校大三学生何某参加完同学聚会后,准备驾车返回学校。何某喝了许多酒,同学们担心出事,都劝他不要驾车回去了。何某自恃酒量大,认为不会有事,坚持要驾车回去,并邀请张某一起回去。张某明知酒后驾车不合适,但碍于面子,还是上了何某的车。当车行至建国门桥下处时,何某酒劲发作,操作不当,造成翻车,何某当场死亡,张某也身受重伤。

点评

酒后严禁驾驶机动车辆,这是每个人都知道的事情。遗憾的是,何某为逞一时之能,抱着侥幸心理酒后驾车,结果为此付出了宝贵的生命;张某明知可能会发生危险,不但不劝阻,反而为了顾及何某的面子,依然乘坐何某的车,为此也付出了极大的代价。

提示

酒后绝对不能驾驶机动车辆,酒后驾车违反了交通法规。不管你车技多高,酒量多大,只要喝酒了就不能驾车。因为人在酒精的刺激、麻醉下,很难正确驾驶,应急处置、紧急避险能力大大降低,发生交通事故的概率也就大大上升。

链接

酒后对人的身体和驾车的影响

(1)触觉能力下降。由于酒精的麻醉作用,人的手、脚的触觉能力较平时降低,往往无法正常控制油门、刹车及方向盘。

(2)判断和操作能力降低。饮酒后,对光、声的刺激反应时间延长,本能反射时间也相应延长,感觉器官和运动器官如眼、手、脚之间的配合功能发

笔记

生障碍，因此无法正确判断距离、速度。

(3)视觉障碍。饮酒后视野大大减小，视像模糊，眼睛只盯着前方目标，对处于视野边缘的危险隐患难以发现，易发生事故。

(4)心理变态。在酒精的刺激下，人有时会过高估计自己，对周围人的劝告不予理睬，往往做出一些意想不到的事情。

(5)疲劳。饮酒后易困倦，表现为行驶不规律，空间视觉差等。

三、交通事故的预防及处理

交通事故的预防
来源：酷六网

大学生交通安全是指大学生在校园内和校园外的道路行走、乘坐交通工具时的人身安全。只要有行人、车辆、道路这三个交通安全要素存在，就有交通安全问题，也许只是一个小小的意外，就会造成严重后果，断送美好的前程，甚至生命。

(一)校园交通事故的预防

提高交通安全意识，掌握基本的交通安全常识，遵守交通法规是一名大学生最起码的要求。大学生若没有交通安全意识很容易带来生命之忧，以下几点是必须掌握并要在日常生活中严格遵守的。

(1)在道路上行走时应走人行道，无人行道时靠右边行走。走路时要集中精力，"眼观六路，耳听八方"；不与机动车抢道，不突然横穿马路、翻越护栏，过街走人行横道；不闯红灯等。

(2)要树立交通安全观念，骑车不能超过规定的速度，不要飙车，时时记住安全第一。

(3)在道路上不得打(踢)球、溜冰、追逐嬉戏或有其他妨碍交通的行为。

(4)熟悉校内路线、地形，记住易出事的地段，避免事故的发生。

(二)发生交通事故时的应急处理方法

(1)尽快自救。事故发生后，最重要的事情是自救，然后救助受伤的人。所以，当突然发生交通意外时，如果自己能逃生，就尽量逃出去。如有可能，还应帮助同车的人逃生；如果不能，就紧急呼救，并做好自我保护工作。

(2)及时报案。一旦发生交通事故，应及时报案。这一方面有利于公正处理事故；另一方面还能及时找到专业救助人员，加快救援速度。如果在校外发生交通事故，还应及时与学校联系，由学校出面处理相关事宜。

(3)及时拨打急救电话。发生交通事故后，如有人员受伤，还应及时拨打110、120等救助电话，寻求医生的帮忙。

(4)第一时间内保护好事故现场。

笔记

(5)控制肇事者。如果肇事者想逃跑一定要设法控制住他,若自己不能控制可以发动周围的人帮忙;若实在无法控制也要记住肇事车辆的车牌号。

案例

某高校学生张某在网吧里上网,到第二天凌晨四点多才回寝室休息。一觉醒来已快到上课时间了,他起床后顾不得梳洗匆匆下楼,骑上自行车朝教室飞奔而去。当他骑到一个下坡向右转弯的路段时,本来车速已很快,但他还觉得慢,又猛踩了几下,就在这时迎面来了一辆小轿车,因车速太快避让不及,连人带车掉进了路旁的水沟里,致使右胳膊骨折,自行车摔坏。

点评

升入大学,学校与家里有一段或近或远的距离,近的可以走路或骑自行车,远的需要乘坐汽车、火车、轮船或飞机。许多大学生交通安全意识比较淡薄,这给交通事故的发生埋下了安全隐患。上述案例中的张某就是因为骑车速度过快导致交通事故的发生。

提示

大学生交通安全事故的主要表现形式如下。

(1)注意力不集中。表现为行人在走路时边走路边看书边听音乐,或者左顾右盼、心不在焉。

(2)在路上进行球类等体育活动。大学生精力旺盛、活泼好动,即使在路上行走也是蹦蹦跳跳、嬉戏打闹,甚至有时还在路上进行球类等体育活动,这更增加了发生事故的危险。

(3)骑"飞车"。部分学生骑车居然能把自行车骑得与汽车比快慢,有时候还双手离开车把;还有一些学生自己没有驾驶证,却购买来历不明的二手摩托车,在学校里飙车,殊不知危险正在向他靠近。

链接

非机动车包括自行车、三轮车、人力车、残疾人专用车和助动车。非机动车驾驶人应当具有自我保护意识,自觉遵守道路交通管理法规,文明骑车,坚持做到"十不要",养成良好的骑车习惯。

一不要闯红灯;

二不要在禁行道路、路段或机动车道内骑车;

三不要在人行道上骑车;

笔记

四不要在市区或城镇道路上骑车带人；

五不要双手离把或攀扶其他车辆或手中持物；

六不要牵引车辆或被其他车辆牵引；

七不要扶身并行、互相追逐或曲折行驶；

八不要争道抢行，急转猛拐；

九不要酒后骑车；

十不要擅自在非机动车上安装电动机、发动机。

笔记

专题十三

安全救护常识

在我们的学习和生活中，难免会遇到意外事件的发生。掌握一些救护知识，从容应对突发公共事件，在危急关头若能做到沉着冷静、临危不乱、就地取材，采取有效的救护措施，往往可以给不幸的人带来第二次生命。因此，高校应引导大学生学习救护常识，提高大学生的自救、互救能力和应急处置能力，最大限度地减少生命、财产损失。

警示名言

生命只有一次，对于谁都是宝贵的。

——瞿秋白

第一讲　日常事故预防与救助

一、常见运动损伤的处理

大学生风华正茂，精力充沛。适当参加各种运动不仅能丰富大学生的课余生活，而且能锻炼大学生的意志，增强大学生的体能。但在这些活动的开展过程中，往往由于经验不足，安全防范意识和预防措施没做到位，导致一些安全事故的发生。

常见运动损伤的简易治疗方法如下所述。

(一)皮肤损伤

皮肤损伤多发生于身体四肢部位。如果擦伤部位较浅，涂上红药水即可；如果擦伤部位较脏或有渗血，应先用生理盐水清洗创口，然后再涂红药水。手脚皮肤被磨出水泡，可以涂抹适量润滑膏或凡士林；如果水泡已破，

笔记

并有液体渗出,应该及时把水泡内的水挤干,然后抹上抗菌药膏。

(二)肌肉损伤

运动中,肌肉急剧收缩或被过度牵拉,容易造成肌肉拉伤。此时应立即停止运动,并进行冷处理,即以冷水冲洗或毛巾冷敷,使小血管收缩,减少局部充血和水肿,切忌立即揉搓和热敷。

(三)软组织损伤

身体局部与钝器发生碰撞,造成软组织挫伤。轻度损伤不需要特殊处理;比较严重的损伤,可以外用活血化瘀的药物,如正红花油、止痛喷雾剂、云南白药等。

外伤出血急救时如何止血包扎?
来源:搜狐视频

(四)韧带及关节损伤

最易发生韧带及关节损伤的部位有膝关节、踝关节、腰椎及腕掌部。急性损伤发生后,应立即停止活动,然后局部冷敷。1~2天后,可用温热毛巾热敷,并按摩受伤部位以促进血液循环,帮助身体恢复。如果损伤较重,发生韧带撕裂或关节脱臼,应保持安静,尽量不要活动,及时到医院就诊。

(五)出血

1. 如果肢体被割伤、戳伤后导致出血,可通过以下方法紧急处理

(1)抬高肢体,使出血部位高于心脏。

(2)简单清洗伤口,然后用绷带挤压包扎。

(3)手脚、小臂或小腿发生出血时,可弯曲肘关节或膝关节并加棉垫,采用绷带作"8"字形包扎。(图 13-1)

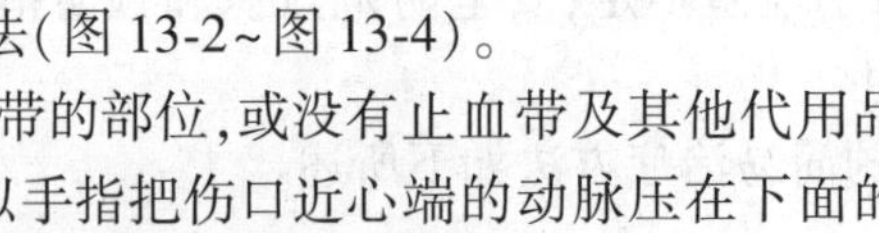

图 13-1 "8"字环形包扎法

2. 常用的止血包扎方法有以下几种

(1)指压止血法(图 13-2~图 13-4)。

在不能用止血带的部位,或没有止血带及其他代用品的紧急情况下,可暂时用指压法,即以手指把伤口近心端的动脉压在下面的骨头上,以达到止血的目的,这种方法属于临时止血方法。

①头顶部出血:可压迫同侧的颞浅动脉。

②颜面部出血:可压迫同侧的面动脉。

③腋窝和上臂出血:在锁骨上将锁骨下动脉向后下压于第一肋骨上。

④上肢出血:可压迫上臂中下 1/3 内侧的肱动脉。

⑤手掌或手背出血:在腕关节稍上方掌侧面的尺、桡侧分别压迫尺、桡动脉。

⑥手指出血:压迫手指根部两侧的指动脉。

⑦脚、小腿或大腿出血:用两手拇指压迫大腿根部内侧的股动脉。

图 13-2 肩液部出血压迫止血法

图 13-3 前臂出血压迫止血法

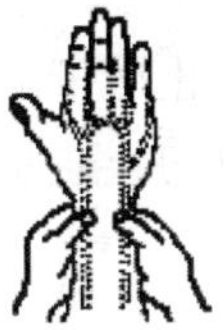

图 13-4 手部出血压迫止血法

(2)加压包扎止血法(图 13-5)。

用无菌敷料或者比较干净的毛巾、手帕、衣物等进行加压,达到止血的目的,此法适用于毛细血管及小血管的出血。

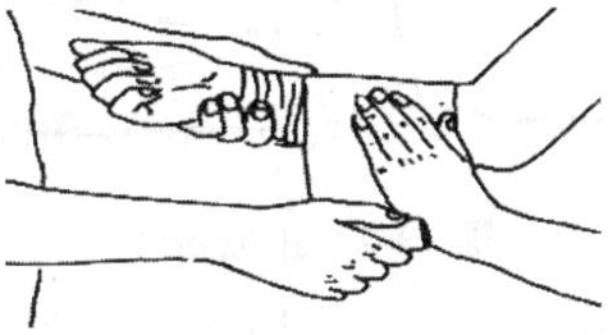

图 13-5 加压包扎止血法

(3)加垫屈肢止血法(图 13-6)。

当前臂和小腿动脉出血不能制止时,如无合并骨折或脱位,在关节的屈侧放一卷绷带,立即强屈肘关节或膝关节,可以控制出血。

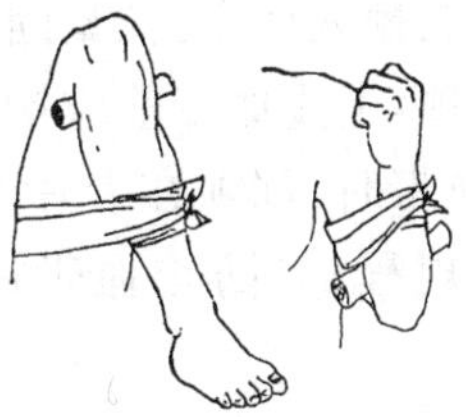

图 13-6 加垫屈肢止血法

(4)止血带法(橡皮管止血带、弹性橡皮带、充气止血带、休克裤等,如图 13-7 所示)。

①扎止血带的部位:止血带应扎在伤口的近心端,其标准位置在上肢和下肢均为上 1/3 的部位。上臂中、下 1/3 部位扎止血带容易损伤桡神经,应

视为禁忌区。

②止血带的压力：以阻断动脉血流为度。使用充气止血带时，在成人一般维持在上肢300毫米汞柱，下肢约500毫米汞柱比较适宜。

③上止血带的持续时间：原则上应尽量缩短止血带的使用时间，以1小时为宜，气候寒冷肢体温度较低时，时间可以稍长。如必须持续阻断血流，应每隔1小时放松5~10分钟。

④止血带的解除：上止血带时间不宜超过3小时，要在输液、输血和准备好有效的止血手段后，在严密观察下，方可放松止血带。

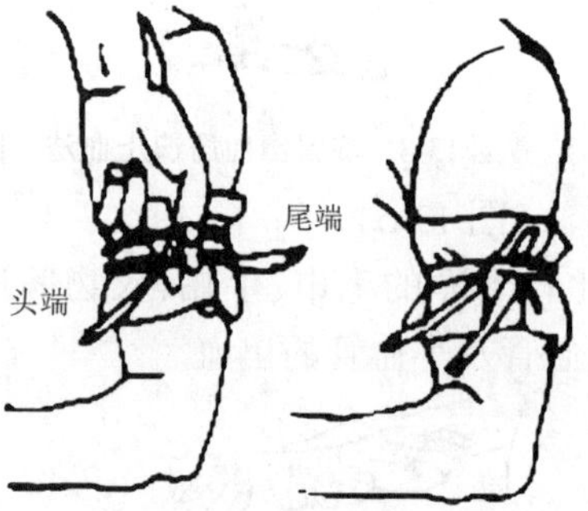

图13-7　止血带法

⑤操作步骤：左手拿止血带，上留13~17厘米，手背紧贴加垫处，右手拿止血带的长端。右手将止血带在拉长拉紧的状态下，缠绕在左手和隔有衣服或衬垫的肢体上，紧紧缠绕2~3匝，止血带之间应并紧，然后再将止血带放到左手中、食指间夹紧。左手中、食指夹住止血带，顺肢体向下拉出，使止血带下面成环状。将上端一头插入环中，拉紧固定。

断指（肢）如何急救？
来源：搜狐视频

⑥使用止血带的注意事项：上止血带前应抬高患肢2~3分钟，以增加静脉回心血量；凡在急救上止血带时，都须在卡片上注明上止血带的时间和应放松的时间；严格掌握操作规程，以防止血带的位置不正确，损伤神经或血管。

（六）骨折

常见的骨折分为闭合性骨折和开放性骨折。发生骨折后，应首先用纱巾做初步固定，再用担架或平木板固定患者送医院处理。注意运送伤者过程中尽量不挪动和碰撞骨折部位。

骨折临时固定的目的是，减轻伤员的疼痛，防止因骨折端移位刺伤邻近的组织及血管神经，同时也防止创伤性休克。固定时，动作要轻巧，固定要牢靠,松紧要适度,皮肤与夹板之间要垫适量的软物,尤其是夹板两端骨突出处和空隙部位更要注意,以防局部受压引起缺血坏死。

1. 固定方法

(1)上臂骨折:于患侧腋窝内垫以棉垫或毛巾在上臂外侧安放垫好的夹板或其他代用品,绑好后,使肘关节屈曲90度,将患肢捆于胸前,再用三角巾或绷带将其悬吊于胸前。(图13-8)

图13-8　上臂骨骨折固定法

(2)前臂骨折:用衬好的两块夹板或代用物,分别置于患侧前臂及手的掌侧及背侧,以布带或绷带绑好,再以三角巾或绷带将臂悬吊于胸前。

(3)大腿骨折:用长木板放在患肢及躯干外侧,将髋关节、大腿中段、膝关节、小腿中段踝关节同时固定。

(4)小腿骨折:用两块从大腿中段到脚跟的夹板,置于小腿内、外侧加垫后分段固定,无夹板时,也可用健肢固定。

(5)骨盆骨折固定:用一条带状三角巾的中段放于腰骶部,绕髋前至小腹部打结固定,再用另一条带状三角巾中段放于小腹正中,绕髋后至腰骶部打结固定。

(6)颈椎骨折固定:伤员仰卧,在头枕部垫一薄枕,使头部成正中位,头部不要前屈或后仰,再在头的两侧各垫枕头服卷,最后用一条带子通过伤员额部固定头部,限制头部前后左右晃动。(图13-9)

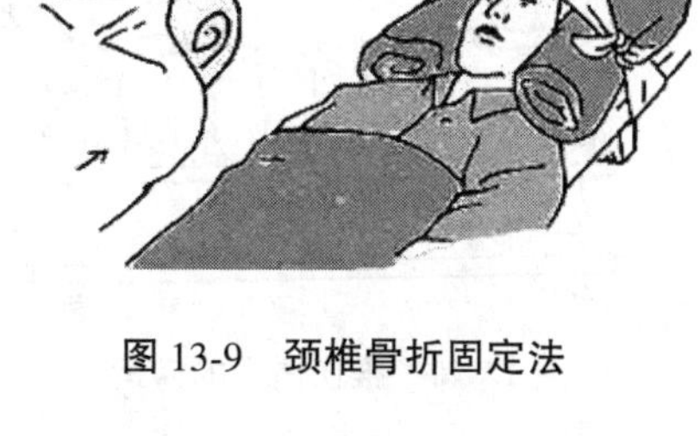

图13-9　颈椎骨折固定法

笔记

(7)胸、腰椎骨折固定：使伤员平直仰卧在硬质木板或其他板上，在伤处垫一薄枕，使脊柱稍向上突，然后用几条带子把伤员固定，使伤员不能左右转动。

2. 搬运

整个急救过程看，搬运是急救医疗不可分割的重要组成部分，仅仅将搬运视作简单体力劳动的观念是一种错误的观念。

(1)搬动的注意事项与原则。

①搬运伤员应注意以下几点：

a. 呼吸、心搏骤停伤员，先复苏、后搬运。

b. 创面出血的伤员先止血，后搬运。

c. 骨折伤员先固定，后搬运。

d. 搬运过程中如发生呼吸心跳停止或出血等应停下来进行复苏或止血。

②搬运有以下几项原则。

a. 了解伤病员的体重和搬运器械(工具)的大致重量。

b. 了解自己的体力限制，若估计两人能抬起，即可提抬；若不能则应召唤别人帮忙。一般来说，两人成对工作，以保持平衡。

c. 救护人员在搬运时，应清楚地、经常地交谈，以保持协调一致。

(2)搬运的方法。搬运的方法分担架搬运和徒手搬运两种。

①担架搬运法。担架搬运是一种常用的方法。对重伤员一定要用担架搬运抬送。搬运伤员的担架可用专用担架，也可就地取材，用木板、竹竿、绳子、木棍和帆布等做成简易担架。脑伤伤员在搬运途中要用衣服等软物将头部垫好，设法减少颠簸，注意维持呼吸道通畅。

a. 椎伤伤员的搬运：这类伤员的搬运时，需 3~4 人协助，1 人托住伤员头部保持头部原来的姿势，另几人托肩背部及臀、下肢，以防断骨压迫脊髓，然后动作一致地将伤员移至硬单架上，并用衣物等将伤员头部、颈部直到肩部都塞紧垫实，再用枕颌牵引，将头部与枕头、担架一起捆住，伤员躯干也与担架一起固定，然后一起抬离事故地点。(图 13-10)

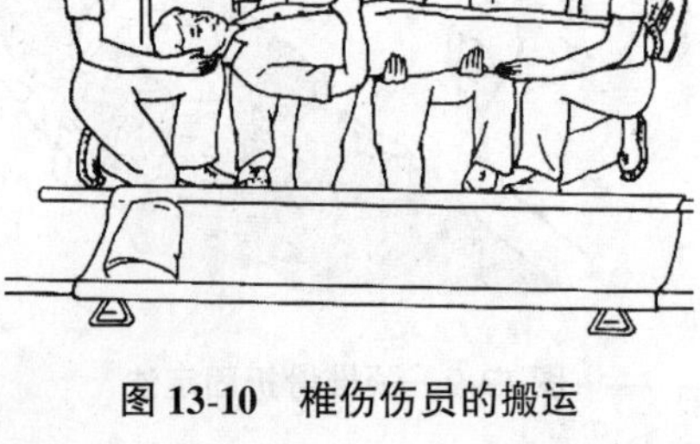

图 13-10　椎伤伤员的搬运

b. 胸腰椎骨折伤员的搬运：由 3~4 人协作，将伤员平托到硬单架上进行搬运，伤员取仰位。

c. 腹部受伤伤员的搬运：伤员应仰卧于单担架上，膝下用衣物垫高，使腿屈曲，腹壁松弛。在运送前，必须对腹部进行包扎。如有脏器膨出，千万不要送回，要用纱布将脏器围好，或用瓷碗盖上后再包扎，包扎后再搬运。

d. 骨盆受伤伤员的搬运：要使伤员仰卧于担架上，双膝下垫衣物，使髋部放松，减少骨盆部疼痛。

e. 肢体离断伤伤员的搬运：进行急救处理时，要将断肢用消毒的清洁敷料包好，也可用干净的布片、毛巾等代替，在不让断肢受热的情况下，火速将断肢送到医院，离断伤近端用止血带止血法止血。

f. 昏迷伤伤员的搬运。让伤员侧卧或俯卧，胸部垫高点，使其口鼻向下，既不影响呼吸，又能顺利排出口鼻中的分泌物，伤员有假牙时必须取出。休克伤员：病人取平卧位，不用枕头，或脚高头低位，搬运时用普通担架即可。呼吸困难的伤员：病人取坐位，不能背驮。用软担架（床单、被褥）搬运时注意不能使病人躯干屈曲。若有条件，最好用折叠担架（或椅）搬运。

②徒手搬运法。搬运伤员过程中凭人力和技巧，不使用任何器具。该法适用于狭窄的阁楼和通道等担架或其他简易搬运工具无法通过的地方。该方法较实用，但因其对搬运者来说比较劳累，有时容易给伤病员带来不利影响。

a. 搀扶法：适用于病情较轻、能够站立行走的伤病员。

b. 抱持法：适于年幼伤病者，没有骨折，伤势不重的体轻者，是短距离搬运的最佳方法。如果有脊柱或大腿骨折禁用此法。

案例

大学生王某平时胃口很好，但长年缺乏锻炼，年纪轻轻，“将军肚”已经是“有模有样”了。在女友的鼓励下，王某加入到了运动减肥的人群中。为了尽快达到女友对自己要求的体型标准，只要一有空，他就前往运动场、健身房进行锻炼。跑步、骑单车、练器械……基本上是一天不落。一天清晨，已经跑过步的王某又在女友的陪同下来到健身房，进行腿部锻炼，他在练习器材上连续蹬腿时，意外突然发生，王某只感到小腿一歪，脚踝上立即传来了阵阵剧痛，一时疼得大汗淋漓。女友送他到医院进行了检查，诊断为踝关节韧带拉伤。

笔记

点评

“每天运动一小时,健康生活一辈子。”运动有利于身体健康,参加体育运动能锻炼身体,培养意志品质,是一种健康有益的活动。王同学立志通过运动减肥达到女友所要求的体型标准,本无可厚非。但锻炼要适度,要掌握正确的方法,按照计划循序渐进、持之以恒才能产生最好的效果,短时间内过度锻炼不仅起不到作用,反而会因超出了机体的耐受程度对身体产生伤害。

提示

根据当前国际流行的健身理念,健身锻炼,一周以 3~4 次为宜,每次 40~80 分钟,最多不宜超过 90 分钟。如果锻炼者觉得自己身体不适,切忌勉强,否则将得不偿失,反受其害。

为预防运动损伤的发生,可从以下几个方面做起。

(1)培养良好体育道德,防止动作粗野。运动前要适当热身,加强运动前准备和按摩。

(2)掌握好参加项目的基本功、操作技巧和注意事项,培养应变能力。平时加强肌肉柔韧性锻炼。

(3)检查运动器械质量有无问题,学习掌握运动器械的方法和技术。不违章操练,合理使用器械。

(4)了解运动场是否平坦,是否过硬、过滑,沙坑是否松软,是否有坑凹、碎砖瓦块等影响安全的障碍物。场地不平坦,常是足部受伤的重要原因。

(5)根据自己体质情况,注意使用护膝、护腰、护腿、护手腕等护具。禁止动作过猛,急转身时防止膝关节受伤。

(6)比赛中要勇敢果断,用技巧,打技术,减少与对方身体接触碰撞。

链接

急救原则和注意事项。

(1)要注意伤口和全身状况,若伤口出血,应先止血,包扎固定。若有休克或呼吸、心搏骤停者应立即进行抢救。

(2)在处理开放性骨折时,局部要做清洁消毒处理,用纱布将伤口包好,严禁把暴露在伤口外的骨折端送回伤口内,以免造成伤口污染和再度刺伤血管和神经。

(3)对于大腿、小腿、脊椎骨折的伤者,一般应就地固定,不要随便移动伤者，不要盲目复位，以免加重损伤程度。

(4)固定骨折所用夹板的长度与宽度要与骨折肢体相称，其长度一般应超过骨折上下两个关节为宜。

(5)固定用的夹板不应直接接触皮肤。在固定时可用纱布、三角巾垫、毛巾、衣物等软材料垫在夹板和肢体之间，特别是夹板两端、关节骨头突起部位和间隙部位，可适当加厚垫，以免引起皮肤磨损或局部组织压迫坏死。

(6)固定、捆绑的松紧度要适宜，过松达不到固定的目的，过紧影响血液循环，导致肢体坏死。固定四肢时，要将指(趾)端露出，以便随时观察肢体血液循环情况。若发现指(趾)苍白、发冷、麻木、疼痛、肿胀、甲床青紫时，说明固定、捆绑过紧，血液循环不畅，应立即松开，重新包扎固定。

(7)对四肢骨折固定时，应先捆绑骨折断处的上端，后捆绑骨折断处的下端。若捆绑次序颠倒，则会导致再度错位。上肢固定时，肢体要屈着绑(屈肘状)；下肢固定时，肢体要伸直绑。

二、蜇咬伤的急救

在人们的日常生活中，难免会发生一些被蜜蜂、毒虫等蜇伤，或被狗、蛇等咬伤的现象，而一旦发生这种事故，如果得不到及时有效的治疗，往往会给人们造成重大伤害。因此，我们有必要学习一些常见蜇、咬伤的急救方法。

被动物蜇伤或咬伤之后不要慌张，要保持镇定，立即采取相应的急救措施。

案例

小琳是某旅行社的导游员，一次，她带领一批游客赴某地游览。行程中有一站是去某市新开辟的颇有野趣的森林公园。当旅游团分散来到公园的“森林小木屋”时，突然有几位游客发出了惊叫，小琳赶紧跑了过去，发现有几位游客被野蜂蜇伤了，尤其是一位女游客的脸上、手臂上被蜇起了好几个红红的小“包”，疼痛难忍。面对突然发生的情况，小琳一下子难住了，因为她也不知道被野蜂蜇伤该采取什么应急措施。但她还是马上对游客进行了安抚，并迅速带着这几位游客来到公园内一家饭店的医务室，请医生治疗。

点评

被蜂蜇之后，轻者会觉得局部肿胀、发痒、灼热、疼痛，几天后自愈；严重者则有可能造成死亡。为了减轻红肿与痛痒症状，可用清洁的手帕包着冰

笔记

块冰敷，或用毛巾冷敷。如果被蜇者觉得口渴，可以喝清凉的饮料或开水，但绝不能食用含酒精的食物或饮品，否则血液循环将加速，毒性扩散得更快，危险性也会更高，有时还会引起心脏停搏，导致死亡。万一患者被蜂群严重蜇伤，或者被蜇者对蜂毒过敏，一定要分秒必争，尽快将患者送往医院抢救，稍有延迟，很可能会造成生命危险。案例中，小琳虽不懂急救方法，但能迅速把受伤者带到医务室，请医生治疗，也可算是处置得当。

提示

烧烫伤后如何急救？
来源：搜狐视频

蜂类蜇人以后，会把尾部的针留在人的皮肤内，急救时必须先小心地除去这些针。正确的处置方法如下：用镊子或其他东西轻压蜂针附近部位，把皮肤稍微压下，使蜂露出较长部分，用镊子将它夹出来。在野外如果找不到镊子，也可以用指甲剪小心地将针取出。取下针之后，应先挤出毒血，再用肥皂和清水冲洗伤口，这样可中和毒性，减轻疼痛。清洗时，不要因痛痒而去抓伤口，否则指甲内的细菌会趁机侵入，引发炎症。

蜜蜂、黄蜂等是常见的伤害人的蜂类，蜜蜂的毒液呈酸性，被蜜蜂蜇后可迅速在伤处外敷弱碱液，以中和毒素；黄蜂的蜂毒为碱性，因此可在蜇伤部位用醋酸水或食醋等酸性液体涂抹，以中和毒液。如果身边没有酸性液体，也可用柠檬、橙子、橘子等酸性水果的汁液涂抹。无论被何种蜂蜇伤，都可用中药马齿苋、夏枯草、野菊花中的任何一种，捣烂后敷患处。

链接

在野外活动时要学会避免蜂类的攻击：第一，外出时最好不要使用香水、发胶等香味浓郁的化妆品。第二，外出时最好穿灰色、棕色或白色衣服，因为鲜艳的服装和艳丽的饰物容易吸引毒蜂。第三，携带的甜食和含糖饮料要密封好，因为类似于花香的气味特别招蜂类喜欢。第四，不招惹、捕捉蜂类，远离蜂巢蜂群。如果有人不小心引发蜂群攻击，千万不要四处乱跑，而应就地蹲下，用随身携带的衣物遮挡头脸和身体其他裸露部位，耐心静候，等蜂群攻击平息后，再慢慢离开；千万不要试图反击，否则只会招来更多的攻击。

三、烧伤或烫伤的急救

由火焰、高温固体和强辐射热引起的损伤称之为烧伤。烧伤是由高温、化学物质或电引起的组织损伤。烧伤的程度由温度的高低、作用时间的长短而不同。局部的变化可分为四度。烧伤时可见血液中的乳酸量增加，动

笔记

静脉血的 pH 值降低，随着组织毛细血管功能障碍的加重，缺氧血症也增重。烧伤达全身表面积的 1/3 以上时则可能有生命危险。

在日常生活中，因一时疏忽或不在意导致烧伤或烫伤的事故屡见不鲜。

轻度烧伤或烫伤应尽可能立即浸泡在冷水中。化学烧伤应用大量的水长时间冲洗。如果在诊所或急诊室，应用肥皂和水仔细清洁创面，去掉所有的残留物。如果污物嵌入较深，可在局部麻醉下，用刷子擦洗。已破或容易破的水疱通常应去除。创面清洁后，才能涂敷磺胺嘧啶银等抗生素软膏。常用纱布绷带来保护创面免受污染和进一步创伤。保持创面清洁非常重要，因为一旦表皮损伤就可能开始感染并很容易扩散。抗生素有助于预防感染，但要根据情况使用。上肢或下肢烧伤，应让患肢保持在比心脏高的位置，以减轻水肿。如果是关节部位的Ⅱ度或Ⅲ度烧伤，必须用夹板固定关节，关节活动可使创伤恶化。很多烧伤患者都需要应用止痛剂止痛。根据患者以前免疫接种情况，确定是否需要注射破伤风抗毒素。

威胁生命的严重烧伤需要立即治疗，最好到有烧伤专科的医院治疗。急救人员应用面罩给伤员输氧，减轻火灾中一氧化碳和有毒气体对伤员的影响。应保持患者呼吸道通畅，检查是否有其他威胁生命的创伤，并补充液体和预防感染。

案例

案例 1：某高校大二女生小李拎开水瓶时开水瓶突然爆炸，小李的右脚、小腿都被不同程度地烫伤。在室友的陪同下，小李到医院做了简单的包扎，经过五天的休息，小李才恢复正常的学习和生活。

案例 2：某高校大三学生李某在家用高压锅做绿豆粥时，因高压锅气阀失灵而导致面部被蒸汽严重烫伤。

案例 3：女大学生小吴放暑假从湖北老家来北京看望父亲。在父亲的租住房内，她准备给父亲做一顿午饭。在她打开液化气罐、点燃煤气灶时突然喷出熊熊烈火，将她的双手、面部和双腿烧成重伤。后经了解，租住房内的煤气罐已废弃多年不用，因为存放地点明显靠近火源，且没有安全减压阀，在安全上存在着极大的隐患。小吴在不知情的情况下拧开了煤气罐，同时又打开了煤气灶，进而导致液化气罐瞬间释放出的大量气体被引燃，酿成惨剧。

点评

不少大学生由于没有独立生活的经验，面对开水瓶爆炸、高压锅气阀失

笔记

灵、煤气罐没有安全减压阀等问题会显得有些无知。据小李回忆，当时她正提着水壶上楼，可能是不小心碰到了台阶，才使开水瓶破裂的。其他同学反映，有的是因为开水瓶底座不牢，导致内胆突然脱落；有的是因为瓶内外温差太大，在接开水时突然爆裂。在此提醒大家，在选择开水瓶时瓶胆要尽量厚一些，打开水前一定要预热，提开水瓶时一定要稳，放开水瓶时也要轻，要将开水瓶放在我们平常活动的范围之外。在案例2中，使用高压锅之前，首先要检查锅盖的通气孔是不是通畅，压力阀是否完好无损。在案例3中，在使用煤气罐之前要确保煤气管道接通良好，检查煤气罐是否完好，避免将易燃物品靠近煤气灶，要排除各种安全隐患，切不可疏忽大意。

提示

烫伤是生活中经常遇到的事故。在家庭生活中，最常见的是被热水、蒸汽、热油等烫伤。如何防止烫伤呢？

(1)从炉火上移动开水壶、热油锅时，应戴上手套用布衬垫，防止直接烫伤；端下的开水壶、热油锅要放在人不易碰到的地方。

(2)家长在炒菜、煎炸食品时，年龄较小的孩子不要在周围玩耍、打扰，以防被溅出的热油烫伤；年龄较大的同学在学习做菜时，注意力要集中，不要把水滴到热油中，否则热油遇水会飞溅起来，把人烫伤。

(3)油是易燃的，在高温下会燃烧，做菜时要防止油温过高而起火。万一锅中的油起火，千万不要惊慌失措，应该尽快用锅盖盖在锅上，并且将油锅迅速从炉火上移开或者熄灭炉火。

(4)家里的电熨斗、电暖器等发热的器具会使人烫伤，在使用中应当特别小心，尤其不要随便去触摸。

(5)在使用高压锅时应特别注意。用高压锅做饭，可以节省时间和能源，许多家庭都使用它。高压锅在使用时，锅里的温度高、压力大，所以安全问题十分重要。在使用中，不要触动高压锅的压力阀，更不要在压力阀上加压重物或者打开锅盖。饭菜做好以后，不能马上拿下压力阀或者打开锅盖，要耐心地等待锅里的高压热气释放出来后，才能拿下压力阀，打开锅盖。

链接

烫伤的应急处理

对只有轻微红肿的轻度烫伤，可以用冷水反复冲洗，再涂些清凉油就行了。烫伤部位已经起小水疱的，不要弄破它，可以在水疱周围涂擦酒精，用干净的纱布包扎。烫伤比较严重的，应当及时送医院进行诊治。

笔记

烫伤面积较大的，应尽快脱去衣裤、鞋袜，但不能强行撕脱，必要时应将衣物剪开；烫伤后，要特别注意烫伤部位的清洁，不能随意涂擦外用药品或代用品，以免受到感染，从而给医院的治疗增加困难。正确的方法是脱去患者的衣物后，用洁净的毛巾或床单进行包裹。

四、煤气中毒的应急处理与预防

煤气中毒通常指的是一氧化碳中毒。一氧化碳无色无味，常在意外情况下，特别是在睡眠中不知不觉侵入人的呼吸道，通过肺泡的气体交换进入血液，并散布全身，造成中毒。人在一氧化碳中毒后，身体血液将不能及时供给全身组织器官充分的氧气，血液中含氧量明显下降。大脑是最需要氧气的器官之一，由于体内的氧气只够消耗 10 分钟，一旦断绝氧气供应，将很快造成人昏迷并危及生命。在发生煤气中毒时，决定煤气中毒轻重程度的因素主要有一氧化碳在空气中的含量和接触时间，原有慢性病如贫血、心脏病者较其他人中毒程度重。

煤气中毒怎么急救？
来源：搜狐视频

遇到煤气中毒事件进行救护时，救护者不要直接冲进煤气浓度很高的室内，防止自己中毒，进入室内必须先打开窗户通气，千万不能开灯、点火、打手机等，谨防爆炸。进入溢满煤气的室内抢救时，先吸一大口空气，然后用湿毛巾或手帕等捂着鼻子进入室内，先打开窗户，关掉煤气开关。抢救时，先解开中毒者的衣服，放松皮带，按下面所述顺序做检查：脸色、意识、呼吸、心跳、肢体抽搐、麻木、呕吐等情况。对意识消失者，让他保持昏睡体位，以保持气道通畅。呼吸停止时，做吹气人工呼吸。若心跳停止，立即做心、肺复苏术。煤气中毒的症状有：脸色潮红、头痛、头晕、恶心、耳鸣，慢慢出现呼吸困难、意识障碍等。当感到煤气中毒时不要慌张，要镇静地关掉煤气开关，走到门窗边打开门窗，然后走出室内。如果无力打开门窗，可砸破门窗玻璃等，使之通风，并呼叫救援者。

1. 对中毒者的处理

（1）轻度煤气中毒，到室外呼吸新鲜空气，则能缓解；较重者，应立即送医院治疗。

（2）一旦发现中毒病人，首先要尽快使其脱离中毒环境，不再吸入一氧化碳。可以迅速打开门窗，或将病人移到温暖通风的房间里。据研究，当病人不再吸入一氧化碳而吸入新鲜空气时，在第一小时内，碳氧血红蛋白将有50%被离解。所以一般中毒病人只要尽快通风，及时急救，对症状较轻的病人再给一点热饮料，应能较快恢复。

（3）对中毒较重的病人，除了吸入新鲜空气外，还要让其吸入氧气，使血液中氧含量增高,更快地驱赶一氧化碳。病人如果已经陷入昏迷,可以用针刺人中(鼻沟上1/3处),十宣(十指指尖)、涌泉(足底1/3,人字纹下)等穴位。如果病人呼吸心跳不规则或刚刚停止,要立即进行口对口吹气和胸外心脏按压,坚持进行,不要中途轻易放弃抢救。

(4)在给病人通风时,要注意保暖,防止着凉。防止煤气中毒,预防最重要,冬天取暖千万要注意开窗通风。

2. 使用煤气时的注意事项

(1)认真阅读燃气器具等的使用说明书,严格按照说明书的要求操作、使用。

(2)使用人工点火的燃气灶具,在点火时要坚持“火等气”的原则,即先将火源凑近灶具然后再开启气阀。

(3)保持燃气器具的完好,发现漏气,及时检修;使用过程中遇到漏气时,应该立即关闭总阀门,切断气源。

(4)燃气器具在工作状态中,人不能长时间离开,以防止火被风吹灭或被锅中溢出的水浇灭,造成煤气大量泄漏而发生火灾。

(5)使用燃气器具(如煤气炉、燃气热水器等)时,应充分保证室内的通风,保持足够的氧气,防止煤气中毒。

案例

一天,某出租房三名19~25岁的年轻女子同时被送省武警医院抢救,她们都已处于浅昏迷状态。据其同事称,三女子同处一室,室内有封闭的浴室,出事时忽听室内一声尖叫,同事冲进门发现一女子倒在浴室内,另两人则倒伏于卧室中。医护人员接报赶到,证实是一氧化碳中毒,煤气自热水器漏出。至凌晨4时许,经院方及时抢救,中毒者得以脱险。

点评

随着冬季的到来,有关煤气中毒的事件频频发生,专家告诫市民,使用热水器洗澡时一定要注意室内空气通畅,以免发生不测。

煤气中毒的临床表现:轻度中毒会出现头痛头晕、心慌、恶心、呕吐症状,及时脱离中毒环境,吸入氧气或新鲜空气后会很快好转;中度中毒者上述症状可加重,并有面色潮红、口唇呈樱红色、多汗、烦躁不安、逐渐昏迷的症状;重度中毒的病人神志不清,呼之不应,大小便失禁,四肢发凉,瞳孔散大,血压下降,呼吸微弱或停止,肢体僵硬或瘫软,心电图检查有心肌损害或心律失常,经积极抢救侥幸存活者常遗留严重后遗症,如瘫痪、痴呆、抽风、

笔记

精神不正常等。上述案例中的几名女子由于发现及时，最终在医护人员的救助下保住了生命，其教训值得人们深省。

提示

防止煤气中毒的注意事项如下所述。

(1)保持室内空气流通。

(2)防止煤气管道和煤气灶具漏气。睡觉前应检查煤气开关是否关好，厨房是否有煤气漏出时特有的臭味。如果有可疑，可将肥皂水涂抹在怀疑漏气的地方，如果有漏气，被检查处就会冒肥皂泡。千万不要用点火的办法来检查漏气，因为，当空气中煤气的含量达 5%～40%时，遇明火就会发生爆炸。

触电了怎么急救?
来源：搜狐视频

(3)防止煤气点燃后被浇灭而导致大量泄气。在煮饭、烧水、煨汤、熬药等时候应有人看管，切不可在点燃煤气后离开厨房去做其他事情。

(4)正确使用煤气热水器。现在家庭普遍使用煤气热水器，若使用不当，也会引起中毒。因此，要求热水器必须安装在通风良好的环境中，严禁安装在浴室内。一人洗澡，要有他人照看，防止热水器火焰熄灭，造成漏气。

(5)正确使用煤炉。用煤炉烧饭、做菜、取暖时，一定要把产生的废气通过管道输出室外。

链接

煤气燃烧生成的二氧化碳，虽然没有一氧化碳那种毒性，但空气中二氧化碳含量达 1%时，也会对人产生危害；达 4%～5%时，人会感到头痛、眩晕、气喘；达 10%时，能使人不省人事，呼吸停止甚至死亡。一个人每天需吸 10 立方米的新鲜空气，人在呼吸过程中吸入大量的氧气，呼出大量的二氧化碳。因此一年四季应保持室内空气流通。

五、触电的急救

触电又称电伤，是指一定电流(静电)通过人体，造成机体损伤或功能障碍，甚至死亡。触电有多种原因：不懂安全用电常识，自行安装电器，家用电器漏电，手接触开关、灯头、插头等；或因大风雪、火灾、地震、房屋倒塌等使高压线断后在地，10 米内都有触电危险；在房檐下或大树下避雷雨，衣帽被雨淋更容易被雷击；在电线上晒湿衣物；救护时直接用手拉触电者等。

笔记

案例

一日，某公司车间进行设备清理和改造。韩某到车间背面找工具时发现王某趴在传达室西墙外，头朝下，脚挂在靠墙的铁梯子上。韩某慌忙跑到办公室汇报，公司和车间领导到达现场时发现从传达室窗户上有一根电线接地，车间主任于某急喊拉电闸，当拉下车间电源总闸后，职工李某手扶离王某不远的铁架棒去拉触电的王某时，又被电击倒，并立即被站在后面的尹某扶起。车间主任于某发现不是车间的电，就急忙赶到公司配电室，在电工张某的配合下迅速拉下公司电源总闸。这时，已联系好急救车的电工李某赶忙跑到现场，与闻讯赶到的另外两名员工一起，立即将触电的王某翻过身来，由电工李某对其实施人工呼吸，并把王某抬到已赶到现场的急救车上，立即送往医院。遗憾的是，最终，王某因抢救无效死亡。(图 13-11)

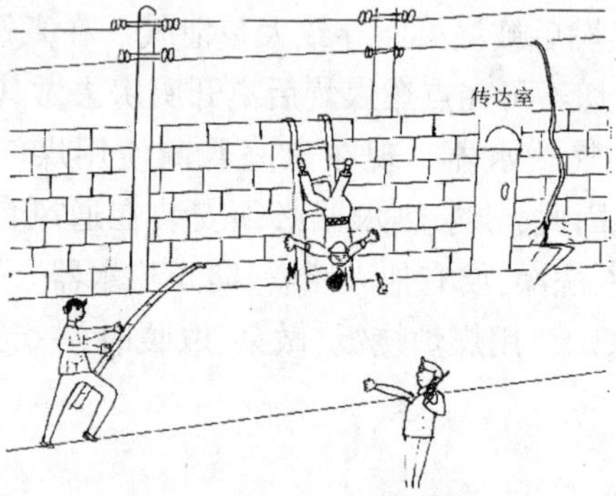

图 13-11　触电急救

点评

王某不幸碰到裸露的电源线头发生触电事故，在实施抢救的过程中又发生二次触电，原因是王某的身体、铁梯子、铁架棒形成带电回路所致。最终，王某因抢救无效死亡。这起事故的教训是惨痛的，给死者及其家庭带来了极大的伤害和痛苦，给公司和社会造成一定的损失。事后，公司定期对员工进行安全生产知识教育，增强职工的安全意识，并请专业人员对公司的高压线路和低压线路进行及时的清理、规范和整改。

提示

触电的急救措施有以下几点。

(1)火速切断电源：立即拉下闸门或关闭电源开关，拔掉插头，使触电者尽快脱离电源。急救者利用竹竿、扁担、木棍、塑料制品、橡胶制品、皮制品挑开接触病人的电源，使触电者迅速脱离电源。(图 13-12)

图 13-12　发现有人触电，可用干燥的木棒将电线拨离触电者

(2)如触电者仍在漏电的机器上时，赶快用干燥的绝缘棉衣、棉被将触电者推拉开。

(3)未切断电源之前，抢救者切忌用自己的手直接拉触电者，这样自己也会立即触电而伤，再有人拉这位触电者也会同样触电，因人体是导体，极易导电。

(4)确认心跳停止时，在用人工呼吸和胸外心脏按压后，才可使用强心剂。

(5)触电灼烧伤应合理包扎，在高空高压线触电抢救中，要谨防再摔伤。

突然休克了怎么急救？
来源：搜狐视频

(6)心跳呼吸停止还可心内或静脉注射肾上腺素、异丙肾上腺素。血压仍低时，可注射阿拉明、多巴胺，呼吸不规则时注射尼可刹米。

链接

预防触电应从以下几个方面做起。

(1)家用电器最好接有地线。

(2)掌握家电知识，自己不拆卸安装电器。

(3)发现电线、开关等有问题时，请专业人员修理。

(4)不在已破电线上搭晒衣物。

(5)远离大风刮断的高压线(10 米远)。

(6)禁止在潮湿的地板上修电器。发现有“霹雳”的火花声时，立即关闭电源。

笔记

六、中暑、休克与昏厥的救治

(一)中暑

中暑是人持续在高温条件下或受阳光暴晒所致,大多发生在烈日下长时间站立、劳动、集会、徒步行军时。轻度中暑者会感到头昏、耳鸣、胸闷、心慌、四肢无力、口渴、恶心等,重度中暑时可能会伴有高烧、昏迷、痉挛等。

中暑救护处理措施有以下几点。

(1)迅速将患者移往通风处,头放低,解开衣服,让体温慢慢下降。

(2)可用冷水将患者身体冲湿,让其浸泡在水中,或用棉布包冰块擦拭患者身体,再为其进行四肢按摩,促进身体血液循环,让器官维持正常运作。

(3)大量给水,可以口服或静脉注射生理盐水补充。

(4)注意患者体温下降的速度,如果体温下降缓慢,可以让患者稍微吹风。最好测量其肛温,如果温度降至38℃以下,就不要再让患者受风。可用少许大蒜汁滴入鼻孔治疗。

(5)如果患者出现意识不清、器官衰竭现象,如小便尿不出来,血压、心跳改变,皮下出血,甚至昏迷,则要赶快送往医院。

(6)中暑后可用藿香6克、连翘10克、半夏10克、陈皮6克水煎服,一日一剂。

案例

炎炎夏日,经商做生意的张某带着妻子和女儿,开着刚买不久的轿车,来到某镇办事。11点10分,当车子行驶在某公路上时,老张夫妇下车跟一个亲戚谈点事情,就将车停了下来。本来要带17岁的女儿小张一起下车的,但小张说她很疲劳,想休息一会儿,就没有下车。

虽然车子停在路边,没有树木遮挡,但因为一直开着空调,车内温度并不高,夫妻俩考虑女儿在车内睡觉,不能长时间开着空调,会导致一氧化碳中毒,在走之前将车钥匙拔了,将汽车熄了火。

两个小时后,当老张夫妇用车钥匙打开车门,眼前的一幕令他们傻了眼:只见小张已经休克,并且脸色发青,口中还伴有呕吐物。怎么叫唤也叫不醒女儿,老张急忙驾车将女儿送往医院抢救。

负责收治的急诊科医师反映女孩被送来时已经没有了生命体征,医院对她采取了心肺复苏的急救措施,努力了一个小时,没有任何效果。经过初步判断,小张猝死的原因应当是密闭的车内温度过高,导致了中暑休克。

笔记

点评

17岁花季少女殒命汽车内,这让很多人感到震惊和不解。事发后大家分析,小张由于疲劳,在车上很快睡着了,汽车刚熄火的时候空调冷气尚在,并不觉得热,所以很快进入梦乡。不久,车内自动落锁,由于暴晒在阳光下,没有任何遮挡的车内温度越来越高。而小张就在熟睡的时候中暑了,这一睡就再也没能醒来。而更大的可能是小张已经出现浑身乏力的中暑症状,根本没有力气打开车门。

此外,在炎热的夏天开空调还应当注意缺氧的问题。如果汽车在密闭的状态下开着空调,因为空气不流通,容易中毒,即使是在室外,当车内空调系统开在"内循环"状态时,时间长了,也会缺氧而造成危险。

提示

户外活动如何防止中暑。

(1)喝水。大量出汗后要及时补充水分。外出活动,尤其是远足、爬山或去缺水的地方,一定要带够充足的水。如果条件允许,还可以带些水果等解渴的食品。

(2)降温。外出活动前应做好防晒准备,最好准备太阳伞、遮阳帽,着浅色透气性好的服装。外出活动时一旦有中暑的征兆,要立即采取措施,寻找阴凉通风之处,解开衣领,降低体温。

(3)备药。可以随身带一些人丹、十滴水、藿香正气水等药品,以缓解轻度中暑引起的症状。如果中暑症状严重,应立即送医院诊治。

链接

中暑是高温影响下的体温调节功能紊乱,常因烈日曝晒或在高温环境下重体力劳动所致。正常人体温度恒定在37℃左右,是通过下丘脑体温调节中枢的作用,使产热与散热取得平衡的结果,当周围环境温度超过皮肤温度时,散热主要靠出汗,以及皮肤和肺泡表面的蒸发。人体的散热还可通过循环血流,将深部组织的热量带至上下组织,通过扩张的皮肤血管散热,因此经过皮肤血管的血流越多,散热就越多。如果产热大于散热或散热受阻,体内有过量热蓄积,即产生高热中暑。

(二)休克

休克是一种急性循环功能不全综合征。发生的主要原因是有效血循环量不足，引起全身组织和脏器血流灌注不良，导致组织缺血、缺氧、微循环瘀滞、代谢紊乱和脏器功能障碍等一系列病理生理改变。休克病人表现为血压下降、心率增快、脉搏细弱、全身乏力、皮肤湿冷、面色苍白或青脉萎陷、尿量减少。休克开始时，病人意识尚清醒，如不及时抢救，则可能表现出烦躁不安、反应迟钝、神志模糊，进入昏迷状态甚至导致死亡。

休克的急救措施如下所述。

(1)令病人平卧，下肢稍抬高，以利于大脑血流供应，但伴有心衰、肺水肿等情况出现时，应取半卧位。

(2)应注意保暖，保持呼吸道畅通，以防发生窒息。

(3)保持安静，避免随意搬动，以免增加心脏负担，使休克加重。

(4)如因过敏导致了休克，应尽快脱离致敏场所和致敏物质，并给予备用脱敏药物，如扑尔敏片(马来酸、氯苯那敏片)口服。

(5)有条件时要立即吸氧，对于未昏迷的病人，应酌情给予含盐饮料。

特别值得注意的是，一旦发现病人出现休克，应分秒必争地打 120 呼救，或送至就近医院抢救。

(三)晕厥

晕厥亦称晕倒，由于脑部一时性血液不足或脑血管痉挛而发生暂时性知觉丧失现象，病人晕厥时会因知觉丧失而突然昏倒。在昏倒前常见周身发软无力、头晕、眼黑目眩；昏倒后，可见面色苍白或出冷汗、脉搏细弱、手足变凉等。轻度晕厥，经短时休息即可清醒，醒后可有头痛、头晕、乏力等症状。发生晕厥的原因常为血管神经性和心脑疾病引起，如疼痛恐惧、过度疲劳、饥饿、情绪紧张、气候闷热、体位突然改变等因素可诱发血管神经性晕厥。心律失常、心肌梗死、心肌炎、高血压、脑血管痉挛发作等疾病等也可导致晕厥发生。

晕厥的急救措施如下所述。

(1)迅速使病人安静平卧，下颌抬高以使呼吸通畅。

(2)松解腰带、领扣，随时清除口、咽中的分泌物。

(3)可针刺或用手指掐病人的人中、内关、合谷等穴，促使其苏醒。

(4)血压低者注意抗休克。如有心脏病史，并怀疑是心脏病变引起的晕厥时，应取半卧位，以利呼吸。

(5)注意对病人身体的保暖，随时观察病人呼吸、脉搏等情况。

(6)待病人清醒后，可给病人服用温糖水或热饮料(在晕厥时忌经口给予病人任何饮料及药物)。

笔记

(7)经处理仍未清醒者,应立即呼救或妥善送往附近医院。

(8)呼吸暂停者立即给氧或口对口人工呼吸。

七、人工呼吸

在日常生活中,我们随时都有可能遇到有人因各种各样的原因导致呼吸骤停的意外状况。假如能够掌握正确的方法,早一秒对病员实施人工呼吸,那么病员生存的概率就会大大提高。

人工呼吸的方法与步骤如下所述。(图 13-13~图 13-14)

(1)在时间允许的情况下,应迅速将病员转移到空气流通状况好的地方,解开衣领扣子、领带、腰带。若是女性,则要解开内衣扣子,以免外在因素对病员的胸部、腹部造成束缚,影响通气。

(2)无论病员最初处于何种姿势,施行人工呼吸的唯一正确体位只能是平躺仰卧,并且身体应在地面或者是牢固可靠的平板上,便于施救者进行急救。

(3)施救者跪在病员身体的一侧,一手放在病员的额头上向下按,另一手托起病员的下巴往上抬,迫使病员张口,迅速检查他的口腔、鼻腔内是否有呕吐物、分泌物或异物堵塞,尽可能将其清除。如果有活动假牙已经脱落,记得一定要取出。

心肺复苏
来源:CCTV 13

(4)保持病员头部后仰的姿势,令下颌部与耳垂的连线同地面基本呈 90 度,即气道已充分打开。深深吸一大口气,一手捏紧病员的鼻子,尽可能用嘴完全地包住病员的嘴巴,将气体吹入病员的体内。同时眼睛要注视病员的胸廓是否有明显的扩张,若有,表明吹气量足够多。随即放开捏住病员鼻子的手,让他自主完成一次呼气过程。

(5)每次吹气时不应太快,一般持续 2 秒左右。在进行下一次人工呼吸之前,应先确保上一次吹入的气体已彻底呼出。

(6)最开始施行人工呼吸时,可连续进行三四次,之后以每五秒操作一次的频率进行。

(7)假如病员始终是嘴唇紧闭无法张开,那么可以改用口对鼻人工呼吸,操作方法同上,只是吹气的对象换成是病员的鼻子。

(8)生命是可贵的,因此只要是有一线生还的希望,急救就不能停止。因此人工呼吸的操作时间会比较长,只要有可能出现生命体征,就要持续下去,不能轻易放弃,直至等到专业急救人员的到来。

此外,还有仰卧压胸式人工呼吸、俯卧压背式人工呼吸、仰卧牵臂式人工呼吸等方法。

笔记

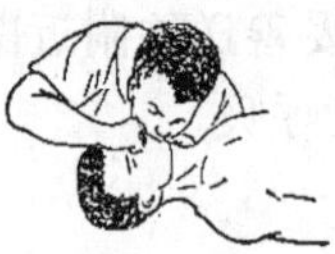

图 13-13 口对口人工呼吸

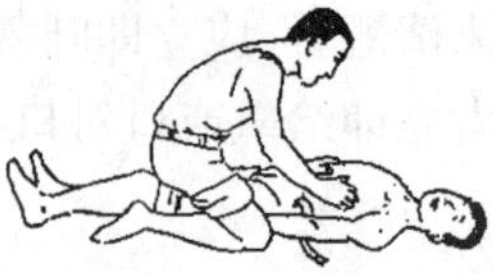

图 13-14 仰卧压胸人工呼吸

第二讲 常见传染病的预防

传染病是由病毒、细菌、寄生虫等生物病原体，通过呼吸道、消化道、皮肤黏膜等不同途径侵入人体后引起发病的。学校是人群高度密集的场所，学生抵抗疾病的能力较弱，加上近年来城市发展迅速，人口流动频繁，容易导致传染病在校园内的发生和传播。因传染病具有传染性，一旦疫情暴发，将严重威胁学生身体健康和生命安全，对学校、家庭和社会造成较大影响。因此，了解校园易发传染病对于在校大学生具有重要意义。

一分钟教你预防春季感冒
来源：优酷网

警示名言

有莠则锄，有疾则医。

——［宋］苏轼

一、流行性感冒

流行性感冒（以下简称流感）是人类面临的主要公共健康问题之一。流感的流行病学最显著特点为：突然暴发，迅速扩散，造成不同程度的流行，具有季节性，发病率高，但病死率低（除人感染高致病性禽流感外）。季节性流感一般可引起伴有发热的急性呼吸系统疾病，起病急剧，虽然大多为自限性，但是在重症感染或引起并发症时则需要住院治疗。早期使用抗流感病毒药物治疗，可以缓解流感症状、缩短病程、降低并发症发生率、缩短排毒时间，并且可能降低病死率；在流行期间，预防性使用可能降低患病率。

图 13-15 流行性感冒

流感的传染源主要是病人和隐性感染者，发病后3天传染性最强。病人的鼻涕、口水、痰液中含有大量病毒，通过咳嗽、打喷嚏、大声说话等将病毒排到空气中，易感者吸入后即能感染。在通气不良、人员拥挤的地方，传播更为迅速。另外，通过直接接触被污染的食具、玩具或物品也可传播。

案例

某校大一女生张某参加完学校的游园晚会，回到寝室后突然感觉嗓子发痒，很快喉咙发炎肿痛，吞咽唾沫都痛，时而还有浓痰咳出，第二天开始流鼻涕，咳嗽加重，并伴有头痛、发烧等症状，整个人感觉浑身乏力，只想睡觉。后在室友的陪同下来到校医院就诊。经医生诊断，张某患了流行性感冒。该医生反映，最近几天，因患流行性感冒前来就诊的学生人数不断增加，因此，特提醒同学们一旦患有感冒要及时去医院就诊。同时，由学校和校医院共同组织学生进行疫苗接种，并告知学生要注意个人卫生，保持室内的通风，加强对流感的预防，防止流感的进一步蔓延。

点评

流行性感冒是由流感病毒引起的急性呼吸道传染病，其特点是起病急，传染性强，流行广泛，传播迅速，易引起流行。流感是通过飞沫传播的。当病人咳嗽、喷嚏及大声说话时，病毒随飞沫喷到病人周围空气中，侵入正常人的鼻黏膜而传染，与尘埃及日常用品的间接接触也有可能感染流感。疫苗接种是防控流感的主要方法。

提示

流感为一种特异性的急性病毒性呼吸道传染病，以发热、咳嗽、头痛、呼吸道黏膜发炎等为特征。重症病例可发生虚脱，出血性支气管炎、肺炎，有时可致死。

针对流感应做到以下几点。

(1)发现流感病人及时隔离治疗，减少传播，降低发病率。

(2)流行期间不搞大型集会和集体活动，不到或少到公共场所活动，互相接触时戴口罩。

(3)平时加强营养，加强户外活动，锻炼身体，增强对流感病毒的抵抗力。

(4)病人卧床休息，多饮水，进食可口清淡的流质或半流质饮食。

(5)在发病的早期可服用抗病毒药物及对流感病毒有抑制作用的中草

笔记

药制剂,减轻症状。目前尚无确切有效的抗病毒药物,高热、病情较重者可输液,并进行物理降温,如合并有细菌感染者,应使用抗菌药物。

链接

流感潜伏期一般为1~3天。发病后主要表现为畏寒、高热、体温可达39~40℃,伴有头痛、全身酸痛、乏力、面颊潮红、眼结膜充血等,但呼吸道症状较轻,部分病人有咳嗽、轻度喷嚏、流涕等。全身症状重、呼吸道症状轻是流感的主要特征,一般经2~3天后体温下降,全身症状也逐渐好转。

二、病毒性肝炎

病毒性肝炎(包括甲型、乙型、丙型、丁型与戊型)是法定乙类传染病,具有传染性强、传播途径复杂、流行面广泛、发病率高等特点;部分乙型、丙型及丁型肝炎可演变成慢性肝炎,并可发展为肝硬化、肝癌,对人体健康危害甚大。病毒性肝炎存在于病人或病毒携带者的唾液、汗液、鼻咽分泌物与乳汁中,通过黏膜或皮肤微小的创口进入机体而造成感染,尤其是唾液传播。

下面分别介绍甲型病毒性肝炎和乙型病毒性肝炎的预防。

如何预防乙肝
来源:优酷网

(一)预防甲型病毒性肝炎

甲型病毒性肝炎在治疗上无特效药物。预防的办法如下所述。

(1)养成良好的个人卫生习惯,严格把好手、口关,饭前便后洗手,不喝生水,不吃未煮熟的食物,蔬菜、水果要洗干净再吃。

(2)提倡分食进餐,公共餐具必须严格消毒处理。

(3)发现病人应隔离治疗,隔离期至少30天。对患者接触的食具及物品进行消毒。

(4)对与甲型肝炎病人密切接触者,可注射甲肝疫苗及丙种球蛋白。

(5)甲型肝炎的治疗目前缺乏特效疗法,主要治疗措施为休息、合理饮食,饮食以清淡为宜。

(二)预防乙型病毒性肝炎

乙型病毒性肝炎是由乙肝病毒引起的以损害肝脏为主的肠道传染病,是20世纪最令人关注的全球性瘟疫。我国是一个肝炎大国,特别是乙型肝炎的高流行区,乙肝流行趋势是非常严重的。高校是人群高密度聚集区域,乙肝是影响大学生学习与健康的主要传播疾病之一。

乙肝疫苗的推出为人类预防乙肝提供了一个有效武器。世界卫生组织在1996年宣布乙肝疫苗将作为人类免疫计划(EPI),其目标是:1997年要在所有国家内实行乙肝疫苗接种。我国2001年底国务院批准并发布通知:从2002年底起,所有新生儿都要接种乙肝疫苗。大学生在校期间也基本接种了乙肝疫苗。

案例

患者:李某,女,21岁,某高校大三学生。

病史:患者2018年1月出现胀腹、恶心,但未予重视,后出现身目黄染,在当地一家小诊所治疗未见好转,并出现昏迷,后经人介绍,来到深圳一家大医院就诊。

症状:入院时患者肝区疼痛明显,面色和两目黄染,乏力,厌食,消瘦,腹部膨隆,尿少,全身黄染。

检查:发现B超肝硬化失代偿、腹水大量。

诊断:重症乙型病毒性肝炎。

治疗:专家根据其临床表现和典型实验室化验指标,实施了保肝、序贯抗病毒的治疗方法,同时为其采取适当降酶措施,配合"泰尼""参灵"等中药类抗病毒药物进行辅助治疗,1个月后,患者病情得到大幅度缓解,精神状况稳定,黄染消退,治疗效果非常明显。

出院后,患者继续进行巩固治疗,后来医院复查,病情稳定,未见复发。

点评

学校是传染病易感人群集中的场所,几十个人集中在一间教室里学习、生活,互相密切接触,加之卫生制度不健全,卫生习惯不好,一旦有了病人,便具备了传染病传播和流行的基本条件。同时,经常到校外一些卫生条件不达标的小餐馆吃饭,也会提高感染乙肝病毒的概率。因此,要养成良好的卫生习惯,同时,一旦发现身体有不良症状,一定要及时到正规医院就诊,以免延误病情。

提示

高校是人员密集、交流频繁、周边环境需要重点整治的场所,各种传染病容易在校园内流行,如果不加重视,可能产生严重的后果。所以,大学生必须要防患于未然,自觉预防流行性疾病。

对病毒性肝炎的防疫必须做到以下几点。

笔记

(1)提高个人卫生水平。养成饭前便后洗手的良好习惯。

(2)不要随意在流动小摊点、小饭店吃饭,这些地点的食具往往大多未经消毒处理,极易造成感染。

(3)同学之间不要相互使用茶具、餐具、毛巾等。

(4)要注意性接触的卫生。因为病毒性肝炎病毒还可存在于病人的精液、阴道分泌物及经血之中,故性接触也是一条重要的传播途径,切不可粗心大意。

(5)利用各种宣传手段,广泛开展生理卫生健康教育。

链接

病毒性肝炎是由多种病毒引起的以肝脏病变为主的全身性疾病,其特点是传染性强、传播途径复杂,在全世界都有流行,发病率较高,危害严重。它是在大学生中常见的传染病,是影响大学生学习和健康的主要疾病之一。

甲型、戊型病毒性肝炎没有慢性患者,但有些患者在1年至1年半年内可能发生病情的反复,需注意并在急性期积极治疗;乙型肝炎抗病毒治疗需掌握适应证,并在治疗中根据患者的应答情况进行个体化治疗,尽量避免耐药的发生;丙型肝炎只要HCVRNA能检测到就应该积极进行抗病毒治疗。

三、传染性非典型肺炎

传染性非典型肺炎又称严重急性呼吸道综合征,是由一种变异冠状病毒引起的新发的呼吸道传染病,其传播途径是呼吸道传播、消化道传播、空气传播、昆虫传播等。

在高校,对非典的防范要做到"四勤三好",即勤洗手、勤洗脸、勤饮水、室内勤通风;口罩要戴好、心态调整好、身体锻炼好。

1. 勤洗手

要时常保持双手洁净,洗手时手心、手背、手腕、指尖、指甲缝都要清洗,肥皂或洗涤液要在手上来回搓,最后用流动水冲洗干净。有条件的,应照此办法重复两到三遍。触摸过传染物品的手,至少应搓冲五六遍。(图13-16)

图13-16 保持良好个人卫生习惯

笔记

2. 勤洗脸

脸部容易寄居病毒。非典型肺炎的病原体主要是通过鼻、咽和眼侵入人体的。洗脸可把病毒清洗掉，使鼻、口腔和眼等病菌容易侵入的部位保持洁净，大大减少感染的机会。

3. 勤饮水

春季气候多风干燥，空气中粉尘含量高，鼻黏膜容易受损，勤饮水可以使黏膜保持湿润，增强抵抗力。同时，勤饮水还便于及时排泄体内的废物，有利于加强机体的抗病能力。

4. 室内勤通风

非典型肺炎是呼吸道传染病，主要通过近距离空气飞沫传播。空气流通后，病原菌的浓度稀释了，感染的可能性就小了。使用空调的房间更要注意定时开窗通风。尽量避免前往空气流通不畅、人口密集的公共场所。

5. 口罩要戴好

戴口罩犹如给呼吸道设置了一道“过滤屏障”。但口罩没必要出门就戴，在进入医院看病、探视病人或空气不流通的地方，建议戴上 12 层以上的棉纱口罩。

6. 心态调整好

对非典型肺炎，我们应正视它的存在，不必恐慌，但也不能掉以轻心，因为它的传染性极强，对生命健康会带来威胁。只有以健康的、科学的良好心态生活，我们的免疫系统才会免遭侵袭。

7. 身体锻炼好

大家应积极参加体育锻炼，多到户外、郊外呼吸新鲜空气，但要注意根据气候变化合理安排运动量。一旦出现了发热、咳嗽、头痛、畏寒、乏力、关节痛、全身酸痛、腹泻等“非典”症状，应及时到正规医院就医，明确诊断治疗，千万不要乱投医、乱吃药。

案例

2003 年初，SARS 疫情暴发。全国人民在党中央和国务院的领导下，打响了一场抗击 SARS 的人民战争。当时，某高校文学院一知名教授和一名研究生在参加学术会议后出现发热症状，后被确诊为 SARS 感染病例和 SARS 疑似病例。

为了减少和切断 SARS 病毒传播渠道，防止病毒在学校蔓延，该校启动了危机处置预案，采取了以下措施。

(1) 对校园实行封闭式管理，对疑似病人活动过的区域和接触过疑似病

笔记

人的师生采取隔离措施，隔离区内师生员工严禁进出。

(2)实行交通管制。

(3)对校园内的宠物进行严限，捕杀了一批流浪宠物。

(4)对校外实习的同学，分列省内省外、重点疫区和非重点疫区，分期分批安排返校，防止带入SARS病毒。

经过两个多月全校师生的共同努力，抗击SARS战役取得了胜利。

点评

SARS，是突发的、主要以近距离空气飞沫和密切接触传播为主要途径的恶性致命呼吸道传染病，也称为“非典型性肺炎”(“非典”)。

2003年初，我国SARS疫情暴发，波及内地24个省区市，266个县市，其中广东和北京是重灾区。截至2003年8月16日，中国内地累计报告SARS临床诊断病例5327例，治愈出院4959例，死亡349人。在世界范围内，800多人丧命，8500多人受感染。

大学生上课、就餐、休息都在公共区域，人口集中，交流频繁，一旦校园流行传染病，容易互相感染。许多大学生对此都有深刻认识，并能养成良好的卫生习惯，主动阻断疾病传播渠道。

提示

如何预防艾滋病
来源：搜狐视频

在校园传染病预防中，大学生们应该做到。

(1)坚持体育锻炼，提高身体素质，养成良好的饮食习惯，增强免疫力，避免感染传染病毒。

(2)接受药物免疫和治疗。

(3)一旦出现传染病疫情，尽量不接触容易感染病毒的人群和场所，减少和切断病毒的传播渠道。

(4)一旦政府采取隔离措施，要服从国家法律和学校的管理，做到令行禁止。

链接

非典的防治措施有以下几点。

(1)控制传染源。SARS的传染源主要是患者，因此在疫情流行期间及早隔离患者是疫情控制的关键。要做到早期发现，早期隔离，早期治疗。

(2)切断传播途径。SARS的传播主要是通过人与人之间传播，因此切断这一途径是控制SARS的关键。应选择合格的专科医院作为定点收治医院。建立健全预防院内感染制度，避免医务人员的感染。合理使用防护用具。

(3)保护易感人群。医护人员和其他人员进入病区时，应注意做好防护工作。

四、艾滋病

艾滋病，即获得性免疫缺陷综合征(英文缩写 AIDS)，是因为感染人类免疫缺陷病毒(HIV)后导致免疫缺陷，并引发一系列机会性感染及肿瘤，严重者可导致死亡的综合征。1983 年，人类首次发现 HIV。目前，艾滋病已成为严重威胁世界人民健康的公共卫生问题。

(一)艾滋病的危害(图 13-17)

(1)对患者自身的危害。目前艾滋病已成为一种可控的慢性病，但仍有相当一部分患者因未及时诊治、病毒耐药或药物的副作用等原因而死亡或致残。同时由于社会对感染者的歧视，也常常给感染者带来沉重的精神压力。

(2)对他人的危害。感染者无保护的性行为、多个性伴、共用针具静脉吸毒及经过母婴途径等可将病毒传染给其他人。

(3)对家庭及社会的危害。虽然我国早已实施对 HIV 感染者“四免一关怀”的政策，但晚期并发症的治疗仍可能给家庭和社会带来沉重的经济负担和社会问题。

图 13-17　艾滋病

(二)艾滋病的护理

艾滋病是一种慢性、进行性、致死性传染病，需要经过专业培训的护理人员。除 HIV 外，还包括并发症的护理。除注意 HIV 的消毒隔离外，还应针

笔记

对患者的并发症的不同病原，做好呼吸道、体液及接触隔离。要严格无菌操作，严格消毒隔离；接触患者的血液和体液时，应带好手套、口罩或防护眼镜、穿好隔离衣，做好自我防护。

艾滋病公益宣传片
来源：CCTV

另外，针对艾滋病患者出现的不同临床症状，如发热、腹泻、皮肤疾病、呼吸道症状、消化道症状等进行不同护理，同时，还应注意以下护理。

（1）心理护理。艾滋病患者不仅要面对疾病的折磨、死亡的威胁，还要承受来自社会和家庭的压力和歧视，因此常常出现情绪异常，甚至自杀倾向。这就需要加强心理护理，密切观察患者的心理变化，注意倾听患者诉说，建立良好的信任关系，帮助他们树立起对生活的信心和希望。

（2）家庭护理。艾滋病是一种可控的慢性传染病，家属应了解关于艾滋病的传播方式、如何防治等基本信息，给患者精神上的支持，帮助他们树立生活的信心。同时注意自我防护，防止 HIV 进一步传播。

（三）艾滋病的预防措施

（1）高危人群应定期检测 HIV 抗体，医疗卫生部门发现感染者应及时上报，并应对感染者进行 HIV 相关知识的普及，避免传染给其他人。

（2）感染者的血液、体液及分泌物应进行消毒。

（3）避免不安全的性行为，禁止性乱交。

（4）严格筛选供血人员，严格检查血液制品，推广一次性注射器的使用。

（5）严禁注射毒品，尤其是共用针具注射毒品。

（6）不共用牙具或剃须刀。

（7）不到非正规医院进行检查及治疗。

（8）对 HIV 阳性的孕妇应进行母婴阻断，包括产科干预（终止妊娠、剖宫产）+抗病毒药物+人工喂养。

（9）医务人员严格遵守医疗操作程序，避免职业暴露。

案例

2005 年 4 月，当一个叫朱利亚的女孩向世界说出“我是艾滋病病毒感染者”时，她成为中国艾滋病患者群体中第一个有勇气公开自己病情的在校女大学生。但是，她显然不是第一个感染艾滋病病毒的大学生。早在 10 年前，我国大学生中就已发现一些艾滋病病毒感染者。

点评

近年来，随着我国青年人性观念的日益开放，艾滋病正在成为大学生们必须正视的问题，为防止艾滋病的蔓延，每一名大学生都应该做到洁身自爱。

笔记

提示

大学生必须掌握有关的预防艾滋病知识。

(1)艾滋病是一种死亡率极高的严重传染病，目前，还没有治愈的药物和方法，但可以预防。

(2)艾滋病主要通过性、血液和母婴三种途径传播。

(3)与艾滋病病人及艾滋病病毒感染者的日常生活和工作接触不会感染艾滋病。

(4)洁身自爱，遵守性道德是预防经性途径传播艾滋病的根本措施。

(5)正确使用避孕套，不仅能避孕，还能减少感染艾滋病、性病的危险。

(6)及早治疗并治愈性病，可减少感染艾滋病的危险。

(7)共用注射器吸毒是传播艾滋病的重要途径，因此要拒绝毒品，珍爱生命。

(8)避免不必要的输血和注射，使用经艾滋病毒抗体检测的血液和血液制品。

链接

艾滋病是一种传播性强、危害严重的疾病，但在不少人看来，它同时又是一种“很不光彩”的疾病，甚至可以说是对那些道德败坏、生活糜烂的人的惩罚和“报应”。因此导致了人们对艾滋病的极端恐慌，以及对艾滋病患者的极度歧视，给患者的心理造成极大的压力，不但影响了防治工作的正常开展，而且还可能引发患者对社会的仇视与报复。在高校，对待艾滋病重在预防。

笔记

专题十四

公共安全

公共安全是指多数人的生命、健康和公私财产的安全。人类通过生产活动创造物质财富和精神财富，满足衣食住行和娱乐等方面的需要。与此同时，人类还必须预防灾害的发生，防止或减轻自然灾害与人为灾害给人类带来的各种损失，特别是要努力使人类自身的身心不受到外来因素的损害和威胁，能够安全、健康、舒适、愉快、高效地从事各种活动，保持生命的延续。

警示名言

人人好公，则天下太平；人人营私，则天下大乱。

——（清）刘鹗

自然灾害的防范与自救
来源：搜狐视频

第一讲 防范自然灾害

雷电、洪水、地震、暴雨、泥石流、滑坡等，都有可能给我们的生活带来威胁和危害。对于这些威胁和危害，人类目前还没有能力去根除它，但是，我们可以研究其内在规律，有效地预防和规避它。

一、雷电

在美国科学家富兰克林发现雷电产生的原因之前，人们对雷电一直抱有一种恐惧心理，认为雷电是“上帝之火”，是天神发怒的结果。实际上，雷电是大气中的放电现象，多形成在积雨云中。积雨云随着温度和气流的变化不停地运动，运动中产生摩擦，就形成了带正电荷和带负电荷的云层。当异性带电中心之间的空气被其强大的电场击穿时，就形成“云间放电”（即闪电)。由于放电时温度高达2000℃,空气受热急剧膨胀,随之发生爆炸,这就是雷鸣。一般山地雷电比平原多,沿海地区比内陆腹地多,建筑越高遭雷击的机会越多。

雷电发生时,如果你在室外空旷地,应注意以下几点。(图14-1)

(1)不能躺在地上。不要以为躺着能最大限度地降低高度,这样做会增加"跨步电压"。正确做法是两脚并拢,蹲在干燥的绝缘物上,双手合拢,抱膝低头。

(2)不要在洞穴、大石和悬崖下避雨。这些地方是雷电喜欢光顾的通道,但是深的洞穴则十分安全,应尽量走到深处。

(3)不要离开汽车。如果雷雨来时,你恰好在汽车中,那么你是幸运的。车厢虽然是金属制造物,但是因为屏蔽作用反而十分安全,就算直接被闪电击中也不会伤人。

(4)离金属建筑物的距离要足够远。并非直接的电流才会致命,当闪电击中铁栅栏等金属物时,电能瞬间释放会产生强大的冲击波及雷声,如果离得不够远,可能会被声波震伤肺部,严重的可以致人死亡。

(5)喝水也是危险的。不要因为一时的情急,就忘记水壶也是金属制品。手机、登山杖、小刀等物品都要留心收好。帐篷里也不是安全之处,因为帐篷的支架多是金属制品,容易招惹雷电,如果帐篷搭建在空旷处,就更危险了。

图14-1 雷电

案例

一天下午,某农村小学遭遇球形雷袭击。当时这所小学四年级和六年级各有一个班正在上课,一声惊天巨响之后,教室里腾起一团黑烟,烟雾中两个班共95名学生和上课教师几乎全部倒在了地上,有的学生全身被烧得黑乎乎的,有的头发竖起,衣服、鞋子和课本的碎屑撒了一地。据一些学生

笔记

回忆,火球有如篮球场那么大,直奔教室而来。此次雷击共造成该校小学四年级和六年级学生7人死亡、19人重伤、20人轻伤,给许多学生留下了后遗症。

事故的主要原因是:该下午4时许,该小学教室多次遭受雷电闪击,并伴有球形雷的发生,发生事故的小学教室没有采取避雷措施,当雷电直接击中教室的金属窗时,由于这些金属窗未做接地处理,雷电流无处泄放,靠近窗户的学生就成了雷电流泄入地的通道,雷电流的热效应和机械效应导致学生出现伤亡。

点评

该村地处雷电多发区,这个小学位于一个山包上,位置突出,周围又有水田和水塘,加上教室前面种有大树,种种因素都增加了雷击事故发生的概率。而校舍又没有安装避雷设施。如花的生命在一瞬间消失,既是天灾,也是人祸。如果按照相关要求,重视自然灾害,事先加装避雷设施,悲剧就有可能不会发生。

提示

雷电是一种神奇的自然现象,它是不可避免的,地球上任何时候都有雷电在活动。雷电时常导致严重的自然灾害。我们要积极防雷避雷,避免生命财产遭受损害。

链接

雷电发生时,如果你在街上或在家,须注意以下几点。

(1)尽快进入有完好避雷装置的建筑物内,关闭门窗,切不可停留在楼顶上。

(2)不倚靠在建筑物的外墙、柱上,不靠近、不触摸金属水管或金属门窗和其他带电设备。

(3)在电源和电话、电视等室外引入的信号线未装避雷器的情况下,尽量不要看电视、打电话,也不要用其他电器,最好拔掉电源和信号插头。

(4)不要在家洗淋浴,特别是太阳能热水器装在屋顶,又处在直击雷保护范围之外的更要特别注意。

二、洪涝灾害

自古以来,洪涝灾害一直是困扰人类社会发展的自然灾害。我国有文字记载的第一页就是劳动人民和洪水斗争的光辉画卷——大禹治水。时至今日,洪涝依然是对人类影响最大的灾害之一。洪涝灾害具有双重属性,既有自然属性,又有社会经济属性。它的形成必须具备两方面条件:第一,自然条件。洪水是形成洪涝灾害的直接原因。只有当洪水自然变异强度达到一定标准,才可能出现灾害。主要影响因素有地理位置、气候条件和地形地势。第二,社会经济条件。只有当洪水发生在有人类活动的地方才能成灾。受洪水威胁最大的地区往往是江河中下游地区,而中下游地区因其水源丰富、土地平坦又常常是经济发达地区。

洪涝中的自救与逃生。

(1)不要惊慌,冷静观察水势和地势,然后迅速向附近的高地、楼房转移。如果洪水来势很猛,就近无高地、楼房可避,可抓住有浮力的物品如木盆、木椅、木板等。必要时爬上高树也可暂避。

(2)切记不要爬到土坯房的屋顶,这些房屋浸水后容易倒塌。

(3)为防止洪水涌入室内,最好用装满沙子、泥土和碎石的沙袋堵住大门下面的所有空隙。如果预料洪水还要上涨,窗台外也要堆上沙袋。

(4)如果洪水持续上涨,应注意在自己暂时栖身的地方储备一些食物、饮用水、保暖衣物和烧水用具。

(5)如果水灾严重,所在之处已不安全,应考虑自制木筏逃生。床板、门板、箱子等都可用来制作木筏,划桨也必不可少。也可考虑使用一些废弃轮胎的内胎制成简易救生圈。逃生前要多收集些食物、发信号用具(如哨子、手电筒、颜色鲜艳的旗帜或床单等)。

(6)如果洪水没有漫过头顶,且周边树木比较密集,可考虑用绳子逃生。找一根比较结实且足够长的绳子(也可用床单、被单等撕开替代),先把绳子的一端拴在屋内较牢固的地方,然后牵着绳子走向最近的一棵树,把绳子在树上绕若干圈后再走向下一棵树,如此重复,逐渐转移到地势较高的地方。

(7)离开房屋逃生前,多吃些高热量食物,如巧克力、糖、甜点等,并喝些热饮料,以增强体力。注意关掉煤气阀、电源总开关。如果时间允许,可将贵重物品用毛毯卷好,藏在柜子里。出门时关好房门,以免贵重物品随水漂走。

案例

2019年3月15日18时10分许,山西省乡宁县枣岭乡卫生院北侧山体滑坡,致卫生院一栋家属楼(6户)和一座简易用房,信用社一栋家属楼(8户)、一座小型洗浴中心楼垮塌,其中一栋楼整体滑落半山腰,两栋垮塌散落沟坡，大部分被黄土掩埋。

事故发生后，救援工作迅速有效展开。截至3月21日12时，乡宁“3·15”山体滑坡救援现场搜救工作业已结束，13人获救，20名遇难人员遗体全部找到，当地社会稳定、秩序良好，后续工作正有序开展。13名获救人员中，4人已经出院，9人在医院接受治疗，每位伤员均由专门医护小组负责治疗护理，并实施心理疏导。抢险救援紧张进行中。

点评

人类也许无法阻止暴雨等自然灾害的发生，但我们可以根据自然规律来做好减灾防洪工作。上述事故发生的原因是：连降大雨导致河床被冲垮，洪水通过地面沙坑溃入矿井下。为了避免此类事故的发生，我们应加强对地面塌陷区及裂缝的排查，发现问题及时进行回填处理。

提示

洪涝灾害的防治工作包括两个方面：一方面，减少洪涝灾害发生的可能性；另一方面，尽可能使已发生的洪涝灾害的损失降到最低。加强堤防建设、河道整治及水库工程建设是避免洪涝灾害的直接措施，长期持久地推行水土保持可以从根本上减少发生洪涝的机会。切实做好洪水天气的科学预报与滞洪区的合理规划，可以减轻洪涝灾害的损失。建立防汛抢险的应急体系，是减轻灾害损失的最后措施。

链接

(1)建立公共安全应急救援体系，制订公共安全应急预案，搞好安全技术培训，提高安全防范和管理水平。使应对突发公共事件的组织，快速反应，高效运转，临危不乱。

(2)加强基层，全民参与。提高基层应对突发公共事件的处置能力，提高群众应急能力和自救能力。

(3)广泛宣传相关法律法规和应急预案，增加全民的危机意识、社会责任意识。

三、冰雪灾害

雪灾亦称白灾，是因长时间大量降雪造成大范围积雪成灾的自然现象。它是中国牧区经常发生的一种畜牧气象灾害，主要是指依靠天然草场放牧的畜牧业地区，由于冬半年降雪量过多和积雪过厚，雪层维持时间长，影响牧民正常放牧活动的一种灾害。对畜牧业的危害，主要是积雪掩盖草场，且超过一定深度，有的积雪虽不深，但密度较大，或者雪面覆冰形成冰壳，牲畜难以扒开雪层吃草，造成饥饿，有时冰壳还易划破羊和马的蹄腕，造成冻伤，致使牲畜瘦弱，造成牲畜流产，仔畜成活率低，老弱幼畜饥寒交迫，死亡增多。同时还严重影响甚至破坏交通、通信、输电线路等生命线工程，对牧民的生命安全和生活造成威胁。

冰雪灾害发生时的注意事项如下所述。

(1)尽量待在室内，不要外出。

(2)如果在室外，要远离广告牌、临时搭建物和老树，避免砸伤。路过桥下、屋檐等处时，要小心观察或绕道通过，以免因冰块融化脱落伤人。

(3)非机动车应给轮胎少量放气，以增加轮胎与路面的摩擦力。

(4)要听从交通民警指挥，服从交通疏导安排。

(5)注意收听天气预报和交通信息，避免因机场、高速公路、轮渡码头等停航或封闭而耽误出行。

(6)驾驶汽车时要慢速行驶并与前车保持距离。车辆拐弯前要提前减速，避免踩急刹车。佩戴色镜。最好给轮胎装上防滑链。

(7)出现交通事故后，应在现场后方设置明显标志，以防连环撞车事故发生。

(8)如果发生断电事故，要及时报告电力部门迅速处理。

案例

2008 年冬天，一场暴风雪袭击我国南方，影响到湖北、湖南、安徽、江西等 15 个省(区、市)。

在交通运输方面，此次暴雪已严重影响到水、陆、空各个不同层次，给人以群众出行造成极大不便，特别是发生在中国的传统节日春节来临之际，出行压力高度集中，对交通造成极大破坏和影响。

此外，供电等系统也遭受极其严重影响，电网系统的发电煤储量已下降到最低点。

点评

由于这次雪灾涉及层面广泛，给交通运输和供电系统造成重大破坏，使受灾人口达到七千余万人，直接经济损失达五百多亿元。在人民生活、物价、经济运行方面，影响十分深刻，使人民群众生命财产遭受不同程度的损失。

笔记

笔记

提示

雪灾的危害有：影响交通、通信、输电线路等生命线工程；大量积雪可压塌大棚，对蔬菜生产有较大影响。大雪常伴随低温，造成道路冻雪或形成积冰，人们在出行时应注意防滑，车辆应加防滑链，必要时关闭结冰道路，以免造成人员伤亡。

链接

雪灾预警信号分三级，分别以黄色、橙色、红色表示。

(1)雪灾黄色预警信号的含义：12 小时内可能会出现对交通或牧业有影响的降雪。防御指南：相关部门做好防雪准备；交通部门做好道路融雪准备；农牧区要备好粮草。

(2)雪灾橙色预警信号的含义：6 小时内可能出现对交通或牧业有较大影响的降雪，或者已经出现对交通或牧业有较大影响的降雪并可能持续。防御指南：相关部门做好道路清扫和积雪融化工作；驾驶人员要小心驾驶，保证安全；将野外牲畜赶到圈里喂养；其他同雪灾黄色预警信号。

(3)雪灾红色预警信号的含义：2 小时内可能出现对交通或牧业有很大影响的降雪，或者已经出现对交通或牧业有很大影响的降雪并可能持续。防御指南：必要时关闭道路交通；相关应急处置部门随时准备启动应急方案；做好对牧区的救灾救济工作；其他同雪灾橙色预警信号。

四、台风

台风是发生在北太平洋西部热带洋面上的一种热带气旋。在海洋的某些区域里面，由于海水被太阳晒得很热，海面上的空气就向高空直升，这时它周围较冷的空气趁势补缺，一起朝中心流动，由于地球自转，空气反时针方向剧烈旋转。它一边旋转，一边朝西或者西北方向移动，越转越快，越转越大。台风中心就是这个旋转空气区域的最中心，它的气压极低，风力很微弱。其中心范围大约为直径 10 千米的圆面积内。在中心区域外，它的风力就大了。“台风边缘”是指靠台风外缘风力达到 6 级的区域。台风造成的灾害以狂风和暴雨最为显著，有时会引起海潮，使海水倒灌。台风中心附近风力经常在 10 级以上，并伴有暴雨，在海洋上能掀起山岳般的巨浪。

笔记

警示名言

天有不测风云,人有旦夕祸福。

——(宋)《张协状元》

案例

2018年9月7日20时,台风“山竹”在西北太平洋洋面上生成。9月15日,台风“山竹”从菲律宾北部登陆。15日18时,广东省防总决定将防风Ⅱ级应急响应提升至Ⅰ级。16日17时,“山竹”在广东台山海宴镇登陆,登陆时中心附近最大风力14级,中心最低气压955百帕;17日晚20时,因很难确定其环流中心,中央气象台停止对其编号。

截至2018年9月18日17时,台风“山竹”已造成广东、广西、海南、湖南、贵州5省(区)近300万人受灾,5人死亡,1人失踪,160.1万人紧急避险转移和安置;据应急管理部有关负责人介绍,台风“山竹”还造成5省(区)的1200余间房屋倒塌,800余间严重损坏,近3500间一般损坏;农作物受灾面积174 400千公顷,其中绝收3300千公顷;直接经济损失52亿元。

点评

台风“山竹”给中国沿海及部分内陆地区造成如此大的自然灾害,原因主要有几个方面:一是强度强。“山竹”2018年9月7日20时起编,11日8时加强为超强台风,15日5时仍为超强台风级别,中心附近最大风力达17级以上(65米/秒)。二是强风范围大。“山竹”云系庞大,直径范围达1000千米,七级风圈半径达到350~600千米,远超“飞燕”同期。三是风雨影响严重。2018年16日—18日,华南中西部沿海风力将达14~16级,阵风达17级以上;广东南部、香港、澳门、广西南部、海南岛、云南南部等地部分地区有大暴雨,局地有特大暴雨;广东西南部、广西南部、海南岛北部和云南东南部暴雨灾害风险高或极高。四是影响区域重叠。“山竹”预计登陆范围为雷州半岛到海南岛东北部,影响区域与同年第23号台风“百里嘉”重叠,风雨的叠加效应明显。五是大风极端性较强。“山竹”的大风极端性较强,给广东西南部、广西南部沿海造成重度破坏,简易厂房、低矮自建房以及广告牌等户外悬挂物、部分海上渔排网箱和小型船只均易受损。

笔记

提示

台风的防范与应急措施。

(1)气象台根据台风可能产生的影响,在预报时采用“消息”、“警报”和“紧急警报”三种形式向社会发布;同时,按台风可能造成的影响程度,从轻到重向社会发布蓝、黄、橙、红四色台风预警信号。公众应密切关注媒体有关台风的报道,及时采取预防措施。

(2)台风来临前,应准备好手电筒、收音机、食物、饮用水及常用药品等,以备急需。

(3)关好门窗,检查门窗是否坚固;取下悬挂的东西;检查电路、炉火、煤气等设施是否安全。

(4)将养在室外的动植物及其他物品移至室内,特别是要将楼顶的杂物搬进来;室外易被吹动的东西要加固。

(5)不要去台风经过的地区旅游,更不要在台风影响期间到海滩游泳或驾船出海。

(6)住在低洼地区和危房中的人员要及时转移到安全住所。

(7)及时清理排水管道,保持排水畅通。

(8)有关部门要做好户外广告牌的加固;建筑工地要做好临时用房的加固,并整理、堆放好建筑器材和工具;园林部门要加固城区的街道树。

(9)遇到危险时,请拨打当地政府的防灾电话求救。

链接

台风预警信号

一旦台风来临,受台风影响地区的气象部门会及时发布台风预警信号,提醒有关单位和人员做好防范准备。台风预警信号从低至高共分为蓝、黄、橙、红四级。

台风蓝色预警信号:24 小时内可能受热带气旋影响,平均风力可达 6 级以上,或阵风 7 级以上;或者已经受热带气旋影响,平均风力为 6~7 级,或阵风 7~8 级并可能持续。

台风黄色预警信号:24 小时内可能受热带气旋影响,平均风力可达 8 级以上,或阵风 9 级以上;或者已经受热带气旋影响,平均风力为 8~9 级,或阵风 9~10 级并可能持续。

台风橙色预警信号:12 小时内可能受热带气旋影响,平均风力可达 10 级以上,或阵风 11 级以上;或者已经受热带气旋影响,平均风力为 10~11

笔记

级，或阵风11~12级并可能持续。

台风红色预警信号：6小时内可能或者已经受热带气旋影响，平均风力可达12级以上，或者阵风达14级以上并可能持续。

五、沙尘暴

沙尘暴是一种风与沙相互作用的灾害性天气现象，它的形成与地球温室效应、厄尔尼诺现象、森林锐减、植被破坏、物种灭绝、气候异常等因素有着不可分割的关系。其中，人口膨胀导致过度开发自然资源、过量砍伐森林、过度开垦土地是沙尘暴频发的主要原因。因此我们要严禁乱砍滥伐。

警示名言

每一个研究人类灾难史的人可以确信：世间大部分不幸都来自无知。

——[法]爱尔维修

案例

2019年4月19日晚至4月20日凌晨，中蒙边境呼伦贝尔市阿日哈沙特口岸地区突发沙尘暴天气，出现了百米“沙墙”遮天蔽日的情形，大风卷积着黄沙形成百米高的“沙墙”遮天蔽日，“沙墙”瞬间将边境地区草原淹没，原本晴朗的天空变得一片昏暗，能见度不足5米。

点评

沙尘暴天气是我国北方的灾害性天气之一。它会给工农业生产、交通运输、人们生活及生态环境等造成严重的危害。4月19日这次强沙尘暴天气过程首先起源于蒙古，主要源区是在蒙古国西部和南部及内蒙古西部和中部，这些地区都属干旱或半干旱气候，干旱少雨，水资源紧缺，地表植被稀疏，风蚀严重，有大片的沙漠或沙地，沙尘源物质丰富。同时这些地区有利于沙尘暴发生发展的地形，区内有众多山地垭口及峡谷，还有大面积平坦地形，给强大的冷空气入境创造了有利的条件。

提示

要减轻和防御沙尘暴危害，除了平时注意收听气象台站“沙尘暴预报警报”信息，提前做好各项安全防御措施外，一旦遇到沙尘暴天气时，可以采取以下方法进行科学防范。

笔记

(1)学校、幼儿园等单位要立即让学生进入室内,关闭门窗。

(2)户外活动人员要尽量弯腰行走,迅速远离水渠、河岸、高压线、水井、吊车和大型广告牌等危险地段,到安全的地方躲避。如果来不及躲避,要保持镇静,千万不要惊慌,采取顺着风向趴地,双手抓住坚固物体,将头部放于双臂中间等自我保护措施,减少沙尘对眼睛、呼吸道等造成损伤。

(3)电力、通信部门要注意安全保护,汽车、火车应当减速行驶或者停运,飞机停飞。

(4)停止露天建筑等高空作业,对晾晒的物品进行覆盖保护。

(5)千方百计做好抢险救灾和灾后重建等工作,将沙尘暴造成的损失减少到最低。

链接

沙尘暴经常造成四种危害。一是大风摧毁建筑物、公路桥梁和树木,诱发火灾,引起人畜伤亡;沙尘暴还能造成各种交通事故和飞机(火车)停飞(停运)。二是风沙掩埋农田、灌渠、村舍、铁路、草场等。三是严重污染环境。据分析,沙尘暴所经过的城市空气质量会恶化2~5倍,瞬间可达到数十倍。浑浊的空气对人体健康构成严重威胁,可诱发过敏性疾病、流行病及传染病。四是风蚀危害。刮走农田表层沃土和农作物,加剧土壤风蚀和沙漠化发展,覆盖在植物叶面上厚厚的沙尘还影响正常的光合作用,造成农作物减产。一次强沙尘暴天气造成的经济损失和人员伤亡,往往不亚于甚至超过我国南方地区一次大暴雨或者一次台风登陆的灾害。因此有人将沙尘暴称为陆地“台风”。

六、泥石流

泥石流是介于流水与滑坡之间的一种地质现象。典型的泥石流由悬浮着粗大固体碎屑物并富含粉砂及黏土的黏稠泥浆组成。在适当的地形条件下,大量的水体浸透山坡或沟床中的固体堆积物质,使其稳定性降低,饱含水分的固体堆积物质在自身重力作用下发生运动,形成泥石流。泥石流是一种灾害性的地质现象。泥石流通常突然暴发,来势凶猛,可携带巨大的石块,并以高速前进,具有强大的能量,因而破坏性极大。泥石流所到之处,一切尽被摧毁。

减轻泥石流灾害应以防护和避让为主。

(1)保护环境。有计划地整治江河与山沟,封山育林,退耕还林,固结表土,保持水土,使泥石流不具备产生的条件。在泥石流发育分布区,工矿、村

笔记

镇、铁路、公路、桥梁、水库的选址、旅游开发等一定要在查明泥石流沟谷及其危害状况的情况下进行，尽量避开造成直接危害的地区与地段。兴建为保护危害对象免遭破坏而采取的防护、排导、拦挡及跨越等工程设施。

(2)保持警惕，及时转移。前往山区沟谷时，一定要事先了解当地的近期天气实况和未来数日的天气预报及地质灾害气象预报。应尽量避免大雨天或连续阴雨天前往这些地区。如恰逢恶劣天气，宁可蒙受经济损失、调整外出路线，也不可贸然前往。

(3)正确判断泥石流的发生时间，及时防范。坡度较陡或坡体成孤立山嘴或为凹形陡坡、坡体上有明显的裂缝、坡体前部存在临空空间，或有崩塌物，说明此处曾经发生过滑坡或崩塌，今后还可能再次发生；河流突然断流或水势突然加大，并夹有较多柴草、树木；深谷或沟内传来类似火车的轰鸣或闷雷般的声音；沟谷深处突然变得昏暗，还有轻微震动感，这些迹象都表明沟谷上游已发生泥石流。

(4)采取正确的逃生方法。泥石流发生时，选择最短最安全的路径向沟谷两侧山坡或高地跑，切忌顺着泥石流前进方向奔跑；不要停留在坡度大、土层厚的凹处；不要上树躲避，因泥石流可横扫沿途一切植物；避开河(沟)道弯曲的凹岸或地方狭小高度又低的凸岸；不要躲在陡峻山体下，防止坡面泥石流或崩塌的发生；长时间降雨或暴雨渐小之后或雨刚停，不能马上返回危险区，泥石流常滞后于降雨暴发；白天降雨较多后，晚上或夜间密切注意雨情，最好提前转移、撤离；人们在山区沟谷中游玩时，切忌在沟道处或沟内的低平处搭建宿营棚，切忌在危岩附近停留，不能在凹形陡坡危岩突出的地方避雨、休息和穿行，不能攀登危岩。

案例

2010年8月7日22时许，甘南藏族自治州舟曲县突降强降雨，县城北面的罗家峪、三眼峪泥石流下泄，由北向南冲向县城，造成沿河房屋被冲毁，泥石流阻断白龙江，形成堰塞湖。(图14-2)舟曲县内三分之二区域被水淹没，县城部分街道一片汪洋。形成堰塞体的泥石流掩埋了一个300余户群众的村庄。舟曲县城里最靠近北山的村子月圆村基本上找不到完整的房屋。而在排洪沟的两侧，大部分的房屋要么被

图14-2　泥石流

笔记

冲毁,要么被泡在水中,舟曲县城关第一小学在经过泥石流之后,只剩下了一栋教学楼,其余的教室和操场全部被冲毁;而城关镇政府的办公楼则被完全夷为平地。据中国舟曲灾区指挥部消息,截至21日,舟曲“8·8”特大泥石流灾害中遇难1434人,失踪331人,累计门诊人数2062人。

点评

舟曲泥石流灾害主要有以下五方面的原因。

(1)地质地貌原因。舟曲是全国滑坡、泥石流、地震三大地质灾害多发区。舟曲一带是秦岭西部的褶皱带,山体分化、破碎严重,大部分属于炭灰夹杂的土质,非常容易形成地质灾害。

(2)“5·12”地震震松了山体。舟曲是“5·12”地震的重灾区之一,地震导致舟曲的山体松动,极易垮塌,而山体要恢复到震前水平至少需要3~5年时间。

(3)气象原因。国内大部分地方遭遇严重干旱,这使岩体、土体收缩,裂缝暴露出来,遇到强降雨,雨水容易进入山缝隙,形成地质灾害。

(4)瞬时的暴雨和强降雨。由于岩体产生裂缝,瞬时的暴雨和强降雨深入岩体深部,导致岩体崩塌、滑坡,形成泥石流。

(5)地质灾害自由的特征。地质灾害隐蔽性、突发性、破坏性强,所以一旦成灾,损失很大。

提示

泥石流的主要危害是冲毁城镇、企事业单位、工厂、矿山、乡村,造成人畜伤亡,破坏房屋及其他工程设施,破坏农作物、林木及耕地。此外,泥石流有时也会淤塞河道,不但阻断航运,还可能引起水灾。影响泥石流强度的因素较多,如泥石流容量、流速、流量等,其中泥石流流量对泥石流成灾程度的影响最为主要。此外,多种人为活动也加剧了上述因素的作用,促进了泥石流的形成。

链接

泥石流流动的全过程一般只有几个小时,短的只有几分钟。泥石流是一种广泛分布于世界各国一些具有特殊地形、地貌状况地区的自然灾害,是山区沟谷或山地坡面上,由暴雨、冰雪融化等水源激发的、含有大量泥沙石块的介于挟沙水流和滑坡之间的土、水、气混合流。泥石流大多伴随山区洪水而发生。它与一般洪水的区别是洪流中含有足够数量的泥沙石等固体碎屑物，其体积含量最少为15%，2010年8月8日甘肃舟曲县发生的泥石流灾害最高可达80%左右，因此比洪水更具有破坏力。

笔记

七、地震

地震是地壳构造运动时，地壳受力破裂所产生的振动。由于地壳各部分的不均匀性，地壳构造运动使一些较为脆弱的地方储蓄起大量弹性应变能量，经过相当长的时间，应力超过岩石固有弹性极限强度时，便发生破裂。当造成大面积破裂或错动时，原来所储蓄的弹性应变能量会迅速释放出来，引起地表强烈震动，造成地震。

发生地震前的征兆：人的感官能直接觉察到的地震前兆称为地震的宏观前兆。比较常见的有：井水陡涨陡落、变色变味、翻花冒泡，泉水流量的突然变化，温泉水温的突然变化，动物的习性异常，临震前的地声和地光等。

破坏性地震从人感觉震动到建筑物被破坏平均只有12秒钟，在这短短的时间内应根据所处环境迅速做出保障安全的抉择。如果住的是平房，那么你可以迅速跑到门外。如果住的是楼房，千万不要跳楼，应立即切断电闸，关掉煤气，暂避到洗手间等跨度小的地方。

如果在学校、商店、影剧院等人群聚集的场所遇到地震，不要躲在桌子、床铺下面，而要以比桌、床高度更低的姿势，躲在桌子、床铺的旁边，从而使得掉落物不致直接撞击人身，形成一块"生存空间"，增加存活机会，待地震过后再有序撤离。

如果在街道上遇到地震，应用手护住头部，迅速远离楼房，到街心一带。如果在郊外遇到地震，要注意远离山崖、陡坡、河岸及高压线等。正在行驶的汽车和火车要立即停车。

如果震后不幸被废墟埋压，要尽量保持冷静，设法自救。无法脱险时，要保存体力，尽力寻找水和食物，创造生存条件，耐心等待救援。注意将手机和充足电的电池放在身边备用，并适时利用手头的哨子、音乐设备或敲暖气管等发出求救信号。

案例

2013年4月20日8时2分四川省雅安市芦山县（北纬30.3度，东经103度）发生7.0级地震。震源深度13千米。震中距成都约100千米。成都、重庆及陕西的宝鸡、汉中、安康等地均有较强震感。据雅安市政府应急办通报，震中芦山县龙门乡99%以上房屋垮塌，卫生院、住院部停止工作，停水停电。截至2013年4月24日10时，共发生余震4045次，3级以上余震

笔记

103次，最大余震5.7级。受灾人口152万，受灾面积12 500平方千米。据中国地震局网站消息，截至24日14时30分，地震共计造成196人死亡，失踪21人，11 470人受伤。（图14-3）

图14-3　雅安预备役兵团赶赴灾区抗震救灾

点评

雅安地震发生后，党和政府第一时间有力应对。中央高度关注灾情的发展，并启动国务院抗震救灾一级响应。国务院有关部门和军队、武警部队有关方面紧急赶赴灾区慰问受灾群众，进行抗震救灾、灾后疾病预防等工作。

提示

遇到地震要保持镇静，不能拥挤乱跑，地震波过后应迅速组织人员有序地撤离。已经脱险的人员，震后不要急于回屋，以防余震。来不及撤离高楼的人员，应选择厨房、卫生间等空间小的地方避震；也可以躲在内墙根、墙角、坚固的家具旁等易于形成三角空间的地方；要远离外墙、门窗和阳台；不要使用电梯，更不能跳楼；尽快关闭电源、火源。如果正在教室上课、工作场所工作、公共场所活动时，应迅速抱头、闭眼，在讲台、课桌、工作台和办公家具等之间的空地躲避。正在室外活动时，应注意保护头部，迅速跑到空旷场地蹲下；尽量避开高大建筑物、立交桥，远离高压电线及化学、煤气等工厂或设施。正在野外活动时，应尽量避开山脚、陡崖，以防滚石和滑坡。正在海边游玩时，应迅速远离海边，以防地震引起的海啸。正在驾车行驶时，应迅速躲开立交桥、陡崖、电线杆等，并尽快选择空旷处立即停车并离开。身体遭到地震伤害时，应设法清除压在身上的物体，尽可能用湿毛巾等捂住口鼻

笔记

防尘、防烟;用石块或铁器等敲击物体与外界联系,不要大声呼救,注意保存体力;设法用砖石等支撑上方不稳的重物,保护自己的生存空间。参加震后搜救时,应注意搜寻被困人员的呼喊、呻吟和敲击器物的声音;找到被埋压者时,要及时清除其口、鼻内的尘土,使其呼吸畅通;发现幸存者但解救困难时,首先应输送新鲜空气、水和食物,然后再想其他办法救援。参与救援时,要掌握基本的救援知识,最好随专业救援队一起施救。

链接

世界上的地震主要集中分布在三大地震带上:环太平洋地震带、欧亚地震带和海岭地震带。中国位于世界两大地震带——环太平洋地震带与欧亚地震带——之间。

中国的地震活动主要分布在五个地区的23条地震带上。这五个地区是:①台湾地区及其附近海域;②西南地区,主要是西藏、四川西部和云南中西部;③西北地区,主要在甘肃河西走廊、青海、宁夏、天山南北麓;④华北地区,主要在太行山两侧、汾渭河谷、阴山-燕山一带、山东中部和渤海湾;⑤东南沿海的广东、福建等地。中国的台湾地区位于环太平洋地震带上,西藏、新疆、云南、四川、青海等省区位于地中海-喜马拉雅地震带上。中国地震带的分布是制订中国地震重点监视防御区的重要依据。

第二讲 拒绝黄赌毒

《拒绝黄赌毒》
公安部宣传歌曲
来源:优酷网

一、拒绝色情诱惑

大学生作为社会群体中的一分子,难免受到社会上各种现象的影响。色情场所是社会上存在的一种极其丑恶的现象。大学生若不自觉抵制色情诱惑,将会极大地破坏大学生的形象,影响其身心健康,走向犯罪的深渊。大学生要提高自制和辨别能力,把精力放在学习和健康的娱乐上,不涉足有色情嫌疑的场所,自觉抵制色情诱惑,以免受到伤害。

对于淫秽物品,要坚决做到不看、不传,更不能走私、制作和贩卖。大学生应培养高尚的情操,读好书,结好友,参加有益的、健康向上的文娱活动,力戒单纯追求感官刺激,努力脱离低级趣味,做有真才实学的人。

笔记

案例

案例 1：南京某高校大二年学生张某，原本是去美容美发店洗头休闲，不想误入暗藏的色情场所，经不住洗头妹的诱惑，落入卖淫女设计的圈套，被公安机关抓获，以嫖娼罪受到惩处，并被学校开除了学籍。

案例 2：某高校大三学生赵某从社会上弄到几张淫秽光碟，拿到寝室播放。之后，赵某又在校外租房，邀约十余名学生一起观看。一些学生受到淫秽物品的影响，违反了校纪校规受到严肃处理。赵某传播淫秽物品，在学生中造成极坏的影响，被学校开除了学籍。（图 14-4）

图 14-4　禁止观看淫秽光碟

点评

计算机和互联网普及后，黄色淫秽物品的传播也更为迅速。正是由于这些“病毒”的存在，导致尚在成长发育阶段的大学生容易被感染，做出与身份、道德和法律不相符的举动。观看、传播淫秽物品、卖淫嫖娼和组织卖淫嫖娼都是违法行为，最终害人害己。上述案例中的学生，都是没有很好地把握自己，涉足色情，身败名裂而后悔终生。

提示

大学生处在青春期，会产生一些对性的好奇和向往，这是正常的生理反应。大学生应把精力放在学习上，通过正常的文体活动培养健康向上的生活情趣。如果接触淫秽物品，受其毒害将给自己造成不良后果，也会影响他人的健康和安全。个别学生不知深浅涉足淫秽物品后，如陷入泥潭，不可自拔，整日精神萎靡、心神不定、想入非非，以致荒废学业，有的甚至坠入违法犯罪的深渊，彻底毁了自己。

笔记

链接

《中华人民共和国刑法》第三百六十四条　传播淫秽的书刊、影片、音像、图片或者其他淫秽物品，情节严重的，处二年以下有期徒刑、拘役或者管制。

组织播放淫秽的电影、录像等音像制品的，处三年以下有期徒刑、拘役或者管制，并处罚金；情节严重的，处三年以上十年以下有期徒刑，并处罚金。

制作、复制淫秽的电影、录像等音像制品组织播放的，依照第二款的规定从重处罚。

向不满十八周岁的未成年人传播淫秽物品的，从重处罚。

《中华人民共和国治安管理处罚法》第六十六条　卖淫、嫖娼的，处十日以上十五日以下拘留，可以并处五千元以下罚款；情节较轻的，处五日以下拘留或者五百元以下罚款。

二、自觉抵制赌博活动

赌博是利用赌具以钱财作赌注，以占有他人利益为目的的违法犯罪行为。大学生一旦参与赌博，将深受其害，如荒废学业、伤害身心、破坏同学关系、影响正常秩序、污染校园风气、违反校纪校规、诱发犯罪等。目前，一些大学校园周边有游戏机室，存在赌博现象，如“老虎机”、二十一点机、轮盘机等。除此之外，常见的赌博还有六合彩、非法彩票、赌球赌马等。有的还通过打麻将、“斗地主”、“关三家”、“炸金花”、打台球等娱乐方式来赌博。

警示名言

不良的习惯会随时阻碍你走向成名、获利和享乐的路上去。

——[英]莎士比亚

案例

某高校大四学生李某向姐姐借了1500元作为生活费，可是在一赌场打牌赌博，将1500元输得精光。两天后的上午，不堪忍受饥饿的李某坐在三层楼小学旁的大树下，越想越郁闷，罪恶的念头在他脑海中出现了——寻找机

笔记

会抢劫。下午4时许,女青年龚某路过时遭到李某抢劫,龚某大声呼救,李某掏出水果刀向其猛刺,龚某倒地身亡。李某从龚某挎包中搜出45.5元钱和一部旧手机。李某脱下上衣擦干手上的血迹,突然感到后怕。他自杀未遂,用死者的手机报警,向公安机关自首,随即被刑拘。(图14-5)

图14-5 赌博的危害

点评

赌博是一种违法行为,跟毒品一样容易上瘾,上瘾了就满脑子都是赌博,千方百计想要去赌一把,尤其是那种输赢很快、刺激性强的赌博,更容易上瘾。赢了还想赢,输了想扳本,不把赢来的钱当钱看。正是这种心态,人才会长久地待在赌博机前,最后的结果必然是输得身无分文。

李某因为赌博输光了借来的生活费,邪念顿生,用非法的手段去抢夺他人财物来弥补自己的损失。开始时只是为了钱,没想到由于被害人的反抗演变成杀人,李某成了杀人犯,走上了一条不归路。

提示

面对赌博,大学生要从以下几个方面加强防范。

首先,要从思想上筑起保护墙,树立起“千里之堤,溃于蚁穴”的思想。大凡赌徒,开始时都是从寻求所谓的刺激逐步升级染上赌瘾的,因此,只有我们看透了赌博的本质,提高思想认识,才能做到防微杜渐,远离“赌海”。

其次,要正确看待社会上的打牌赌博现象。随着人民生活水平的日益提高,不少人在工作之余搓搓麻将,打打扑克,以满足精神生活的需要。作为一名大学生要正确看待这一现象,尤其是逢年过节看到亲朋好友聚在一起有钱物来往的搓麻将、打扑克时,既不要参与,也不要把这种现象带到学校。

最后，要树立远大的理想。大学生要把精力花到学习科学文化知识上去，努力提高自身的思想政治素质和专业素质。即使有剩余精力，也要合理分配，多参加一些积极向上、健康有益的活动，不辜负父母、老师的培养和希望。

笔记

★ 链接

《中华人民共和国治安管理处罚法》第七十条　以营利为目的，为赌博提供条件的，或者参与赌博赌资较大的，处五日以下拘留或者五百元以下罚款；情节严重的，处十日以上十五日以下拘留，并处五百元以上三千元以下罚款。

我国对赌博重点打击的对象。

(1)境外赌场、赌博(博彩)公司、赌博网站在境内的代理人、代理机构。

(2)赌博网站的开办者、经营者、维护者。

(3)非法彩票赌博、赌球赌马等赌博活动的组织者。

(4)赌场开设者、聚众赌博的组织者。

(5)参与赌博的党员领导干部、国家公职人员、国有企事业单位负责人。

三、远离毒品

毒品是指出于非医疗目的而反复连续使用能够产生依赖性(即成瘾性)的药品。我国刑法将毒品分为两大类：一类是麻醉药品，如鸦片、海洛因、吗啡、杜冷丁等，对人体中枢神经系统具有抑制、兴奋等作用，服用后极易使人产生生理依赖形成瘾癖；另一类是精神药品，如冰毒(甲基苯丙胺)、摇头丸、安眠酮等，服用后能产生兴奋、抑制、致幻作用，使人心理上产生极强的依赖性。据相关资料显示，我国登记在册的吸毒者已达100多万，现有吸毒者已近200万人，每年因吸食毒品的耗费就高达400亿元人民币。

近年来，发生在大学生中的吸毒贩毒案件有明显上升的趋势。究其原因，一是对毒品知识及危害不甚了解(据调查，在青少年吸毒者中，80%以上是在不知道毒品危害的情况下吸毒成瘾的)；二是对与毒品有关的法律知识不了解或一知半解，从而导致违法犯罪事件的发生。所以，青年大学生应该科学地认识毒品，自觉地维护社会稳定和法律秩序，“珍爱生命，拒绝毒品”，做一个守法的合格公民。

笔记

警示名言

当我们胆敢作恶，来满足卑下的希冀，我们就迷失了本性，不再是我们自己。

——[英]莎士比亚

案例

寒假期间，某高校大三学生陈某应朋友邀请到歌舞厅唱歌。在歌舞厅包厢里，陈某轻信了朋友"吸一点，不会上瘾"的劝说，半推半就地用吸管吸了毒，从此一发不可收拾。整个寒假里，一有朋友相邀就去泡歌厅，吸毒的次数多了，也就慢慢地上瘾了。

寒假结束后，毒瘾越来越大的陈某拿着父母给的5000元学费和生活费，谎称上学而离开了家门，到海口市坡博村租了一处民房开始了他的职业吸毒生涯。数日后，陈某谎称学校马上要安排他们实习，要求父母每月给1000元生活费。拿着父母给的生活费，陈某在海口过上了"夜游神"似的生活，上午睡觉，下午闲逛，晚上吸毒。

一天深夜，几个毒友正聚在陈某租住的地方吸毒，被民警逮个正着。陈某被送到强制戒毒所。经过强制脱毒和康复治疗，目前状况较好。他告诫年轻人，为了自己的前途和生命，请远离毒品，谨慎交友，千万不要为了好奇而尝试毒品。

点评

吸毒贩毒是违法犯罪行为。陈某因结识社会上的不良青年到歌舞厅"消费、娱乐"而染上毒品，误入歧途，把家长辛辛苦苦挣来用以交纳学费、生活费的血汗钱用于吸毒，以至于放弃学业，发展到向家人骗钱，开始"职业吸毒生涯"的地步，最后，被公安民警抓获。综合其他大学生吸毒的案例来看，大学生吸毒大都是吸毒贩毒分子怂恿和引诱的结果。吸毒贩毒分子以"好朋友""铁哥们"的身份，与大学生套近乎、拉关系，利用大学生社会阅历较少、思想单纯、对毒品不甚了解、喜欢追求时尚、对新奇事物较易接受的特点，用"找一下吸毒的感觉""尝尝新鲜""吸毒减肥""吸一口不要紧"等刺激性语言极力怂恿，使个别大学生身陷其中，不能自拔，走上违法犯罪道路。

笔记

提示

“毒海无涯，回头是岸。”吸食毒品害人害己。青年大学生要做到“五个不要”，坚决防范和抵制毒品。

（1）不要吸烟，尤其不要吸来历不明的烟或别人再三怂恿递过来的烟。

（2）不要因好奇而吸毒，不要听信吸毒是“高级享受”“吸一次不会成瘾”之类的谎言。

（3）不要盲目追星、赶时髦、贪图享受去吸毒，坚信“吸毒一口，痛苦一生”。

（4）不要结交有吸毒、贩毒行为的人。

（5）不要在吸毒场所停留。

链接

吸毒的巨大危害

损害健康，危及生命。毒品对人脑神经、呼吸、血液循环、消化系统等都有巨大的损害，吸毒者随时可能死于各种并发症。吸毒是导致性病、艾滋病蔓延的主要原因。全世界每年因吸毒致死和丧失劳动能力的人分别是250万和1000万以上。自幼吸毒者平均寿命不足40岁。吸毒者平均寿命较一般人群短10~15年，25%的“瘾君子”会在30~40岁死亡。吸毒者的自杀率较一般人群高出10~15倍。

摧残灵魂，丧失理智。毒品使人丧失人性、理智和信念，对学习、工作及任何事物毫无兴趣。吸毒者犯起毒瘾来恰似“万刀刺骨，乱箭穿心”，感到生不如死，常常采取自残、自杀行为以求解脱。

耗尽资财，毁灭家庭。毒品消费昂贵至极，一旦染上毒瘾，即使有万贯家财也必将耗损殆尽，最终家徒四壁，一贫如洗，贫病交加，妻离子散，家破人亡。

诱发犯罪，危害社会。吸毒与犯罪如同孪生兄弟，为筹集毒资，多数吸毒者走上了盗窃、抢劫、杀人的犯罪道路。以贩养吸、以娼养吸者大有人在，甚至有人为索钱买毒而谋亲害友，杀父弑母。吸毒者极容易从受害者转而变成害人者。

笔记

第三讲　崇尚科学，反对邪教

一部人类文明进步史，就是一部科学不断战胜愚昧的历史。人类的进步就是科学技术的进步带来的社会进步的历史。由于人类对自然规律的认识，带来了蒸汽机和工业革命，而现代航天技术、数字化技术、信息革命又给世界带来了全新的面貌。崇尚科学，就是一切要按照客观世界的本来面目揭示客观规律，用科学的思想观察问题，用科学的方法处理问题，用科学的知识解决问题。

警示名言

科学是宗教迷信最有效的解毒剂。

——[英]亚·史密斯

一、宣扬科学，驱除愚昧

科学与愚昧的斗争在人类历史上有悠久的传统，因为从本质上来说，愚昧先于科学。人类在最初时，只有蒙昧，没有科学，随着人类认识世界的能力逐渐强大，科学也逐渐发展起来。总的趋势是，科学的影响会趋向于无限大，而蒙昧的地盘会缩小到无穷小。科学与愚昧的对立，第一是因为蒙昧本身就是人与生俱来的，因此，人们除非努力学习，克服这种愚昧，否则必然就是愚昧的，所以，一个人如果愚昧无知，有着客观的不得不如此的原因；第二是某些人故意以蒙昧为手段来反对科学，达到某种目的。（图 14-6）

图 14-6　宣扬科学，驱除愚昧

笔记

提示

世界上根本没有鬼神，迷信是骗人的把戏。每个人初来到这个世界时都是愚昧无知的，因此，崇尚科学，反对愚昧需要从两方面做起：一是社会必须为科学发展提供条件，让更多的人有机会和条件摆脱愚昧无知的状态；二是"以崇尚科学为荣，以愚昧无知为耻"，坚决反对利用愚昧以达到某种目的的做法。（图 14-7）

图 14-7　反对打着迷信的借口骗钱

链接

《中华人民共和国治安管理处罚法》第二十七条　组织、教唆、诱骗、煽动他人从事迷信活动，扰乱社会秩序、损害他人身体健康的，处十日以上十五日以下拘留，可以并处一千元以下罚款；情节较轻的，处五日以上十日以下拘留，可以并处五百元以下罚款。

《中华人民共和国刑法》第三百条第二款　利用封建迷信致人死亡的，判处有期徒刑三年。

二、坚决抵制邪教

邪教组织就是指冒用宗教、气功或其他名义建立，神化首要分子，利用制造、散布迷信邪说等手段蛊惑、欺骗他人，发展控制成员，危害社会的非法组织。邪教的主要特征是崇拜教主、编造邪说、精神控制、敛收钱财、秘密结社、危害社会。

邪教的危害性具体表现为以下几方面。

(1)残害生命，侵犯人权。世界各国的邪教，为达到其不可告人的邪

笔记

恶目的，都把成员当作任意摆布的奴隶，将其生命视同草芥，极尽折磨、残害之能事，以极端利己主义的说教宣扬世界末日，宣扬自我“圆满”。鼓吹集体自焚、集体服毒自杀的方式，则是他们经常采取的一种最残忍、最恐怖的行为。

（2）骗取钱财，精神控制。邪教组织在初创“功法”时，就是将其作为一种敛财手段。当他们发现确有不少人落入圈套后，就开始巧立名目，不断地榨取精神上已被他们控制的成员。

（3）破坏生产，扰乱社会。有的邪教主张“不要搞农业生产，庄稼不用打药，天父会照看的”，致使许多成员整天在家祷告，不种地、不锄草、不养牲畜。

（4）侵蚀政权，践踏法律。从我国的情况看，邪教起家时往往以敛财为目的，但随着其组织壮大、成员增多、钱财聚集，他们的政治野心也随之膨胀，便公然践踏法律，竭力进行各种反党、反政府、反社会主义的活动，甚至走上卖国求荣的罪恶之路。

邪教披着宗教或者气功的外衣，散布歪理邪说，进行各种非法活动，严重侵害了公民的合法权益，扰乱了社会秩序，必须依法取缔和严厉打击。对绝大多数受骗上当的群众，要千方百计团结、教育和挽救；对极少数邪教头目和骨干，要依法严厉打击。

提示

邪教骗人的手法有：打着宗教或气功的幌子蒙骗人；神化邪教头子控制人；用“祛病免灾”诱惑人；施以恩惠收买人。

作为大学生应该做到以下几点。

（1）提高辨别能力，认清邪教与宗教的区别，努力学习，用科学知识武装自己的头脑，树立正确的世界观和人生价值观。

（2）多参加健康有益的社会活动，保持积极的人生态度和阳光心态。

（3）不受邪教影响，不参加任何邪教组织。发现有人散发传单进行邪教活动时，有责任和义务及时向学校或公安机关报告。

链接

邪教的本质是反社会、反科学、反人类。

反社会表现在：制造人间悲剧，恣意践踏法律，破坏社会和人民群众正常的生产生活秩序，侵蚀和瓦解基层政权，充当国外反华势力的工具。

笔记

反科学表现在：大搞人神合一，宣传迷信，用迷信害人杀人；歪曲现代科学技术的成果为其所用，阻碍科学知识的传播和发展。

反人类表现在：实施精神控制，践踏人性尊严；摧残人的健康，无视生命价值；背弃正常人伦，湮灭人的亲情。

三、警惕非法传教

我国公民依法享有宗教信仰自由的权利，但宗教活动必须在法律允许的范围内进行，超出法律许可的范围进行的宗教活动是非法的。

《中华人民共和国宪法》第三十六条　中华人民共和国公民有宗教信仰自由。任何国家机关、社会团体和个人不得强制公民信仰宗教或者不信仰宗教，不得歧视信仰宗教的公民和不信仰宗教的公民。国家保护正常的宗教活动。任何人不得利用宗教进行破坏社会秩序、损害公民身体健康、妨碍国家教育制度的活动。宗教团体和宗教事务不受外国势力的支配。

当前，国内少数分裂势力与极端宗教分子利用宗教进行渗透活动，煽动民族分裂，破坏国家统一。西方敌对势力也利用民族、宗教问题，通过各种渠道和途径不断对我国进行政治思想渗透，大肆宣扬西方的价值观，对我国进行“西化”“分化”，积极从事误导青少年的各种非法勾当，所以，我们一定要提高警惕，防止国内外敌对势力利用宗教进行破坏民族团结、刺探国家秘密、阴谋分裂祖国、妄图颠覆政权等活动。

提示

（1）完整了解国家对于宗教信仰与活动的法律规定，科学把握我国宗教政策和宗教信仰自由的内涵。

（2）坚定人生信仰，时刻警惕境内外反动势力通过宗教进行的各种渗透活动。

（3）坚决抵制非法传教。发现有人非法传教或散发宗教传单，应立即向学校保卫部门或公安机关举报。

链接

《中华人民共和国刑法》第三百条　组织和利用会道门、邪教组织或者利用迷信破坏国家法律、行政法规实施的，处三年以上七年以下有期徒刑；情节特别严重的，处七年以上有期徒刑……

《中华人民共和国教育法》第八条　教育活动必须符合国家和社会公共

笔记

利益。

国家实行教育与宗教相分离。任何组织和个人不得利用宗教进行妨碍国家教育制度的活动。

教育部颁布的《普通高等学校学生管理规定》第四十三条　任何组织和个人不得在学校进行宗教活动。

笔记

专题十五

国家安全

随着改革开放的深入，境外人员来高校访问、讲学、留学、科技合作等情况日益增多，高校的国家安全工作面临许多新的问题。为提高大学生的国家安全意识，使其能正确认识改革开放条件下隐蔽斗争的新形式和新特点，自觉抵御境内外敌对势力的渗透活动。当前应重点加强大学生的安全教育，增强安全意识和自我防范能力。

警示名言

个人正义维护着国家正义，个人尊严组成国家尊严，国家唯一能让国人感到骄傲和安全的，就是它对每一个公民的利益所做出的承诺和保障。如果连这一点都做不到，国家还有什么尊严和荣誉可言？

——[法]埃米尔·左拉

牢固树立国家安全意识、政治安全意识和社会安全意识
来源：上海卫视

第一讲　树立国家安全意识

一、国家安全

国家安全是国家的基本利益，是一个国家处于没有危险的客观状态，此状态下国家没有外部的威胁和侵害，也没有内部的混乱和疾患。国家安全包括国民安全、领土安全、主权安全、政治安全、军事安全、经济安全、科技安全、生态安全、信息安全、文化安全。其中国民安全是国家安全的核心，军事安全是国家安全的支柱，文化安全是国家安全的基础。

笔记

二、危害国家安全的行为

图 15-1　中华人民共和国国家安全法

《中华人民共和国国家安全法》(图 15-1)所称危害国家安全的行为,是指境外机构、组织、个人实施或者指使、资助他人实施的,或者境内组织、个人与境外机构、组织、个人相勾结实施的下列危害中华人民共和国国家安全的行为。具体行为包括以下几个方面。

(1)阴谋颠覆政府,分裂国家,推翻社会主义制度的行为。

(2)参加境外各种间谍组织,或者接受间谍组织或代理人的任务的行为。

(3)窃取、刺探、收买、非法提供国家秘密的行为。

(4)策动、勾引、收买国家工作人员叛变或者将防御设施、武器装备交付他国或敌方的行为。

(5)进行危害国家安全的其他破坏活动的行为。

①组织、策划或者实施危害国家安全的恐怖活动;

②捏造、歪曲事实,发表、散布文字或者言论,制作、传播音像制品,危害国家安全;

③利用社会团体或者企业、事业组织,进行危害国家安全活动;

④利用宗教进行危害国家安全活动;

⑤制造民族纠纷,煽动民族分裂,危害国家安全;

⑥境外个人违反有关规定,不听劝阻,擅自会见境内有危害国家安全行为或者有危害国家安全行为重大嫌疑的人员。

警示名言

我们爱我们的民族,这是我们自信心的泉源。

——周恩来

提示

大学生作为中国特色社会主义事业的建设者和接班人,更应成为国家安全和利益的自觉维护者。

(1)要牢固树立国家利益高于一切的观念。

笔记

(2)要密切关注国际斗争形势,增强敌情观念和防范意识。在对外交往中,既要热情友好,又要内外有别、不卑不亢;既要珍惜个人友谊,又要牢记国家利益;既可争取各种帮助、资助,又不失国格、人格。

(3)要努力掌握维护国家安全的有关法律、法规。大学生应努力学习、掌握维护国家安全的有关法律、法规,明确什么是危害国家安全的行为、公民和组织维护国家安全的义务和权利,以及危害国家安全的法律责任等,进一步增强法律意识和国家安全意识,增强维护国家安全的责任感、义务感和荣誉感。

(4)要积极配合国家安全机关的工作。每个同学都应深刻认识到,维护国家的安全和利益,不仅是国家安全机关的神圣职责,也是每个公民和组织应当履行的法定义务。

链接

留美讲师做间谍

某大学讲师郭某,在美国自费留学期间,被驻美的台湾当局间谍策反。台湾间谍以交朋友为名,从生活入手,常给郭买些物品,陪同游山玩水,以座谈台湾和大陆生活为由给郭看一些台湾出版的裸体黄色歌舞、淫秽电影,逛夜总会等,最后被完全腐蚀,完全听命于台湾间谍人员的摆布。后将郭秘密带到台北,参加了台湾的间谍组织,并接受了三个月的间谍训练,受训后,郭回到美国并被秘密派回中国大陆,回到学校后,继续以教师身份为掩护,利用各种机会和学到的间谍手段收集我国政治、经济、军事、科技情报,密报给台湾间谍机关,并领取了活动经费。郭后来被国家安全机关逮捕,判处十二年有期徒刑。

随着改革开放的深入,西方的一些价值观念被一些中青年人所接受。他们在接受这些价值观念的同时,灵魂也变得丑陋,为达到自己理想的生活目的,不惜出卖国家和人民的利益,参加间谍组织,最终等待他们的必定是铁窗下的生涯。

三、普及国家安全知识教育的紧迫性

随着国家的经济发展和社会进步,大学生的生活空间大大扩展,交流领域也不断拓宽。在校期间,大学生除了进行正常的学习、生活外,还需要走出学校参加各种的社会实践活动。在这种情况下,如果缺乏必要的社会生活知识,尤其是安全知识,势必会导致各种安全问题的发生。因此,加强大学生的安全教育,增强安全意识和自我防范能力,已迫在眉睫、刻不容缓。

笔记

警示名言

一身报国有万死，双鬓向人无再青。

——[南宋]陆游

根据《中华人民共和国刑法》第一百一十一条规定：为境外的机构、组织、人员窃取、刺探、收买、非法提供国家安全秘密或者情报的，处五年以上十年以下有期徒刑；情节特别严重的，处十年以上有期徒刑或者无期徒刑；情节较轻的，处五年以下有期徒刑、拘役、管制或者剥夺政治权利。

目前，我国所面临的国际环境复杂多变，而许多大学生的国家安全意识不强，认识过于狭隘，这具体体现在以下几个方面：

1. 当前我国面临的环境复杂多变，安全形势不容乐观

这主要表现为境外敌对势力和间谍情报机构为达到分化、西化中国的目的，一方面，利用各种渠道，以公开或秘密的方式，宣扬西方的政治和经济模式、价值观念以及腐朽的生活方式，培养和平演变的“内应力量”；另一方面，采取金钱收买、物质利诱、色情勾引、出国担保等手段，或打着学术交流、参观访问、洽谈业务等幌子，刺探、套取、收买我国国家和单位秘密。

2. 大学生对国家安全也存在着种种模糊的认识

许多大学生缺乏国家安全意识，对国家安全的认识存在局限性。这具体体现在以下几个方面：

(1)大学生对国家安全还停留在军事、战争、国防、领土、情报、间谍这样一些传统的、局部的认识上。当前，国家安全既包括国土安全、主权安全、政治安全、经济安全、国防安全、国民安全等传统内容，也包括文化安全、科技安全、金融安全、信息安全等方面的新内容。因此，全方位理解国家安全有助于端正大学生的思想认识，增强国家安全意识。清楚地认识到这一点对加强大学生国家安全意识有着十分重要的作用。

(2)讲国家安全，大学生会自然联想到美国的中央情报局、联邦调查局以及国家安全机关、军队、警察身上，这种把国家安全等同于情报间谍活动的片面认识，使大学生不能自觉地把维护国家安全与自身的责任联系起来，或多或少地、有意无意地认为“国家安全与己无关”。此种观念和想法是极其错误的，维护国家安全不仅是公民的权利也是公民的义务。《宪法》第三十三条、第五十四条规定：“中华人民共和国公民有维护祖国的安全、荣誉和利益的义务，不得有危害祖国的安全、荣誉和利益的行为。”《国家安全法》第三章中明确做出了公民和组织维护国家安全的义务和权利的规定。大学

生应该以国家主人翁的姿态，充分行使维护国家安全的权利，积极履行维护国家安全的义务。

(3)当前我国经济发展势头良好，社会稳定，人民安居乐业，国际地位也显著提高。和平环境使大学生对国内外敌对势力的破坏活动放松了警惕，淡化了安全意识，认为“对外开放无密可保”“和平期间无间谍”等等。由于思想麻痹，造成国家的一些机密被泄露。更有甚者，个别学生经不起金钱、美色等种种诱惑，不惜丧失国格人格，出卖情报，给国家利益造成极大损失，教训极为惨痛！

笔记

案例

刘某某2013年初购买一部电脑，自2013年6月至2014年8月间，刘某某署名“Lgwf”，通过电子信箱在几个网站论坛上，发表文章十一篇，煽动颠覆国家政权，推翻社会主义制度。

点评

刘某某在互联网上多次发表推翻国家政权、诋毁社会主义制度的文章，其主观上具有煽动颠覆国家政权的犯罪故意，客观上实施了煽动颠覆国家政权的行为，其行为已构成煽动颠覆国家政权罪。公诉机关指控罪名成立。

提示

如何提高大学生国家安全意识？

首先，许多大学生由于涉世不深，相对缺乏国家安全意识，对国家安全认识存在局限性。所以，全方位理解国家安全有助于端正大学生的思想认识，增强其国家安全意识。清楚地认识到这一点对大学生加强国家安全意识有着十分重要的作用。

其次，由于国家安全有它的隐蔽性、特殊性和秘密性，部分大学生对国家安全存在着种种模糊认识，从而不能自觉地把维护国家安全与自身的责任联系起来，有意无意地认为“国家安全与已无关”。《中华人民共和国国家安全法》中也明确做出了公民和组织维护国家安全的义务和权利的规定。大学生应该以国家主人的姿态，充分行使维护国家安全的权利，自觉履行维护国家安全的义务。

最后，结合实践情况，各教育机关应教育大学生自觉地抵制西方资本主义国家的拜金主义、享乐主义的侵蚀；要经得起金钱和物资的诱惑，继续发扬中华民族艰苦朴素的优良传统，坚定不移地在党的领导下走中国特色社会主义道路；充分利用在校学习的宝贵时间，努力学习科学文化知识，相信科学，反对迷信，正确认识宗教信仰自由和邪教非法组织的区别，提升自身的辨别能力，树立正确的人生观与价值观。

四、维护国家安全是当代大学生的职责

1. 我国所面临严峻复杂的国际形势的成因

第一，我国是社会主义国家，和西方国家在意识形态上存在着巨大的差别。由于历史和国情的不同，我国在许多问题上与西方一些国家存在着一定的分歧。

第二，随着改革开放的进行，我国的经济有了较快的发展，国际竞争力和国家地位得到了提高，实现了中国崛起。面对中国所取得的巨大成就，一些国家别有用心地提出了“中国威胁论”，他们的一些举措给中国的国家安全构成了一定的威胁。

第三，科学技术迅速发展，网络等电子信息技术广泛地应用于经济交往当中。这些便利给实施危害国家安全的犯罪分子提供了可乘之机。

第四，部分大学生由于涉世不深，国家安全意识相对薄弱，同时深受西方享乐主义和拜金主义的影响，在思想上存在着较大的问题。

第五，从爱国主义教育方面来看，目前的爱国主义观念淡化，学校进行的爱国主义教育方式也十分僵化，内容空洞，空喊口号，效果欠佳。

全民国家安全教育日
来源：优酷网

第六，大学校园是一个思想活跃的地方，大学生处在这种思想活跃的环境中却缺乏正确的引导，势必会被一些不良思想所左右。

面临如此复杂严峻的安全形势，涉世不深的大学生却对国家安全还存在模糊不清的认识，这就迫切需要对大学生进行安全教育了。对于大学生来说，学习国家安全知识，树立新的国家安全观是非常紧迫和必要的。

链接

一对夫妇携带国家机密资料跳槽案

原西安某科研工作人员袁某、孔某两人系夫妻，大学毕业后，两人在同一单位工作，在工作期间，私自将属于国家机密的某些国防电子产品的技术说明书、技术图纸、程序和图纸软盘等资料带回家中。2015 年 6 月 1 日，夫妻两人被高薪聘请，跳槽到南京某通讯研究所工作，并将非法获取的秘密图纸和资料藏匿于南京个人住所。案发后，在其住处查到存有国家机密的软

笔记

盘、图纸、原始试验记录本和技术说明书等物。袁某和孔某采用非法手段窃取国家秘密,其行为已构成了非法获取国家秘密罪。为了维护国家的保密制度,根据《刑法》有关规定,判决袁某和孔某犯非法获取国家秘密罪,分别判处有期徒刑一年,缓刑两年。

秘密资料在使用、管理上都有着严格的规定,违反规定携带、收藏秘密文件、资料都是违法行为,都应负法律责任。以上各案例中,都存在对国家机密管理不善的漏洞,造成机密外泄。

2. 大学生怎样维护国家安全

有国家就有国家安全工作,无论处于什么社会形态,或者实行怎样的社会制度,都要视国家利益为最高、最根本的利益,将维护国家安全列为首要任务。所以,每位大学生都应当成为国家安全和利益的自觉维护者。(图 15-2)

图 15-2　中华人民共和国保守国家秘密法宣传册

(1)要始终树立国家利益高于一切的观念。邓小平同志指出:“国家的主权、国家的安全要始终放在第一位”。一位已故的政治家也说过:“没有永久不变的国家友谊,只有永久不变的国家利益”。国家安全涉及国家社会生活的方方面面,是国家、民族生存与发展的首要保障。科学技术是没有国界的,但知识分子是有国籍的。所以,把国家安全放在高于一切的地位,维护国家利益的需要,也是保障个人安全的需要,更是世界各国的一致要求。

(2)要努力熟悉有关国家安全的活动、法规。有人统计,涉及有关国家安全和保密工作的法律、法规、规章制度有一百多种。我们对此都应该有所了解,弄清什么是合法,什么是违法,可以做什么,不能做什么。其中,特别应当熟悉以下一些法律、法规:宪法、国家安全法、保密法、刑法、刑事诉讼法、科学技术保密规定、出国留学人员守则等等,对遇到的法律界限不清的问题,要肯学、勤问、慎行。

(3)要善于识别各种伪装。从理论上讲,有关国家安全的常识、规定都比较完善,依规行事不会出什么大问题,但是,实际生活比我们想象的要复杂得多。比如,有的间谍情报人员采用五花八门的手段,套取国家秘密、科技政治情报和内部情况。如果丧失警惕,就可能上当受骗,甚至违法犯罪。因此,在对外交往中,既要热情友好,又要内外有别、不卑不亢;既要珍惜个人友谊,又要牢记国家利益;既可争取各种帮助、资助,又要不失国格、人格。识别伪装既难又易,关键就在于要淡泊名利,对发现的别有用心者,要依法及时举报,决不准其恣意妄行。

(4)要克服妄自菲薄等不正确思想。任何国家都有自己的安全与利益,也有别人没有的资源和秘密,还有独具特色的传统工艺等等。也就是说,再富有的国家不可能应有尽有,再贫穷的国家有自己的财富。中国是发展中国家,但又是个不可小视的国家。所以,作为中国人要挺直腰板,决不妄自菲薄。要看到我们也有许多世界第一的"中国特色",有一系列国家秘密和单位秘密。对这一切,如果没有正确的认识,就可能在许多问题上产生错误的看法,乃至做出亲者痛仇者快的事情来。个别误入歧途的青年学生已成前车之鉴,其他同学千万别再重蹈覆辙。

(5)要积极配合国家安全机关的工作。国家安全机关是国家安全工作的主管机关,是与公安机关同等性质的国家机关,分工负责间谍案件的侦查和审理。当国家安全机关需要大家配合工作的时候,在工作人员表明身份和来意之后,每个同学都应当按照《国家安全法》赋予的七条义务的要求,认真履行职责。尽力提供便利条件或其他协助,如实提供情况和证据,做到不推、不拒,更不以暴力、威胁等方式阻碍工作人员执行公务,还要切实保守好已经知晓的国家安全工作的秘密。

第二讲　保守国家机密

一、国家机密

国家机密指关系国家的安全和利益,依照法定程序确定,在一定时间内只限一定范围的人员知情的事项。保守国家秘密是中国公民的基本义务之一, 国家机密的泄露会使国家的安全和利益遭受损害。

国家机密是指某些涉及重大国家安全、经济以及政治利益的消息。

根据《中华人民共和国保守国家秘密法》,机密资料分为绝密、极密和秘密三种。绝密级国家秘密是最重要的国家秘密,泄露会使国家安全和利益遭受特别严重的损害;机密级国家秘密是重要的国家秘密,泄露会使国家安全和利益遭受严重的损害;秘密级国家秘密是一般的国家秘密,泄露会使国家安全和利益遭受损害。

国家秘密的保密期限,应当根据事项的性质和特点,按照维护国家安全和利益的需要,限定在必要的期限内;不能确定期限的,应当确定解密的条件。国家秘密的保密期限,除另有规定外,绝密级不超过三十年,机密级不超过二十年,秘密级不超过十年。机关、单位应当根据工作需要,确定具体的保密期限、解密时间或者解密条件。机关、单位对在决定和处理有关事项工作过程中确定需要保密的事项,根据工作需要决定公开的,正式公布时即视为解密。

二、泄露国家机密的行为

《中华人民共和国保守国家秘密法实施办法》第三十五条对泄露国家秘密的行为作了明确解释。"泄露国家秘密"是指违反保密法律、法规和规章的下列行为之一:一是使国家秘密被不应知悉者知悉的;二是使国家秘密超出了限定的接触范围,而不能证明未被不应知悉者知悉的。

上述第一种行为是泄露国家秘密的行为,这是不言而喻的。第二种行为为什么也是泄露国家秘密的行为呢?这是因为,违反保密法律、法规和规章,使国家秘密失去合法的有效的控制可能会出现两种情况:

(1)能够确实证明国家秘密未被不应知悉者知悉;

(2)不能够确实证明国家秘密未被不应知悉者知悉。第一种情况虽未造成泄密,但它是属于违反保密法规的行为,应当按违反《保密法》论处;第二种情况则应视为泄密。因为在实际生活中,使国家秘密超出限定的接触范围以后,在绝大多数情况下,都难以确实证明国家秘密未被不应知悉者知悉;同时国家秘密失控或泄露后,其危害后果往往是潜在的,有的甚至在相当长的时间内都无法得到证实。如果把危害后果规定为构成泄密的必要条件,那么,在泄密案件的处理上,就会出现久拖不决的现象,对严重的违法泄密犯罪行为也难以给予及时准确的打击和制裁。这对保守国家秘密,维护国家的安全和利益是不利的。

警示名言

惟有民魂是值得宝贵的,惟有他发扬起来,中国才有真进步。

——鲁迅

笔记

案例

近年来，围绕互联网泄密的案件有不断上升的趋势。广州市某知名网站前不久就将2年前已经被国家有关部门认定的泄密新闻再次搬上了网。省保密局发现后，该网站的相关责任人被开除并做出相应的处理。

点评

现在互联网越来越普及，个人要发表信息和浏览信息也越来越方便，但是这也恰恰成了泄密案件发生的缺口，大量的秘密信息没有经过“阻截过滤”便流入了社会。

提示

互联网规则你知道多少？2000年出台的《中华人民共和国电信条例》（以下简称《条例》）（图15-3）和《互联网信息服务管理办法》（以下简称《办法》），还是让人们有一种像投入河中的两块巨石的感觉。

图15-3　中华人民共和国电信条例

◆几个明确的概念

互联网信息服务——首次为ICP下了定义。《办法》第二条指出，本办法所称互联网信息服务，是指通过互联网向用户提供信息的服务活动。同时第三条规定，互联网信息服务分为经营性和非经营性两类。经营性互联网信息服务，是指通过互联网向上网用户有偿提供信息或者网页制作等服务活动。非经营性互联网信息服务，是指通过互联网向上网用户无偿提供具有公开性、共享性信息的服务活动。

有限开放，合资及上市仍受限制——在《条例》的第十条中规定，经营基础电信业务，应当具备的条件中的第一条就是经营者为依法设立的专门从事基础电信业务的公司，且公司中国有股权或者股份不少于51%。而在《办法》中第十七条规定，经营性互联网信息服务提供者申请在境内境外上市或者同外商合资、合作，应当事先经国务院信息产业主管部门审查同意；其中，外商投资的比例应当符合有关法律、行政法规的规定。

◆几个有关的数字

60天内补办手续——《办法》中第四条规定，国家对经营性互联网信息服务实行许可制度；对非经营性互联网信息服务实行备案制度。未取得许可或者未履行备案手续的，不得从事互联网信息服务。同时，第二十六条规定，在本办法公布之前从事互联网信息服务的，应当自本办法公布之日起60日内依照本办法有关规定补办有关手续。

笔记

有关信息保留60天——《办法》第十四条规定，从事新闻、出版以及电子公告等服务项目的互联网信息服务提供者，应当记录提供的信息内容及发布时间、互联网地址或者域名；互联网接入服务提供者应当记录上网用户的上网时间、用户账号、互联网地址或者域名、主叫电话号码等信息。互联网信息服务提供者和互联网接入服务提供者的记录备份应当保存60日，并在国家有关机关依法查询时，予以提供。

四川军工单位4人被境外间谍策反泄露国家机密
来源：上海卫视

链接

首例网上泄露国防重大机密案

四川某大学国家安全小组联络员，在互联网上发现一篇介绍某国防重点工程研制进度、近期研制规划和总装、试验情况，以及中央、军委领导亲临研制现场的有关情况的文章，于是立即将该文下载并报告成都市安全局。通过侦破，是航空工业总公司某研究所工作人员郭某所为。这是我国目前破获的首例网上泄露国防重大机密案。

图 15-4　案例资料图

发现国家秘密泄露或可能泄露，马上采取措施，或向有关部门汇报，请求国家安全机关、公安机关及时处理，是每一名中华人民共和国公民所应具备的基本素质。本案中联络员发现机密泄露，及时上报安全机关，及时侦破，并做了相应的处理，有效地避免了机密大范围的泄露，挽回了更大的损失。

1. 泄露国家秘密分类

泄露国家秘密又分为故意泄露国家秘密和过失泄露国家秘密两种情况。

故意泄露国家秘密，是指行为人明知自己的行为会造成国家秘密失控，给国家的安全和利益造成损害的结果，却希望或放任这种结果发生。

过失泄露国家秘密，是指行为人应当预见到自己的行为会造成泄露国家秘密的后果，却思想麻痹、疏忽大意，不按照有关规定对国家秘密实施有效的管理而泄露国家秘密，或者虽然预见到自己的行为会造成泄露国家秘

笔记

密的后果,却因过于自信,心存侥幸而泄露国家秘密。过失泄露国家秘密,尽管行为人没有主观上的故意,但是给国家的安全和利益所造成的损害却是显而易见的。在现实生活中,过失泄密在泄密事件中所占的比例是比较高的。

《刑法》和《保密法》都明确规定,情况严重的过失泄露国家秘密也是一种犯罪行为。做出这样的法律规定,有利于提高人们的警觉,减少泄密事件的发生,有利于维护国家的安全和利益。至于情节严重与否,则可从行为人的主观恶性、泄密行为发生前后的表现、泄密行为发生的特定时间与地点,以及已经造成或可能造成的危害后果等方面综合予以考察判断。

2. 相应的法律责任

根据中华人民共和国刑法(2011年修正)第三百九十八条之规定,国家机关工作人员违反保守国家秘密法的规定,故意或者过失泄露国家秘密,情节严重的,处三年以下有期徒刑或者拘役;情节特别严重的,处三年以上七年以下有期徒刑。非国家机关工作人员犯前款罪的,依照前款的规定酌情处罚。

案例

2011年12月,全国大学英语四六级考试开考半小时前,部分试题和答案已在聊天群、空间上传开。这个泄露、贩卖四六级英语考试试题、答案的大案,涉及省内十多所高校。令人唏嘘的是,涉案的8名年轻人中,其中6人具有本科学历,包括3名法学科班生,有一人还通过了司法考试,原本前途不错。而他们,将被指控涉嫌故意泄露国家秘密罪,接受刑事处罚。

点评

经教育部考试中心出具的相关文件证实,大学英语四六级考试试题在考试开始前系机密级国家秘密。因此,这8人涉嫌故意泄露机密级国家秘密。

提示

防止泄露国家秘密有哪些具体的措施?

(1)抓保密教育。做好人员上岗前、上岗后和离岗前的保密教育,使之掌握必需的保密知识,了解基本的保密常识,学会基本的保密防范技能。

(2)抓监督管理。明确规定有关人员的保密义务和责任,使之在处理涉及国家秘密工作过程中严格按照保密规章制度办事。

笔记

(3)抓违纪处理。对违反保密规定造成泄密的人员,必须依纪依法严肃处理,从而达到教育本人和警示他人的作用。

(4)确定本单位秘密事项和保密范围。让接触秘密事项的人员有目标地去做好保密工作。

(5)建立健全保密制度。

(6)配备保密技术装备。如保险柜、干扰器、屏蔽网,加密电话、防火墙等。

(7)对涉密事项进行跟踪管理,监督和指导好秘密事项在办理过程中的每一个环节。

三、大学生如何保守国家机密

各级国家机关、单位对所产生的国家秘密事项,都应当依照国家有关保密规定确定密级和保密时间。任何国家机关、单位的工作人员都要严格遵守相关的保密制度,不随便探知不应知晓的国家秘密;不在私人交往和通信中泄露国家秘密;不在公共场所谈论国家秘密;不非法携带、传递、邮寄有关国家秘密的文件、资料和其他物品等。

第三讲　反对恐怖主义　维护国家安全

一、恐怖主义

恐怖主义是实施者对非武装人员有组织地使用暴力或以暴力相威胁,通过将一定的对象置于恐怖之中,来达到某种政治目的的行为。国际社会中某些组织或个人采取绑架、暗杀、爆炸、空中劫持、扣押人质等恐怖手段,企图实现其政治目标或某项具体要求的主张和行动。恐怖主义事件主要是由极左翼和极右翼的恐怖主义团体,以及极端的民族主义、种族主义的组织和派别所组织策划的。恐怖主义有以下几个方面的危害。(图 15-5)

图 15-5　恐怖组织

(1)恐怖主义无视人类的任何道德规范,不受任何国际法约束。因此,它追求最具轰动、最具血腥、最具影响的各种恐怖活

笔记

动方式,核、生、化等大规模杀伤性武器一直是其寻求使用的手段之一。一些恐怖组织逐渐超越传统,尝试高科技带来的恐怖效应。它们在异地建立支持性网站,从事各种培训、宣传等活动。利用现代科学技术,如全球定位系统、移动电话等,进一步加强其恐怖活动。特别需要指出的是,非暴力恐怖主义的危害越来越大,信息恐怖主义就是其中一个最突出的问题。恐怖主义利用互联网结成跨地区、跨国界的大型组织,利用网络的便利条件获取和发送各种信息、交流经验,利用网络从事各种犯罪活动;同时,他们也把这种支撑现代化社会的系统作为攻击目标:瘫痪网络、干扰攻击通信卫星等。此外,人们赖以生存的基础设施也处在恐怖活动的威胁之下。

(2)恐怖活动的手段由传统的绑架、劫持人质与暗杀等方式到使用爆炸、袭击、劫持以及生化武器和网络恐怖主义等。此外,当前的恐怖主义的活动策略也在不断变化,手法越来越野蛮、残暴,以至于不择手段。加之恐怖主义带来的心理恐慌,恐怖主义者通过滥杀无辜来追求达到更大规模的血腥效果,也就达到了恐怖主义活动的大范围的恐慌效应。它不仅给人们带来心理冲击,更有可能导致政府不稳定甚至政权更迭,使得社会动荡,从而严重影响人们的正常生活。

(3)在世界上许多地区,恐怖主义、民族分裂主义和宗教极端主义三股恶势力互相重叠,集中表现为国际恐怖主义。其性质是反人类、反社会的,通常以绑架、暗杀、爆炸等极其残忍的手段制造大规模的恐慌。同时,恐怖主义与毒品买卖、武器走私、贩卖人口等跨国的有组织犯罪相联系,成为一些国家和地区长期动乱的主要原因。

警示名言

爱国心再和对敌人的仇恨用乘法乘起来——只有这样的爱国心才能导向胜利。

——[苏联]尼古拉·阿列克谢耶维奇·奥斯特洛夫斯基

案例

1998 年 8 月 7 日,一枚炸弹在美国驻肯尼亚内罗毕大使馆后门入口处爆炸,炸死 12 名美国公民、32 名驻外机构外国雇员和 247 名肯尼亚公民。数千名肯尼亚人、6 名美国公民和 13 名驻外机构的外国雇员受伤,美国使馆大楼也遭到巨大的结构性破坏。另一枚炸弹几乎同时在美国驻坦桑尼亚达累斯萨拉姆大使馆外爆炸,炸死 7 名外国雇员和 3 名坦桑尼亚公民,炸伤 1

名美国公民和76名坦桑尼亚人，并对美国使馆设施造成重大结构性破坏。(图15-6)

图15-6 恐怖袭击救援现场

提示

针对恐怖主义，我们大学生应该怎么做？

(1)反恐是人类与反人类之间的斗争，而不是民族之间的斗争。请大家不要因为一小撮恐怖主义分子，就将怒火迁于整个民族之上。面对分裂恐怖主义，各民族团结才是最重要的。

(2)不必去理会网上个别为暴力行径辩护的言论，理会它等于放大它。

(3)不要用"报复社会"等词，这次暴力事件完全是恐怖主义事件。

(4)理智表达愤怒和悲伤，不要传播仇恨。

(5)不要传播血腥画面，莫让恐慌和血腥传播，成为歹徒帮凶。

(6)尊重死者，不要传播死者照片。

(7)不造谣，不信谣，不传谣，谣言只会引起不必要的恐慌。

(8)多学习、了解反恐求生知识。

二、恐怖主义的历史起源

作为人类冲突的一种表现形式，恐怖活动有着很长的历史。细究起来，恐怖活动应该追溯到古希腊和罗马时期。古希腊历史学家色诺芬就曾专门记述过恐怖活动对敌方居民造成的心理影响。中国古代的荆轲刺秦王，古罗马的凯撒大帝遇刺都是著名的历史恐怖事件。1972年慕尼黑奥运会以色列运动员被绑架杀害是当代历史中的典型恐怖事件。

"恐怖主义"一词最早出现在18世纪法国大革命时期。为保卫新生政

笔记

权，执政的雅各宾派决定用红色恐怖主义对付反革命分子。国民公会通过决议：对一切阴谋分子采取恐怖行动。由此我们不难看出恐怖主义不是反映一般的、孤立的、偶然的恐怖行动，而是指一种有组织、有制度和有政治目的的恐怖活动。

18 世纪以前，恐怖活动基本上以暗杀、投毒为主要表现形式。从 18 世纪末到第二次世界大战结束，1881 年沙皇亚历山大二世遇刺和 1914 年奥匈帝国斐迪南大公遇刺是这一时期两起最严重的恐怖事件。他们都是在没有群众支持的情况下，通过谋杀某一政府要员向社会宣传自己的政治目的，从而吸纳民众参与。

国际恐怖主义开始于第二次世界大战之后，真正形成是在 20 世纪 60 年代末。在此期间，恐怖主义的活动热点是在殖民地、附属国或刚独立的民族国家。这一时期的恐怖事件明显增多，手段日趋多样，劫机、爆炸、绑架与劫持人质都有，袭击目标和活动范围已经超出国界，越来越具有国际性，逐渐形成了国际恐怖活动。

20 世纪 70 年代以后，恐怖主义组织已经形成一个较为松散的国际网络。据有关专门研究国际恐怖活动的机构统计，在 1970 年到 1979 年的 9 年间，因遭恐怖活动遇难的人数多达 4000 人，年均 400 余人；1988 年国际恐怖活动发生了 856 起，死亡人数多达 660 人，其中中东地区因民族矛盾比较复杂，共发生 313 起，占全世界恐怖事件的 36%，是恐怖活动的多发地区。进入 20 世纪 90 年代以后，恐怖活动有了明显的变化，老的恐怖组织开始逐步退出历史舞台，新的组织开始出现。从联合国发表的一份关于“全球恐怖活动状况”的报告中获悉，1997 年全球恐怖活动再次增多，高达 560 起，死亡 420 人。报告称：“国际恐怖主义活动中死亡的人数增加了。因为恐怖活动日趋残酷地袭击无辜平民并使用爆炸力更大的炸药或炸弹。”与此同时，报告强调：“恐怖行为更具隐蔽性和杀伤性。”这是 20 世纪 90 年代国际恐怖主义的一个最为显著的特点，因为他们发现保持神秘也是一种武器，其恐怖作用高于以往的声张。

链接

新西兰遭遇恐怖袭击，造成百人伤亡

2019 年 3 月 15 日，新西兰克赖斯特彻奇市发生枪击事件，赖斯特彻奇市的两座清真寺遭到枪手袭击，此次袭击造成 50 人死亡、50 人受伤。2019 年 3 月 16 日，警方对逮捕的 3 名嫌疑人继续展开调查，另有 1 名嫌疑人已获释。2019 年 3 月 24 日，新西兰总理阿德恩宣布，新西兰将于 2019 年 3 月 29

笔记

日为克赖斯特彻奇恐怖袭击事件的受害者举行国家纪念活动。3 月 29 日上午，新西兰枪击案的官方悼念仪式在克赖斯特彻奇举行。2019 年 4 月 5 日，新西兰枪击案主要嫌疑人布伦顿·塔兰特(Brenton Tarrant)以视频连线方式出庭听证会，受到 50 项谋杀罪名和 39 项谋杀未遂罪名指控。听证会持续 20 分钟，随后，布伦顿·塔兰特(Brenton Tarrant)继续接受羁押，直至 6 月 14 日再次出庭。

三、世界上主要的恐怖组织

1. 极端宗教恐怖组织

近年来，来自伊斯兰社会的原教旨主义活跃分子所发起的恐怖活动日益增多，影响日益广泛。这些以极端仇视西方为主的人所设立的组织始终认为西方社会是洪水猛兽，并对西方文化渗透到伊斯兰国家感到极端仇恨。他们屡屡以西方，特别是以美国为袭击目标，在全球各地或在某一区域发起恐怖行动。

2. 极右翼恐怖组织

主要活动在欧洲地区，特别是活动在西欧地区、美国和拉美地区，是奉行新法西斯主义和极权主义、种族主义和反国家主义的恐怖组织。

3. 极左翼恐怖组织

以推翻政府为目的的极左翼恐怖主义主要分布在拉美地区、日本以及其他发达的资本主义国家。如意大利的“红色旅”、日本的“赤军”组织等都属于这一类型。不过，近年来，这些极左翼的恐怖组织正在逐步退出历史舞台，有的已经不复存在。

4. 民族主义恐怖组织

由极端民族主义分子组成的恐怖组织几乎分布在世界的各地，不论是发展中国家还是西方国家，都面临着由极端民族主义分子挑起的恐怖暴力事件而带来的社会问题。

5. 黑社会恐怖组织

这些是由黑社会分子形成的恐怖组织，制造恐怖暴力活动的目的无非与商业暴利、贩毒以及企图垄断卖淫业有关。

四、国际社会应对恐怖主义威胁的对策

恐怖主义带来了严重威胁，而针对这些威胁，国际社会中不同国家采取了不同应对措施。

全国人大常委会审议反恐怖主义法（草案）
来源：CCTC13

笔记

1. 我国应对恐怖主义威胁的对策

我国也是恐怖主义的受害者，坚决反对各种形式的恐怖主义。这一立场历来坚定，旗帜鲜明。江泽民在德国外交政策协会的演讲——《共同创造一个和平繁荣的新世纪》中说："中国政府和人民坚定不移地谴责和反对一切形式的恐怖主义。国际社会应加强对话与磋商，开展合作，共同打击国际恐怖活动。"我国也曾经遭到过民族分裂主义和极端势力的恐怖袭击，所受到的社会经济损失是比较严重的。因此，无论是出于国际义务和责任，还是出于维护自身国家的利益考虑，我们都坚决反对恐怖主义。

此外，我们还积极支持和参与国际反恐合作。随着经济全球化和现代科技的不断发展，恐怖主义的国际化趋势大大加强。各国不仅难以在恐怖主义的袭击中置身事外，也不可能单独应对恐怖主义的威胁。中国政府一直主张："国际社会应加强对话和磋商，开展合作共同防范和打击国际恐怖活动"。中国的反恐政策和措施实践着这一主张。一是积极支持并参与联合国主导下的国际反恐合作；二是倡导加强区域反恐合作；三是支持其他国家的反恐斗争。

中国更是强调反恐要标本兼治，综合治理。对于恐怖主义产生及蔓延的原因，党和国家领导人有着清醒而深刻的认识。胡锦涛指出，"冲突和动荡是恐怖主义滋生的温床，贫穷和落后是恐怖主义产生的土壤"。而当前国家领导人习近平也在加快与其他国家建立外交关系。要彻底铲除恐怖主义，应在缓和地区与国际紧张局势、消除贫困和加强反恐合作中同时开展工作，从政治、经济、文化和社会等方面采取措施。要赢得反恐斗争的胜利，必须标本兼治。

警示名言

瞒人之事弗为，害人之心弗存，有益国家之事虽死弗避。

——［明］吕坤

案例

2014年3月1日，云南省昆明市火车站发生一起暴力恐怖案件，造成多人伤亡。截至3月2日5时，事件造成29人死亡，143人受伤，其中重伤73人，轻伤70人。这一丧心病狂的暴行，是赤裸裸的暴力恐怖犯罪，极大地危害了人民群众的生命安全，造成了严重的社会后果。习近平总书记在第一时间做出重要指示，要求全力救治受伤群众，依法严惩暴恐分子。

笔记

点评

恐怖主义犯罪是不可饶恕的，这是全世界主权国家多年来所达成的共识。恐怖分子以一种伤害无辜人群性命的方式来达到其非法目的，其对生命的漠视，是对现代文明底线的挑战，是对人类良知的挑战。

提示

昆明“3.1”恐怖袭击事件警示我们遭遇危险怎么办？

(1)信：“宁可信其有”要比“不可信其无”好，不能心存侥幸心理；

(2)快：尽快从“现场”撤离；

(3)细：细致观察周围发生的可疑人、事、物；

(4)报：迅速报警、让警方了解情况；

(5)记：用照相机或者摄像机等将“现场”记录下来。

2. 美国应对恐怖主义威胁的对策

“9·11”事件让美国重新调整了其全球安全战略理念和反恐措施。在安全战略理念上，一是“先发制人”战略取代过去建立在“互相确保摧毁”理论基础上的“威慑”和“遏制”战略；二是“恐怖威胁论”。美国认为威胁不是来自“强大的国家”，而是来自“一小撮居心叵测之徒掌握的毁灭性技术”，强调美国面临的“最严重威胁在于极端主义与技术的结合”，以注重本土安全为首要任务；三是“霸权稳定论”。认为只有美国掌握世界霸权，才能维持世界经济秩序稳定，从而最终维护美国的全球战略利益和本土安全。在反恐措施上，美国在国内建立了有效的国家反恐网络系统，对外确立“单边主义”，加速军队信息化转型，部署国家导弹防御体系，调整全球驻军策略。

3. 加强联合国在国际反恐怖斗争中的主导作用

综上所述，反恐斗争既是一项长期的任务，也是一项复杂的工程，这需要国际社会的共同努力才能完成。为了解决当前反恐斗争中存在的问题，使国际反恐合作朝着健康的方向发展，联合国不仅要发挥更大作用，而且要起主导作用。因为，联合国是第二次世界大战以来经过近 50 年发展涵盖国家最为广泛的国际政治机构，作用非常广泛，而且联合国已有 12 项反恐国际公约，这已经为联合国在今后国际反恐斗争中的主导作用奠定了良好的基础。因此，以联合国为框架，建立和完善全球性的反恐斗争合作机构，是彻底解决恐怖主义问题的根本出路。

总而言之，在国际社会中，当面对危机和冲突的时候，国际社会能否具有行动能力，在根本上取决于大国的态度。理论上，作为现存国际秩序的最大受益者，大国应该承担维护现存国际秩序、规则和道义的公共责任。在反恐的道路上，不管是实力强大的美国还是力量弱小的国家，每个国家都采取了自己的方式，都将反恐作为一项不可忽视的任务来对待。

笔记

专题十六 新冠肺炎防控

疫情就是命令，防控就是责任。针对2020年春节前后在全国发生的新型冠状病毒肺炎疫情，习近平总书记多次作出重要指示，强调要把人民群众生命安全和身体健康放在第一位，制定周密方案，组织各方力量开展防控，采取切实有效措施，坚决遏制疫情蔓延，坚决打赢疫情防控人民战争、总体战、阻击战。高等学校学生来源地域广、人群聚集密度大、社会关注度高，科学精准指导高校做好疫情防控，对维护师生员工生命健康安全、平稳恢复高校各项工作，维护好社会秩序，具有重大意义。

警示名言

打赢疫情防控阻击战，重点在"防"。到了关键的时候，必须咬紧牙关坚持下去。要紧紧依靠人民群众，充分发动人民群众，提高群众自我服务、自我防护能力。

——习近平

第一讲　新冠肺炎基础知识

2019年12月在武汉相继发现不明病因的感染性肺炎患者，主要临床表现是发热、体温≥38℃、干咳、肺炎影像学特征，发病早期外周血白细胞总数正常或降低，或者淋巴细胞计数减少。流行病学溯源发现其可能与当地某海鲜和野生动物市场有关，进一步病原学研究证实是一种新的冠状病毒感染所致，称为新型冠状病毒（2019 novel coronavirus 2019-nCoV），超微结构如下图所示。病毒基因序列比对显示，该病毒与2003年引起SARS的SARS冠

笔记

状病毒(SARS coronavirus,SARS-CoV)同源性达79.5%以上,世界卫生组织(WHO)宣布将该病毒所致疾病称为COVID-19(coronavirus disease 2019),国家卫生健康委员会将该病毒所致肺炎命名为新型冠状病毒肺炎(英文名统一为COVID-19),简称新冠肺炎。

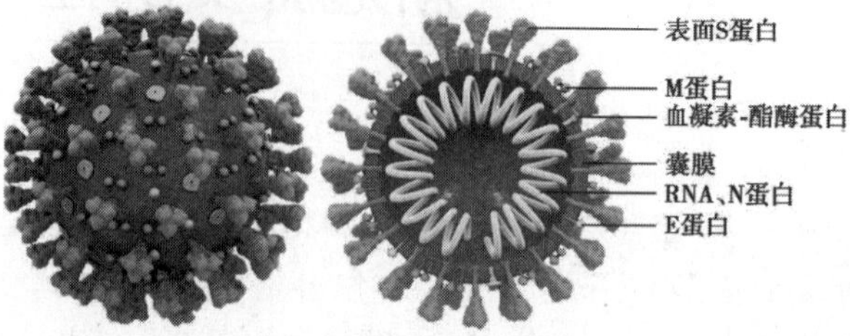

新型冠状病毒的超微结构图

一、新冠肺炎的传染源

传染源(source of infection)是指体内有病原体生存、繁殖并且能排出病原体的人和动物。传染源包括患者、隐性感染者(无症状感染者)、病原携带者以及感染的动物。病毒学研究发现蝙蝠可携带大量冠状病毒。从中华菊头蝠中分离的一株冠状病毒在全基因水平上与新型冠状病毒同源性高达96.2%,提示蝙蝠可能是新型冠状病毒的自然储存宿主。流行病学资料显示,首批新型冠状病毒肺炎患者大多有武汉某海鲜市场野生动物暴露史,推测竹鼠、獾、狸、蛇、穿山甲等野生动物可能是新型冠状病毒的中间宿主,成为最初的传染源。随后陆续发现仅有与患者接触而没有野生动物暴露史的感染者,此后的疫情主要是由人际传播扩散,患者、无症状感染者成为主要传染源。

链接

蝙蝠为何“百毒不侵”?

蝙蝠是埃博拉病毒、SARS-CoV、MERS-CoV、亨尼巴病毒属和新冠病毒等病毒的天然宿主。蝙蝠属于哺乳动物门翼手目,是唯一能真正飞行的哺乳动物。近年来诸多大规模致死疫情都和蝙蝠发生着千丝万缕的联系,而蝙蝠也已经被公认为新兴病毒最重要的天然“蓄水池”。然而,令人不解的是,虽然蝙蝠可以携带多种致病病毒,但是这些病毒却不会对蝙蝠造成明显的症状。蝙蝠对病毒的高度耐受性可能也是其能携带并传播多种病毒的重要原因。

中科院武汉病毒研究所研究员周鹏曾在接受澎湃新闻记者采访时表示,“从免疫学角度来说,蝙蝠的免疫系统还是很独特的,它是唯一一个会持续飞行的哺乳动物,飞行这种能力就造成它很多基因和人或者其他哺乳动物的基因不一样,这些不一样的基因很多就是和抗病毒、免疫系统相关的。”

周鹏等人此前也证实,蝙蝠体内总是保持了一定量的干扰素表达。干扰素是一个很关键的抗病毒蛋白,如果它在身体中总是保持“低量”,就相当于动物本身具有“全天候保护”的防御机制。

“我们现在初步的结论是它的免疫通路会保持一定量的防御状态,但不会免疫过激。像人感染 SARS 等病毒最后会死于过度的炎症反应,但是蝙蝠的炎症反应和先天免疫不会过激,所以它也不会受到损伤。”

周鹏等人此前也提到过类似思路,研究蝙蝠携带病毒而不患病这一独特之处,有望让人类从中学习如何对抗病毒。

二、新冠肺炎的传播途径

传播途径(route of transmission)是病原体从传染源排出体外,经过一定的传播方式,到达与侵入新的易感者的过程。新型冠状病毒肺炎是呼吸系统传染病,呼吸道和眼结膜是病毒的主要入侵途径。目前确定新型冠状病毒的传播方式有以下几种。

(1)飞沫传播:通过咳嗽、打喷嚏、说话等产生的飞沫进入易感者黏膜表面。

(2)接触传播:在接触病原体污染的物品后触碰自己的口、鼻或眼睛等部位导致病毒传播。

(3)在相对封闭的环境中长时间暴露于高浓度气溶胶情况下存在经气溶胶传播的可能,如医疗场所。

链接

如何做好“气溶胶传播”防护?

气溶胶传播是指飞沫在空气悬浮过程中失去水分而剩下的蛋白质和病原体组成的核,形成飞沫核,可以通过气溶胶的形式漂浮至远处,造成远距离的传播。这里需要特别注意的是,“气溶胶传播”≠“空气传播”,气溶胶感染并没有想象中那么容易,并不是很多人误以为的“空气传播”。气溶胶主要存在于密闭空间,在不通风的密闭空间内要格外注意。譬如电梯、飞机、影院等空气流动性差的地方。当通风条件上去,病毒稀释到一定程度,风险自然降低。

在日常的工作和生活中，我们该如何做好防护工作呢？如果是在常规临床护理、一般的工作生活条件下，采取正确佩戴口罩的飞沫传播防护措施，是足以满足保护普通公众而不被感染的。虽然气溶胶的传播距离比飞沫更远，但浓度低很多，所以致病力大减。同时，公众应尽量避免前往密闭空间，多开窗进行自然通风，病毒稀释到一定程度，风险就很低了，勤洗手、勤擦洗、与他人保持一定距离。特别需要注意的是：电梯间通风很差，又是小空间，一定要戴口罩、小心触摸！

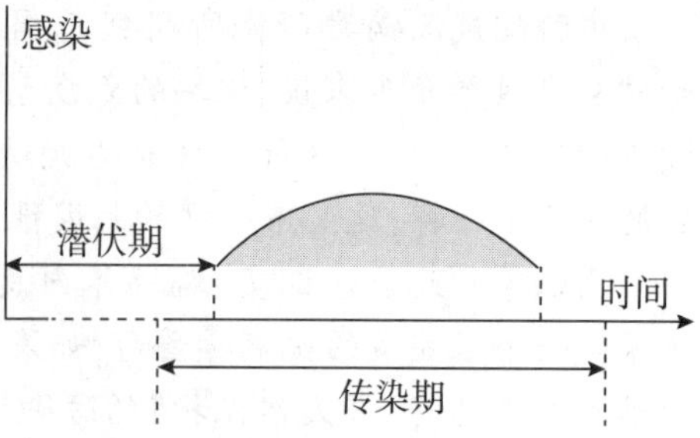

新型冠状病毒感染经过示意图

（潜伏期为 1~14 天，潜伏期和恢复期也可有传染性）

三、新冠肺炎的潜伏期

传染病潜伏期（incubation period）是指人体在感染以后到出现症状的时间。潜伏期是对密切接触者确定进行医学观察和隔离检疫时长的最重要依据。新型冠状病毒肺炎的潜伏期为 1~14 天，多为 3~7 天。据此将新型冠状病毒肺炎密切接触者医学观察期定为 14 天。

四、新冠肺炎可疑暴露者与密切接触者

新型冠状病毒可疑暴露者（简称可疑暴露者）是指暴露于新型冠状病毒检测阳性的野生动物、物品和环境，且暴露时未采取有效防护的加工、售卖、搬运、配送或管理等人员。依据《新型冠状病毒肺炎防控方案（第五版）》，新型冠状病毒密切接触者（简称密切接触者）指从疑似病例和确诊病例（见疑似病例和确诊病例的诊断标准部分）症状出现前 2 天开始，或无症状感染者标本采样前 2 天开始，未采取有效防护与其有近距离接触（1 米内）的人员，具体接触情形有以下几种。

（1）共同居住、学习、工作，或其他有密切接触的人员，如近距离工作或共用同一教室或在同一所房屋中生活。

（2）诊疗、护理、探视病例的医护人员、家属或其他有类似近距离接触的人员，如到密闭环境中探视病人或停留，同病室的其他患者及其陪护人员。

（3）乘坐同一交通工具并有近距离接触人员，包括在交通工具上照料护理人员、同行人员（家人、同事、朋友等）或经调查评估后发现有可能近距离接触病例和无症状感染者的其他乘客及乘务人员。

(4)现场调查人员调查后经评估认为其他符合密切接触者判定标准的人员。

链接

交通工具密切接触者判定指引

1. 飞机。(1)一般情况下,民用航空器舱内病例座位的同排左右三个座位和前后各三排座位的全部旅客以及在上述区域内提供客舱服务的乘务人员作为密切接触者。其他同航班乘客作为一般接触者。(2)乘坐未配备高效微粒过滤装置的民用航空器,舱内所有人员。(3)其他已知与病例有密切接触的人员。

2. 铁路旅客列车。(1)乘坐全封闭空调列车,病例所在硬座、硬卧车厢或软卧同包厢的全部乘客和乘务人员。(2)乘坐非全封闭的普通列车,病例同间软卧包厢内,或同节硬座(硬卧)车厢内同格及前后邻格的旅客,以及为该区域服务的乘务人员。(3)其他已知与病例有密切接触的人员。

3. 汽车。(1)乘坐全密封空调客车时,与病例同乘一辆汽车的所有人员。(2)乘坐通风的普通客车时,与病例同车前后3排座位的乘客和驾乘人员。(3)其他已知与病例有密切接触的人员。

4. 轮船。(1)与病例同一舱室内的全部人员和为该舱室提供服务的乘务人员。(2)如与病例接触期间,病人有高热、打喷嚏、咳嗽、呕吐等剧烈症状,不论时间长短,均应作为密切接触者。

五、新冠肺炎无症状感染者

新型冠状病毒无症状感染者(asymptomatic infection)是指无临床症状,呼吸道等标本新型冠状病毒病原学检测阳性者,主要通过聚集性疫情调查和传染源追踪调查等途径发现。无症状感染者隐蔽性强,是重要的传染源之一,给疫情防控带来极大的困难。

新型冠状病毒无症状感染者主要有四个来源:一是新冠肺炎病例的密切接触者,在医学观察期发现了一些这样的人;二是在聚集性疫情的调查中,在开展一些主动检测的过程中,可能发现无症状感染者;三是在新冠肺炎病例的传染源追踪过程中,对暴露人群进行主动检测时可能发现无症状感染者;四是对有新冠肺炎病例、持续传播地区的旅行史和居住史的人员主动检测时,可能会发现无症状感染者。

中央应对新冠肺炎疫情工作领导小组会议上提出,一旦发现无症状感染者,要立即按“四早”要求(早发现、早报告、早隔离、早治疗),严格集中隔

笔记

离和医学管理。同时，尽快查清来源，对密切接触者也要实施隔离医学观察。

六、新冠肺炎流行趋势判断

新冠肺炎目前诊断方法还不够完善，也没有疫苗和特异性药物治疗，所以暂时无法准确判断其流行趋势。但作为病毒性呼吸道传染病，其潜在的流行趋势不外乎有以下三种可能。

(1)使用公共卫生手段成功控制病毒传播。新型冠状病毒肺炎与2003年暴发的SARS有类似之处，病原都是冠状病毒。我国及国际卫生防疫机构通过多种公共卫生手段有效控制了SARS-CoV的传播，到2004年以后疫情基本消失了。如今，SARS病毒依然在动物身上存在，但没有传染给人类的报道。

(2)感染所有或多数易感人群后，病毒会自我消尽。假设公共防疫机制没能有效扑灭疫情，病毒蔓延感染多数易感者，感染过后人群普遍获得免疫力，病毒失去生存空间而自我消尽。这个过程不排除造成大规模人群患病甚至死亡，出现类似于1918年流感大流行灾害的情形。

(3)新冠状病毒可能会变成一种常见病毒，成为新常态存在。由于新型冠状病毒在潜伏期具有传染性及隐性感染的存在，使得新型冠状病毒疫情防控的难度远大于SARS和MERS，因此新型冠状病毒有可能演变成一种常见病毒，并成为新常态存在。2009年的甲型H1N1流感病毒即是如此，它在全球范围内流行造成约30万人死亡以后并没有消失，而是变成了季节流感。

第二讲　新冠肺炎诊疗知识

一、如何判断自己被新冠肺炎感染的风险

1. 看流行病学史

近2周内是否有武汉市及周边地区，或其他有病例报告社区的旅行史或居住史；近2周内是否有与新型冠状病毒感染者的接触史；近2周内是否曾接触过来自武汉市及周边地区，或来自有病例报告社区的发热或有呼吸道症状的患者；或是否为聚集性疫情。

笔记

2. 看症状

新型冠病毒感染的肺炎以发热、乏力、干咳为主要表现,少数患者伴有鼻塞、流涕、咽痛和腹泻等症状。如果体温超过 37.3℃,但是无明确流行病学史、无其他症状者,可以居家观察或先到社区医院就诊,并继续观察体温动态变化。如果病情进一步恶化,可以到各医院的发热门诊或定点医院做进一步检查。

链接

无知,正在改变你的命运

张德芬的文章《91 万人确诊,204 国沦陷:致死率最高的,并不是病毒》中提到,疫情暴发之后,亚洲国家没有一个像欧美那样失控严重的。毕竟中国走在两个月之前,所以国情比较相似、地理位置相近的国家,自然有所警惕,及早做准备。而欧美国家的无知(加傲慢),造成了他们的无畏,以至于损失惨重、人民受苦。相较于其他严重传染病,新冠肺炎的致死率并不高,但是它有以下两个重要特征。

(1)传播力太强,造成一时之间发病人数过多,所以如果没有足够的应急措施,医疗体系很容易因此瘫痪。

(2)发病时有 20%的人会有呼吸困难或是其他并发症,需要住院治疗、使用呼吸机才能维生,过了危险期(通常是 2 个星期)自体免疫系统恢复了以后,就不需要借助外力而能自行康复。

但是欧美医院最多一家只有一两台呼吸机,所以造成了很多医院的医护人员,被迫把老人的呼吸机拆下来给年轻人使用。我看到一个视频,西班牙一个 60 多岁的妇人,在医院门口大哭,因为她年纪大了,医院拒收。她丈夫已经死于新冠肺炎,所以她极度恐慌,让人看了好难过。这时候,如果她有一定的“知识”,知道免疫力可以抵抗病毒,那么她也会知道,这样的情绪崩溃比病毒对她的免疫力伤害还大。在医院不收治的情况下,她依旧可以采取一些行动:买一些药,在家好好休养,只要免疫力上来,她的病就有希望。

电影《瞒天误杀记》中的男主没受过什么教育,在乡下生活,但他很喜欢看电影,他对人性的理解、对事情的计划,都是从电影里学到的。后来他家出了事,他就运用电影里的知识逃过一劫。

而这次疫情,更是需要我们用到一些重要的知识和判断,才能做出正确的决定。比方说,我们看到有些人对制度毫不上心,屡屡违反禁令做出害人害己的行为,这些人就在改写他们下半生的命运。而有些人,又做得太过了

笔记

一些,一名留学生从国外回来,30 多个小时不吃不喝不拉,到了国内就有脱水的现象,还好年轻,身体恢复得快,没有出事。也有人居然喝消毒药水防疫,结果中毒就医。各种防疫过度的新闻、破坏防疫的新闻比比皆是,都是因为无知、又不明就里的缘故。

二、新型冠状病毒肺炎与普通感冒、流行性感冒的区别

新型冠状病毒肺炎与普通感冒、流行性感冒存在些许区别,如下表所示。

新型冠状病毒肺炎与普通感冒、流行性感冒的区别

类　型	呼吸道症状	全身症状	其　他
普通感冒	自觉上呼吸道症状重;鼻塞、流鼻涕、打喷嚏	轻;无明显全身不适症状	体力、食欲基本正常
流行性感冒	发病急、症状重、进展快;上下呼吸道都有可能波及,可能引起肺炎	常伴有发热,可达39℃;头痛、关节痛、肌肉酸痛明显	乏力、食欲差
新型冠状病毒肺炎	干咳为主,少数患者伴有鼻塞、流涕、咽痛等;重型病例多在一周后出现呼吸困难	多为轻度或中度发热	乏力常见,可伴腹泻

三、新冠肺炎高等学校师生就医指引

出现可疑症状,包括发热、干咳、咽痛、呼吸困难、乏力、恶心、呕吐、腹泻、头痛、心慌、结膜炎、四肢或腰背部肌肉酸痛等,应立即向学校报告,并在校医院指导和协助下按规定送定点医疗机构诊治。前往就近定点医院的发热门诊就诊,尽量选择开车、骑车、步行等相对独立的交通方式,避免搭乘公共交通工具。路上打开车窗,时刻佩戴口罩并随时保持手卫生。在路上和医院时,尽可能远离其他人(1 米以上);若路途中污染了交通工具,建议使用含氯消毒剂或过氧乙酸消毒剂,对所有被呼吸道分泌物或体液污染的表面进行消毒。就医时,应如实详细讲述患病情况和就医过程,尤其是必须告知医生近期旅行和居住史、新型冠状病毒肺炎患者或疑似病例的接触史、动物接触史以及发病后接触过什么人等,积极配合医生进行各项调查与检查。

笔记

四、新型冠状病毒肺炎的临床特点

1. 临床表现

基于目前的流行病学调查,潜伏期为1~14天,多为3~7天。以发热、干咳、乏力为主要表现。少数患者伴有鼻塞、流涕、咽痛、肌痛和腹泻等症状。重症患者多在发病一周后出现呼吸困难或低氧血症,严重者可快速进展为急性呼吸窘迫综合征、脓毒症休克、难以纠正的代谢性酸中毒和出凝血功能障碍及多器官功能衰竭等。值得注意的是重型、危重型患者病程中可为中低热,甚至无明显发热。轻型患者仅表现为低热、轻微乏力等,无肺炎表现。从目前收治的病例情况看,多数患者预后良好,少数患者病情危重。老年人和有慢性基础疾病者预后较差。儿童病例症状相对较轻。

2. 实验室检查

能发病早期外周血白细胞总数正常或减少,淋巴细胞计数减少,部分患者可能出现肝酶、乳酸脱氢酶(LDH)、肌酶和肌红蛋白增高;部分危重者可见肌钙蛋白增高。多数患者C反应蛋白(CRP)和血沉升高,降钙素原正常。严重者D-二聚体升高、外周血淋巴细胞进行性减少。在鼻咽拭子、痰和其他下呼吸道分泌物、血液、粪便等标本中可检测出新型冠状病毒核酸,标本采集尽可能留取痰液以提高核酸检测阳性率。

3. 胸部影像学

早期呈现多发小斑片影及间质改变,以肺外带明显。进而发展为双肺多发磨玻璃影、浸润影,严重者可出现肺实变,胸腔积液少见。

五、疑似病例和确诊病例的诊断标准

1. 疑似病例

结合下述流行病学史和临床表现综合分析。

(1)流行病学史:1)发病前14天内有武汉市及周边地区,或其他有病例报告社区的旅行史或居住史。2)发病前14天内与新型冠状病毒感染者(核酸检测阳性者)有接触史。3)发病前14天内曾接触过来自武汉市及周边地区,或来自有病例报告社区的发热或有呼吸道症状的患者。4)聚集性发病:2周内在小范围内,如家庭、办公室、学校班级等场所,出现2例及以上发热和/或呼吸道症状的病例。

(2)临床表现:1)发热和/或呼吸道症状。2)具有新型冠状病毒肺炎影像学特征。3)发病早期白细胞总数正常或降低,或淋巴细胞计数减少。有流行病学史中的任何一条,且符合临床表现中任意二条。无明确流行病学史的，符合临床表现中的三条。

2. 确诊病例

疑似病例是具备以下病原学证据之一者。（1）实时荧光 RT-PCR 检测新型冠状病毒核酸阳性。（2）病毒基因测序，与已知的新型冠状病毒高度同源。

链接

解密“救命神器”ECMO

在新冠肺炎疫情的阴影之下，一款名为 ECMO（体外膜肺氧合，Extracorporeal Membrane Oxygenation）的体外生命支持设备意外获得公众前所未有的关注和期待。2020 年 1 月 22 日，武汉大学中南医院首次使用 ECMO 成功救治一位重症新冠肺炎患者。ECMO 可以替代人的肺脏和心脏功能，在体外进行血液、呼吸循环支持，为患者赢得救治时间，被称作“救命神器”。作为一个急救类医疗器械，ECMO 此前一直很小众，产品数量有限，只有美国、欧洲、日本约十家企业生产。此前，中国医师协会体外生命支持专业委员会发布的数据显示，截至 2018 年底，中国仅有 260 个 ECMO 中心。粗略估算，它们持有的 ECMO 设备约 400 台。已持续三个月的新冠肺炎疫情，让 ECMO 变得炙手可热。据南方周末记者不完全统计，2020 年 1 月下旬至 3 月上旬，中国在不到两个月时间里进口的 ECMO 数量已超过 100 台。同时，一批中国医疗器械公司正紧急投入这一医疗器械的研发和产业化。

ECMO

ECMO 并非横空出世的英雄，它的历史最早可以追溯到半个世纪以前世界第一例体外循环心脏外科手术。1953 年，美国医生吉本（John Heysham Gibbon）成功为一名患者实施房间隔缺损修复术。这一手术的关键在于使用了吉本所设计发明的一个机器，短时间替代患者的心肺功能，辅助血液供氧，实现体外循环运转 45 分钟。这是最早的人工心肺机。在此之前，吉本花了 23 年时间发明这款机器、进行动物实验，其间他还曾入伍参加二战，复员后继续投入研发。

2020 年初暴发的新冠肺炎疫情，让 ECMO 迎来了高光时刻。2020 年 1 月 22 日，武汉大学中南医院首次使用 ECMO 成功救治一位重症新冠肺炎患者。在同一天,国家卫健委印发的《新型冠状病毒感染的肺炎诊疗方案》(试行第三版),正式将 ECMO 纳入其中,同时它还出现在中国医学装备协会推荐的疫情防治所需设备清单里。

六、新型冠状病毒肺炎病情严重程度区分

1. 轻型

临床症状轻微,影像学未见肺炎表现。

2. 普通型

具有发热、呼吸道等症状,影像学可见肺炎表现。

3. 重型

符合下列任何一条。(1)出现气促,呼吸频率≥30 次/分。(2)静息状态下,指氧饱和度≤93%。(3)动脉血氧分压(PaO2)/吸氧浓度(FiO2)≤300mmHg(1mmHg=0.133kPa)。高海拔(海拔超过 1000 米)地区应根据以下公式对 PaO2/ FiO2 进行校正:PaO2/FiO2×[大气压(mmHg)/760]。肺部影像学显示 24~48 小时内病灶明显进展>50%者按重型管理。

4. 危重型

符合以下情况之一者。(1)出现呼吸衰竭,且需要机械通气。(2)出现休克。(3)合并其他器官功能衰竭需 ICU 监护治疗。

七、新冠肺炎核酸检测与肺部 CT 检查

核酸检测和 CT 检查是新冠肺炎的两种诊断手段,不能互相取代。核酸检测作为病原诊断的重要依据,也是确诊的最重要依据。局限性在于试剂盒的质量、标本采集的质量和采集的时间以及检测技术员的操作等原因,可能会出现假阴性结果;同时,如果患者体内病毒载量较小,核酸检测也可能出现阴性结果。此外,检测也受限于试剂盒的可及性以及耗时。应注意核酸检测出阳性虽为确诊手段,但不能对肺炎病情的严重程度及其发展过程作出评判。CT 作为新型冠状病毒肺炎的诊断标准之一,其检测的优势是迅速,对疾病的严重程度和发展可以有更直观的影像资料;对于有流行病学史且 CT 证实为肺炎的患者,即使核酸检测阴性,也应作为疑似病例隔离治疗,不会因为核酸检测阴性而放走患者造成疫情播散。CT 的局限性在于:相当一部分新型冠状病毒感染患者没有肺炎表现,无法靠 CT 来发现;此外,新型冠状病毒肺炎的影像学表现与其他肺部感染尤其是其他病毒性肺炎,甚至支原体肺炎等的征象有类似的地方,所以用 CT 鉴别肺炎的病原体是不可靠的;部分医院也受限于

CT 的可及性，且 CT 检查时存在交叉感染的风险。

八、血氧饱和度常识与新型冠状病毒肺炎

人体血液中，被氧结合的氧合血红蛋白的容量占全部可结合的血红蛋白容量的百分比，即血液中血氧的浓度。正常人体动脉血的血氧饱和度为98%，静脉血为75%。一般认为饱和度正常应不低于93%，在93%以下为轻度缺氧。《新型冠状病毒肺炎诊疗方案（试行第六版）》指出新型冠状病毒肺炎患者可以表现为轻型、普通型、重型和危重型，重型和危重型患者出现急性呼吸窘迫综合征（ARDS）、呼吸衰竭等，其中氧合状况是判断的主要诊断标准之一。对已收集到的确诊的新型冠状病毒肺炎患者的资料进行分析，发现部分患者表现为以肺炎为主的严重急性呼吸系统综合征。*Nature* 一项研究表明，在疾病早期，90%以上患者出现发热，约80%患者有干咳，超过20%患者存在胸闷，20%患者左右有气促，约15%患者表现为呼吸困难。所以在疫情防控期，出现发热、咳嗽等症状时，除至发热门诊就诊外，建议监测血氧饱和度。

九、新型冠状病毒肺炎的治疗

疑似及确诊病例应当在具备有效隔离条件和防护条件的定点医院隔离治疗，疑似病例应当单人单间隔离治疗，如果确诊新型冠状病毒肺炎，应首先根据病情的严重程度确定治疗场所。确诊病例可多人收治在同一病室；危重型病例应当尽早收入 ICU 治疗。患者应卧床休息，加强支持治疗，保证充分热量；注意水、电解质平衡，维持内环境稳定；密切监测生命体征、指氧饱和度等。患者应根据病情监测血常规、尿常规、CRP、生化指标（肝酶、心肌酶、肾功能等）、凝血功能，必要时监测动脉血气分析、胸部影像学等。根据氧饱和度的变化，及时给予有效的氧疗措施，包括鼻导管、面罩给氧和经鼻高流量氧疗。在抗病毒治疗方面，目前尚没有确认有效的抗病毒治疗方法。可试用 α-干扰素雾化吸入、洛匹那韦/利托那韦（克力芝），利巴韦林（建议与干扰素或洛匹那韦/利托那韦联合应用）、磷酸氯喹、阿比多尔。有条件的患者可以入组瑞德西韦（Remdesivir）等目前正在进行的临床试验。

在抗菌药物治疗上，需要避免盲目或不恰当地使用抗菌药物，尤其是联合使用广谱抗菌药物。对于重型和危重型病例的治疗原则是在对症治疗的基础上，积极防治并发症，治疗基础疾病，预防继发感染，及时进行器官功能支持。患者需要给予高流量鼻导管氧疗或无创机械通气，若短时间内病情

无改善甚至恶化，应当及时进行气管插管和有创机械通气，必要时考虑体外膜肺氧合（ECMO）。对于循环支持，应在充分液体复苏的基础上，改善微循环，使用血管活性药物，必要时进行血流动力学监测。糖皮质激素的使用可根据患者呼吸困难程度、胸部影像学进展情况酌情短期内（3~5天）小剂量使用。可给予肠道微生态调节剂，维持肠道微生态平衡，预防继发细菌感染。有条件的情况下可考虑康复者血浆治疗。对于存在焦虑恐惧情绪的患者，应加强心理疏导。

链接

科普：研发中的新冠病毒疫苗包括哪些类型？

新冠病毒肆虐，全球相关疫苗研发正加紧进行。美国伊诺维奥制药公司研发的名为INO-4800的新冠病毒疫苗于2020年4月6日启动一期临床试验，这是继美国莫德纳公司与国家过敏症和传染病研究所合作研发的mRNA-1273以及中国军事科学院军事医学研究院陈薇院士领衔团队研发的“重组新冠疫苗”之后，全球第三款进入临床试验的新冠病毒疫苗。

世界卫生组织网站信息显示，截至2020年3月26日，全球还有至少52款候选疫苗处于临床前研究，这些正在研发的新冠病毒疫苗包括哪些类型呢？

香港大学微生物学系教授、艾滋病研究所所长陈志伟接受新华社记者采访时表示，林林总总的处于研发前沿的候选新冠病毒疫苗可以概括为两大类。

第一类是此前无同类疫苗获批过的新型疫苗，主要是指核酸疫苗，分为RNA（核糖核酸）疫苗和DNA（脱氧核糖核酸）疫苗，这类疫苗是将编码抗原蛋白的RNA或DNA片段直接导入人体细胞内。

例如，美国第一个进入临床试验的新冠病毒疫苗mRNA-1273是mRNA（信使核糖核酸）疫苗，属于RNA疫苗，它是将编码新冠病毒刺突蛋白的mRNA导入人体细胞内。而最新进入临床试验的INO-4800是一款DNA疫苗，使用了被称为质粒的一小段环状DNA片段，注射后能使细胞产生抗原蛋白。世卫组织官网信息显示，全球范围还有多个团队正在从事DNA新冠病毒疫苗研发，包括意大利生物技术企业Takis与美国应用DNA科学公司等机构的合作团队、印度药企卡迪拉公司等。

第二类是此前已得到广泛应用的传统类型疫苗，包括灭活病毒疫苗、基因工程亚单位疫苗、重组病毒载体疫苗等，多数在研新冠病毒疫苗都属于此类。比如中国团队研发的“重组新冠疫苗”就属于重组病毒载体疫苗，采用5

笔记

型腺病毒作载体向人体内输送表达新冠病毒刺突蛋白的基因。

据中国国务院联防联控机制新闻发布会此前介绍，疫情暴发后中国选择了5条技术路线加快推进新冠病毒疫苗研发，分别是灭活疫苗、基因工程重组亚单位疫苗、腺病毒载体疫苗、减毒流感病毒载体疫苗和核酸疫苗。可以看出，中国采取的5条技术路线覆盖了全球在研新冠病毒疫苗的主要类型。

各类在研新冠病毒疫苗利用的研发平台不同，但都基于一个主要的理论基础。多项揭示新冠病毒感染机制的研究表明，该病毒主要通过其表面刺突蛋白与人体细胞上的“血管紧张素转化酶2(ACE2)”受体结合实现感染，新冠病毒疫苗就是以协助新冠病毒侵入细胞的刺突蛋白为靶点，通过表达刺突蛋白诱导人体免疫系统产生能够结合新冠病毒的中和抗体，从而实现预防感染的目标。

那么研制出能大规模使用的获批新冠病毒疫苗还需要多久呢？世界卫生组织总干事谭德塞日前在例行记者会上表示，新冠疫苗的研制至少还需要12至18个月。美国国家过敏症和传染病研究所所长安东尼·福奇此前也曾表示，即便疫苗的初期安全试验进展顺利，距离其大规模应用也需要一年至一年半时间。

十、中医中药防治新型冠状病毒肺炎

几千年来，中医药学历经数百次瘟疫洗礼，总结了一套行之有效的宝贵经验，形成了较为系统的理论和方法。近年来，中医药在防控病毒感染性疾病方面取得了良好的效果，特别是在2003年传染性非典型肺炎的防治中，中医药疗效曾得到世界卫生组织肯定，中医药的科学性和有效性不断得到实践的检验。中医学认为，外感病(包括疫病，这次的新型冠状病毒肺炎也属疫病的范畴)发病是邪正斗争的结果，在疾病发生发展过程中，正气是发病的内在依据，邪气是发病的外在因素。通常情况下，邪气无处不在、无时不有，当正邪斗争的结果为邪胜正虚则发病，而正胜邪退则不发病，即“正气存内，邪不可干”“邪之所凑，其气必虚”。但是，在一定条件下，邪气可以起决定性作用，例如，在瘟疫流行中，疫疠之气起决定作用，即使正气旺盛，当遭遇致病力强的疫疠之气，也难以抵御，从而发为疫病。从这个意义上来说，做好隔离，防止与疫疠之气的接触，对于防止瘟疫流行十分重要。

中医药对于疫病的防治，并不是立足于杀灭病毒，而是通过扶助正气(增强免疫力)、祛除邪气、调整机体的阴阳而达到治疗的目的。同时，中医药的应用对于改善症状、减少并发症、减少化学药物的毒副作用以及病后调理，都具有良好的效果。因此，这次新型冠状病毒肺炎防控强调要发挥中医药作用，加强中西医结合。2020 年 2 月 13 日，中共中央政治局常委、国务院总理、中央应对新冠肺炎疫情工作领导小组组长李克强主持召开领导小组会议，强调“强化中西医结合，促进中医药深度介入诊疗全过程，及时推广有效方药和中成药。”国家卫健委、国家中医药管理局联合印发《关于推荐在中西医结合救治新型冠状病毒感染的肺炎中使用“清肺排毒汤”的通知》。中医药的防控原则是“关口前移、重心下沉、早期介入、全程干预”。中医药防治手段的应用，除了中药内服和外用之外，还包括一些非药物的疗法，如常用的起居、食疗、音乐、经络、心理治疗、运动等，可以在预防、救治、病后调理和康复的全过程全方位地发挥作用，这也是中华民族在新型传染病防控工作中得天独厚的优势。中医药的应用强调辨证论治和因人、因时、因地制宜。具体而言，对于返校师生，可以从以下三个方面防控。

1. 生活起居

(1)保持良好的生活规律，注意休息，保证充足睡眠；运动宜适当减量，运动后及时擦汗，避免受凉。(2)注意保暖防寒，适时增减衣物，冬季人体特别要保暖的部位是头、颈部、背部和脚；适时开窗通风，保持空气流通。(3)适当进行体育锻炼，可选择五禽戏、八段锦、太极拳等运动，以增强正气。(4)调畅情志，保持乐观心态，避免对新型冠状病毒肺炎产生恐惧心理。

2. 饮食调理

饮食以清淡且富有营养为宜，宜进食米粥、面食、蔬菜等清淡、细软、易消化食物；勿食生冷海腥、膏粱厚味及煎炸、油腻之品，避免增加胃肠负担。还可以根据身体的具体情况，适当采用药膳调理，但由于不同人群体质有所差异，调理需在医生的指导下进行。

3. 中药预防

不建议给所有人群服用中药，只是对于体质偏颇易感者或特殊人群予以中药预防。

(1)中药汤剂：1)以寒湿为主：恶寒、胸脘胀闷、舌质淡胖苔白腻。苏叶 6g、藿香叶 6g、陈皮 9g，煨草果 6g、生姜 10g，煎汤代茶服。2)以湿热为主：口苦口干、不欲多饮、痰黄黏、舌红苔黄腻。藿香叶 6g、厚朴 6g、姜半夏 6g、薏米 20g、黄芩 9g、杏仁 6g，煎汤代茶服。3)以阳虚为主：阳气不足，素有怕冷、乏力者。黄芪 12g、桂枝 6g、生姜 10g、苏叶 6g、藿香叶 6g、苍术 6g、陈皮 6g，煎汤代茶服。4)以阴虚为主：阴津不足，素有口干、手足心热者。百合 9g、栀子 6g、金银花 6g、竹茹 6g、苏叶 3g、陈皮 9g，煎汤代茶服。

(2)中成药：1)以乏力伴胃肠不适者，推荐中成药：藿香正气胶囊(丸、

笔记

水、口服液)。2)以乏力伴发热者,推荐中成药:小柴胡冲剂(颗粒),连花清瘟胶囊(颗粒),银翘解毒片(颗粒),防风通圣丸(颗粒)。

(3)外用法:1)中药烟熏:公共场所或室内使用。苍术20g、艾叶20g、草果10g、藿香20g、白芷10g、冰片10g、薄荷10g、菖蒲15g,用电焙笼熏烤,每天3小时,分2次,适用于60~100平方米的空间,也可以直接点燃(冰片不用),每天1次。2)穴位按压及刮痧:①日常可揉按:孔最、合谷、阴陵泉。②局部刮痧:用砭石刮痧板、水牛角板轻轻刮痧,每次每部位5~10分钟,以局部发红为度,每次刮痧不少于20遍。如局部出现红色的瘀斑痧痕为邪气外出的情况,属正常现象。刮肺经,从云门循肺经刮到少商,促进机体免疫调整和自愈能力。刮脾经,从小腿内侧阴陵泉穴刮到三阴交穴,促进脾脏运化能力。3)循经拍打:①拍打经脉法(手三阴、三阳经):用对侧(另一侧)手掌拍打胸前云门穴,循手三阴经从胸走手拍打,再循手背三阳经从手走头拍打。②循经导引法(全身十二经脉):a.手经导引:沿臂内侧下行(手三阴经从胸走手),沿臂外侧上行(手三阳经从手走头);b.足经导引:沿体外、背下行(足三阳经从头走足),沿腿内侧上行(足三阴经从足走腹)。本功法通过循经振荡的手法达到增强体内经脉气血的流通运动。4)艾灸:选取大椎、肺俞、足三里、神阙、气海、关元等穴位,艾灸10~20分钟,每1~2天1次。体质偏热者不宜用灸。5)中药香囊:具有芳香避秽作用,可随身携带,方便简单。香囊制作:藿香、佩兰、贯众、羌活、白芷、菖蒲、苍术、细辛等量粉碎制成香囊,适量冰片、乙醇溶解后喷洒于香囊上。用法:每人1个(15~20g),睡前可置于枕边,每周更换1次。6)中药足浴:①药物:荆芥20g、艾叶30g、石菖蒲15g、花椒5~10g、桂枝20g、生姜30g。②方法:将药物加适量清水煎煮约30分钟,待温度适宜时沐足,睡前沐足15分钟。

十一、新型冠状病毒肺炎病例解除隔离和出院标准

体温恢复正常3天以上;呼吸道症状明显好转;肺部影像学显示急性渗出性炎症明显改善;连续两次呼吸道标本核酸检测阴性(采样时间间隔至少1天)。满足以上条件可解除隔离出院或根据病情转至相应科室治疗其他疾病。患者出院后仍有其他病原体感染风险,应继续自我监测和隔离2周,并于出院后第2周和第4周回医院复诊。

笔记

第三讲　构建高校疫情防控工作体系

一、开学返校前准备工作指引

（一）返校途中个人防护指引

（1）有条件的建议乘坐私家车返校，尽量避免搭乘公共交通工具。乘坐公共交通工具时，应全程佩戴一次性医用口罩或医用外科口罩。

（2）随时保持手卫生，减少接触交通工具的公共物品或部位；接触公共物品、咳嗽手捂之后、饭前便后，用洗手液或肥皂在流水下洗手，或者使用免洗洗手液擦拭消毒；避免用手接触口、鼻、眼；打喷嚏或咳嗽时用纸巾或手肘衣服遮住口鼻。

（3）避免在人员密集、通风不良的场所逗留。应留意周围旅客状况，避免与可疑人员近距离接触，发现身边出现可疑症状者及时报告乘务人员。妥善保存旅行票据信息，记录乘车时间和登车地点，以配合相关密切接触者调查及作为学校审核依据。

（4）做好健康监测，自觉发热时要主动测量体温，若出现可疑症状，尽量避免接触其他人员，视病情及时就医。

（二）返校当日报到注册

（1）尽量避免安排集中报到注册，可使用电子注册等形式，减少人员近距离接触。学生应按照学校提前分批的安排进行报到，到校后应及时给班长、辅导员、家长报告到达信息。

（2）对于因疫情防控、自我隔离、疾病等原因不能如期返校的人员，应做好登记工作，办理相应的请假手续。

（3）返校师生如实填报《健康状况信息登记表》，内容包括：个人信息、本人及家庭成员健康状况、居住地、返程方式、社区疫情管理及出行轨迹查询结果、是否到访过疫情高发区、是否接触过疫情高发区人群等。

（4）返校当日，学校应在指定校园出入口增设临时观察点，师生根据学校返校要求分批依次到校，核实身份（校园卡、身份证等）和已批准返校证明（含报到时间）后，开展体温测量和症状问询并登记。进校人员须间隔 1 米

笔记

以上，依次排队，避免拥挤。

(5)筛查合格的人员按规定路线进入校园。筛查异常者应按要求就近前往发热门诊就诊，根据就诊结果分类处置。需进行学校集中隔离医学观察的人员在校门口由专人送至医学观察区，并做好医学观察区交接和登记、报告手续。

(6)有条件的学校，建议在宿舍楼、办公楼等入口处设置工作台，由工作人员负责二次测量体温并核对人员信息，不在学校批准返校名单内或不符合返校条件的人员不准进入。

(7)建立来访人员管理机制。做好来访人员信息登记、手部清洁、体温测量和口罩发放等工作。来访人员应由接待人员陪同到指定场所办公、休息或就餐。

链接

最高法：严惩妨害预防、控制突发传染病疫情等各类犯罪

2020年1月28日，最高人民法院党组召开专题会议暨应对新型冠状病毒感染肺炎疫情工作领导小组会议。会议指出，要立足审判职能积极服务和保障疫情防控工作大局。要认真贯彻实施刑法、刑事诉讼法及司法解释规定，依法严惩妨害预防、控制突发传染病疫情等各类犯罪，切实保障疫情防控工作顺利进行，切实维护人民群众生命安全和身体健康。

会议要求，要依法严惩利用疫情危害公共安全和市场秩序的犯罪行为，严惩制售假劣药品、医疗器械和非法收购运输出售珍贵、濒危野生动物等犯罪行为，严惩借机造谣传谣、暴力伤医等犯罪行为，坚决维护社会大局稳定。要依法妥善处理涉及疫情相关案件，依法保障人民群众合法权益。

二、学校集中隔离医学观察指引

学校集中隔离医学观察对象告知书(样表)

姓名：________ 性别：________ 学院：________ 班级：________

学号：______________________ 电话：________

新型冠状病毒肺炎是一种由新型冠状病毒感染所致的传染病，以飞沫传播和接触传播为主，人群普遍易感，已纳入法定乙类传染病，并采取甲类传染病的预防、控制措施。根据《中华人民共和国传染病防治法》《中华人民共和国基本医疗卫生与健康促进法》《突发公共卫生事件应急条例》等规定，结合学校疫情防控实际情况，我们将对您实施学校集中隔离医学观察措施，为了您和公众身体健康，请配合落实相关措施。

一、医学观察事由

1. 发热≥37.3℃，无须住院隔离且未明确诊断。

2. 返校前 14 天内曾与确诊/疑似病例有密切接触，目前无发热或呼吸道症状（最后接触时间________年________月________日）。

3. 返校前 14 天内曾途经疫情高发区（如湖北）或在重点关注城市停留者，目前无发热或呼吸道症状（最后暴露时间________年________月________日）。

4. 其他特殊情况需要医学观察。

二、医学观察时间________年________月________日________时至________年________月________日________时。

三、解除医学观察期限

1. 体温≥37.3℃，无须住院隔离且未明确诊断，医学观察满 14 天后，且无发热、呼吸道症状者，解除医学观察。

2. 返校前 14 天内曾与确诊/疑似病例有密切接触，目前无发热、呼吸道症状者，医学观察满 14 天后解除医学观察。若所接触的疑似病人经筛查后排除新型冠状病毒感染，并解除隔离后，我校被医学观察对象凭书面材料提出申请，由学校医疗机构认定，报学校批准后解除医学观察。

3. 返校前 14 天内曾途经疫区或在疫区周边重点关注城市停留，目前无发热、呼吸道症状者，医学观察满 14 天后解除医学观察。

四、医学观察期间注意事项

1. 医学观察期间

(1) 未经允许不得离开医学观察区域或与指定人员以外的人员近距离、未戴口罩接触。如需到公共厕所、洗漱间，请戴好口罩。

(2) 需要治疗者根据医嘱按时服药。

(3) 注意个人卫生，勤洗手，咳嗽和打喷嚏用纸巾遮掩口鼻，清洁口鼻后应及时洗手。

(4) 加强室内体育锻炼，适量适度体育运动，少看手机，注意保护眼睛和颈椎。

(5) 注意营养，饮食宜清淡，多喝水。

(6) 保持充足睡眠。

(7) 勤开窗通风：每天至少 3 次、每次 30 分钟以上。

(8) 生活垃圾每天用垃圾袋装好，扎紧袋口后放在房间门口（物业人员消毒后处理）。

(9) 不允许有其他不符合医学观察的行为。

2. 保持良好心态，减少恐惧心理。

3. 请您配合医务人员做好医学观察，每天上午 10 点、下午 4 点自测体温后（体温表由门诊部提供），如有气促等急性呼吸道症状时，立刻电话或短信告知门诊部当天值班人员。

笔记

4. 医学观察期间，如因其他疾病或病情加重，需要外出到医疗机构就医，需预先报告门诊部当天值班人员，由其通知医疗机构做好接诊和个人防护，并应在就诊时佩戴医用外科口罩或N95口罩，期间远离其他人1米以上。按门诊部当天值班人员指定时间就诊，返校后在校门口由门诊部值班人员和保安送至观察房间。就医时严禁乘坐公共交通工具往来。违反医学观察相关规定，造成传染病疫情扩散和蔓延，危害公共安全和公众安全的将承担法律责任。请您配合，自觉遵守，以高度的责任感，对自己、家人、公众、社会负责！祝您身体健康！本告知书一式两份，双方签字留存。

被告知人签字:________ 电话:________

告知人签字:________ 电话:________

告知时间:________年______月______日______时______分

解除学校集中隔离医学观察申请书(样表)

学校新型冠状病毒疫情防控工作小组:

被医学观察人员，姓名:________ 性别:________ 学院:________

班级:__________ 学号:________ 电话:________

开始医学观察日期:________;已观察________天

申请解除医学观察理由:

现提出申请，望批准!

×××医院或门诊部

年 月 日

学校集中隔离医学观察登记表(样表)

姓名:________ 性别:________ 学院:________ 班级:________

学号:________ 电话:________ 宿舍栋号:________

医学观察房间号:________

辅导员姓名:________ 辅导员电话:________

开始医学观察日期:________ 预计解除医学观察日期:________

实际解除医学观察日期:________

体温及可疑症状记录表：

日期						
	上午	下午	上午	下午	上午	下午
体温及症状						
日期						
	上午	下午	上午	下午	上午	下午
体温及症状						

被医学观察人员每天上午10点、下午4点自测体温，值班人员及时联系并询问体温及是否有其他症状，有其他疾病者如该病加重，或有气促等急性呼吸道感染症状时，立刻电话联系校医院值班人员。

三、高校师生新型冠状病毒肺炎个人防护指引

(一)高校师生新型冠状病毒防护常识

新型冠状病毒是一种新发传染病病毒，在疾病疫情防控期，高校师生应从以下七个方面做好防护。

(1)戴口罩。高校教职员工外出前往公共场所(包括教室、会议室、办公室、健身房、食堂、图书馆等)、就医(除发热门诊)和乘坐公共交通工具时，应正确佩戴口罩。

(2)勤洗手。高校教职员工外出归来、饭前便后、咳嗽、打喷嚏时用手捂口鼻后、接触污物后等，都应及时洗手。应使用流动水和肥皂或洗手液，采用“七步洗手法”洗手。

(3)勤消毒、勤通风。使用卫生(疾控)部门认可有效的消毒剂进行合理的消毒。

(4)避免人群聚集。高校教职员工应尽量避免外出校外活动；避免去人流密集的场所；避免到封闭、空气不流通的公共场所和人多聚集的地方。

(5)生活规律。高校教职员工应养成健康的生活方式，合理膳食，不暴饮暴食，不吸烟，少喝酒，不酗酒。劳逸结合，不熬夜，生活有规律。适当锻炼，保持休息与运动平衡。

(6)快递尽量选择无接触配送，如必须与快递员接触，应佩戴好口罩，取件途中避免人员聚集及面对面。去除快递的外部包装后应该立即洗手，然

笔记

后再去拿里面的包装。对快递的内部物品包装要用消毒湿巾、酒精棉等擦拭消毒，打开物品内部包装袋时也要注意手卫生；所有包装应按照生活垃圾分类要求妥善处理。

(7)去疾病流行地区必须报告，批准后方可执行，接触确诊者或密切接触者必须报告。

(二)疫情防控期皮肤的清洁与护理

皮肤接触是新型冠状病毒主要的传播途径之一。皮肤位于机体的最外层，是接触传播的第一道屏障。

1. 疫情防控期的皮肤清洁

皮肤清洁是预防新型冠状病毒接触传播的关键步骤，但用单纯自来水清洁皮肤是不够的，需要利用清洁剂清洁皮肤，然后用清水反复冲洗。

(1)手部皮肤清洁：注意修剪指甲，不戴戒指等饰品，减少接触公共物品和设施，随时保持手卫生；需要用肥皂或洗手液洗手，按“七步洗手法”清洗。在洗手条件不允许时，可使用含乙醇成分的免洗洗手液，需注意使用期限及有效期。

(2)面部皮肤清洁：面部直接暴露于空气中，接触病毒颗粒的风险高。以下情况建议清洁面部：外出归来，咳嗽打喷嚏用手或口罩遮挡后，接触可疑或确诊新型冠状病毒肺炎患者后。因面部皮肤较薄嫩，一般应避免用普通肥皂洁面。根据肤质不一，可选择不同的洁面产品。油性肤质可选择泡沫型或凝胶型清洁剂；中性、干性或混合型皮肤可选择乳型清洁剂；敏感肌肤适合无泡沫的弱酸性的洁面产品。

(3)头皮与毛发清洁：若直接暴露于空气中时间长，头发附着病毒的可能性增加。若暴露时间长，建议扎起长发，必要时戴防护头套，减少暴露风险。若有外出，建议每天至少用洗发水清洗头发1次。

(4)沐浴清洁：新型冠状病毒疫情防控期间，若有到人口聚集地暴露史、接触可疑或确诊新型冠状病毒肺炎患者等，则须及时沐浴。采用流水沐浴，水温以皮肤体温为准，需用沐浴露或香皂涂抹全身，适当延长沐浴时间并增加沐浴次数。

2. 疫情防控期的皮肤消毒

继皮肤清洁后进行皮肤消毒，首选速干手消毒剂，其他皮肤消毒推荐75%乙醇。皮肤消毒剂通常应保持在皮肤5分钟，或者以所用消毒剂彻底自然干燥为准。

笔记

3. 疫情防控期的皮肤护理

疫情防控期皮肤的清洁、消毒频繁,清洁力度大,皮肤屏障会受到一定程度的损伤,应加强皮肤护理。

(1)面部皮肤护理:早晚或每次面部清洁后均需使用保湿剂。干性皮肤和中性皮肤选择保湿滋润的霜类护肤品;油性皮肤选择保湿控油的护肤品;敏感性皮肤选择舒缓类、保湿或皮肤屏障修复类的护肤品。

(2)手部皮肤护理:早中晚、洗手后或自觉皮肤干燥后均需使用保湿滋润的乳膏或护手霜,如维生素E乳膏、绵羊油、甘油、凡士林以及含尿素的护手霜。

(3)全身皮肤护理:选择保湿滋润的身体乳液,干性皮肤每天至少一次或沐浴后涂抹全身。

4. 疫情防控期破损皮肤的护理

破损皮肤若在手、面部等暴露部位,则用碘伏消毒2~3次/天,用创可贴或其他敷料保护创面,避免直接暴露在外,同时根据破损原因积极采用相应的治疗手段促进愈合。若手部有伤口,接触公共设施和物品等时,推荐戴手套。

笔记

参考文献

[1]李晋东. 大学生安全教育读本[M]. 西安:陕西师范大学出版社,2007.

[2]郑萼. 大学生安全教育手册[M]. 北京:高等教育出版社,2008.

[3]赵升义. 大学生安全教育[M]. 北京:人民邮电出版社,2009.

[4]罗京宁. 安全教育读本[M]. 北京:电子工业出版社,2009.

[5]重庆市教育委员会. 大学生安全教育[M]. 重庆:重庆大学出版社,2010.

[6]曹广龙. 大学生安全教育[M]. 镇江:江苏大学出版社,2010.

[7]曹帅召. 大学生安全教育[M]. 北京:经济科学出版社,2010.

[8]张瑞菊. 食品安全与健康[M]. 北京:中国轻工业出版社,2011.

[9]罗进强,朱建国,理阳阳. 大学生安全教育[M]. 西安:陕西人民教育出版社,2011.

[10]杨新生. 大学生安全教育[M]. 北京:机械工业出版社,2010.

[11]礼国华,宫林峰. 心理健康教育[M]. 北京:中国农业大学出版社,2011.

[12]于永红. 大学生安全教育[M]. 天津:南开大学出版社,2012.

[13]戴志强. 学生网络安全教育知识读本[M]. 昆明:云南大学出版社,2012.

[14]张永弟,安立峰,金辉. 大学生安全教育[M]. 长春:吉林大学出版社,2013.